U0448100

关键理念

北京大学国家发展研究院 /著

王贤青 /主编

中信出版集团 | 北京

图书在版编目（CIP）数据

关键理念 / 北京大学国家发展研究院著；王贤青主编 . -- 北京：中信出版社，2025.3. -- ISBN 978-7-5217-7405-4

Ⅰ. F124

中国国家版本馆 CIP 数据核字第 2025RZ9265 号

关键理念
著者： 北京大学国家发展研究院
主编： 王贤青
出版发行：中信出版集团股份有限公司
（北京市朝阳区东三环北路 27 号嘉铭中心　邮编　100020）
承印者： 北京通州皇家印刷厂

开本：787mm×1092mm 1/16　　印张：23.75　　字数：306 千字
版次：2025 年 3 月第 1 版　　印次：2025 年 3 月第 1 次印刷
书号：ISBN 978-7-5217-7405-4
定价：79.00 元

版权所有·侵权必究
如有印刷、装订问题，本公司负责调换。
服务热线：400-600-8099
投稿邮箱：author@citicpub.com

目 录

序 言 / 王贤青 ... V

第一章
中国式现代化

中国式现代化的理论逻辑与世界意义 / 林毅夫 ... 003
中国式现代化与中国经济新征程 / 姚洋 ... 024
大变局下的中国式现代化 / 郑永年 ... 035

第二章
新质生产力

如何科学地理解"新质生产力"？ / 郑永年 ... 055
因地制宜发展新质生产力，以高质量发展实现民族复兴 / 林毅夫 ... 068
发展新质生产力的几个关键要素 / 黄益平 ... 075
新质生产力的战略内涵与关键原则 / 王勇 ... 085

第三章
新发展理念

中国经济增长模式的新挑战与创新发展的逻辑 / 杨汝岱 ... 105
创新驱动型增长 / 黄益平 ... 114
新发展理念：一个关于发展的系统的理论体系 / 黄群慧 ... 128

第四章
新发展格局

双循环的深意与落实中的关键点 / 林毅夫 ... 151
中国经济的三个循环 / 徐高 ... 160
金融如何助力新发展格局 / 黄益平 ... 167

第五章
高质量发展

新结构视角下的高质量发展 / 林毅夫 ... 175
体制机制改革为高质量发展提供强大动力 / 黄群慧 ... 182
中国经济高质量增长与新质生产力 / 赵波 ... 187

第六章
高水平开放

不要让贸易战动摇中国开放创新的基本原则 / 姚洋 ... 203
中国经济的外部挑战与应对思考 / 查道炯 ... 208

从"一带一路"视角维持国际经济秩序 / 黄益平 ... 219

"一带一路"的"四轮驱动"机制——深化未来合作需
　　创新投融资模式 / 卢锋 ... 225

变局时代的大国战略 / 姚洋 ... 235

第七章
统一大市场

在全国统一大市场的视野下推动城乡融合发展 / 陆铭 ... 249

建设统一大市场的必要性与关键着力点 / 赵波 ... 255

统一大市场的法治基石与人口流动规律 / 郭凯 ... 262

第八章
加快建设金融强国

中国金融体系的特征、逻辑与利弊 / 何晓贝 ... 269

如何发展中国特色的科技金融 / 黄卓 ... 275

如何建设数字金融强国 / 黄益平 ... 284

中国资本市场的影响因素与改革方向 / 赵锡军 ... 291

第九章
共同富裕

共同富裕的本质与着力点 / 姚洋 ... 299

发展民营经济是共同富裕的基础 / 张维迎 ... 308

以更公平的收入分配体系，推动中国经济增长 / 蔡昉　... 317

第十章
统筹发展和安全

快速发展仍是中国未来 30 年关键中的关键 / 林毅夫　... 327

发展自主技术不要忘记两个重要原则 / 姚洋　... 333

解决当前金融体系的新问题，关键是提高效率、管住风险 / 黄益平　... 338

粮食安全、农民增收和永续发展 / 黄季焜　... 346

全球能源新变局下，对能源安全的六点思考 / 安丰全　... 360

序　言

好的理念是经济发展的关键

2025年注定会发生很多事，且难以预测，特朗普上台之后尤甚。但仍有一个可预测的重大新闻，那就是中国人民抗日战争暨世界反法西斯战争胜利80周年。

二战是人类历史上一个重大转折点，全球大量的经受过殖民统治的国家和地区此后取得独立，开启对繁荣与富强的求索。繁荣与富强的一个关键指标就是GDP（国内生产总值）总量，尤其是人均GDP水平。只有在人均GDP水平上不断缩小与发达国家的差距才能称得上赶超式发展。因为发达国家也在发展，如果发达国家的GDP年均增长水平为3%，发展中国家的GDP增长水平也是3%，甚至人口增长速度更快，两者的差距将不减反增。

这并非比喻，而是残酷的事实，联合国对于发达国家的门槛一直在动态上调。回溯二战结束以来这80年，全球200多个经济体你追我赶地求发展，如果以绝对水平而言，多数国家均有进步。但若以相对水平，尤其是相对缩小与发达国家的差距来看，则绝大多数国家未能如愿。80年来，全世界能从中低收入国家跻身发达国家行列的只有十几个。如果再去掉中东几个靠能源暴富的，纯靠经济整体效率提升而如愿者实属凤毛麟角。

林毅夫老师在担任世界银行高级副行长兼首席经济学家期间，曾带队走访100多个国家和地区，与当地政府领导、学者和民众交流，世界银行也有数百名经济学家研讨发展中国家的脱贫或赶超式发展问题。林毅夫老师曾分享说，几乎每个国家的领导层、学者和民众都非常期待本国繁荣富强，实现赶超式发展，世界银行和很多国际组织也想助此一臂之力，但大多事与愿违。因为经济发展是一个十分复杂的函数，能影响经济增长的要素很多，如土地、人口、技术、资本、自然资源、教育、文化等，每一个要素的具体贡献很难准确地测定，且处于动态变化之中。国与国之间的根本差异并非某一资源或要素之不同，而是配置或组合方式不同，说到底就是发展理念各异。正所谓思路决定出路。

中国自身的发展即为例证。1978年，中国人均GDP只有156美元，比撒哈拉沙漠以南非洲国家的人均GDP还低。2024年底，中国人均GDP已经上升到1.34万美元，增长86倍，距离发达经济体的最低收入门槛（1.4万美元）已只有一步之遥，成为百年未有之大变局的最大变量。如果从经济学的角度看，1978年以后的中国并没有突然发现大量的石油、天然气、黄金等矿藏，没有突然增加大量的人口或耕地，也没有突然涌现革命性的新技术或天量的资本，最大的变量正是焕然一新的经济发展关键理念。

关键理念不仅知难，行亦难

人类并不是今天才认识到发展理念的重要性。从文艺启蒙、科学革命至今，无数的学者都在探寻其中的奥秘，一个个发达国家和欠发达国家也从正反不同的角度提供了大量实证。但直到今天，这依然是全世界最艰难也最具魅力的工程之一。诺贝尔经济学奖得主罗伯特·卢卡斯曾说过，一位经济学家一旦醉心于思考（国家经济）增长问题，就很难再去思考其他问题。

众所周知，这个世界上有很多事情属于知难行易，如判断股票下一步的涨跌很难，但买卖的操作很容易。很多事情属于知易行难，如减肥的关键大家都知道是管住嘴、迈开腿，但做到者寥寥。相比之下，国家发展的关键理念属于典型的知难行难，这是因为关键理念本身有"前瞻性、适配性、整体性、动态性、异质性"等特征。

前瞻性就是关键理念要走在现实的前面，能指导下一步甚至下下一步的行动，有先知先觉的智慧。这比登高望远要难很多，因为登高之后可以看到前面有形的路，但国家发展的前路无影无踪，如迷雾，如混沌，只能依靠思想的登高和穿透力。比如高质量发展、新发展格局、新质生产力等重要论述，今天大众都能感知到其前瞻性，但在刚刚提出时，有太多人认为中国经济依靠传统动能尚可再大干 5～10 年，外贸、房地产、制造业、基建的空间仍在。当时，很多人的第一反应是有必要牺牲发展速度提前转型吗？不能水到再渠成吗？需要把自主可控和"科技是第一生产力"提到如此高度吗？直到中美贸易战、"小院高墙"、产能过剩之争轮番上演，很多人才恍然大悟。常人很容易被简单的道理迷惑，比如"车到山前必有路，船到桥头自然直"。果真如此吗？如果不提前修路，车到山前可能不得不走别人为你预设的路，或者不得不走过路费高得惊人的路。理解前瞻性有一个对应的词叫"后验性"。所谓后验性就是理念的提出与实际见效之间往往存在时间差，就像教给孩子一套新的学习理念，但效果好不好要到期末考试才知道，甚至要连续考几次才知道，这就是后验性。新理念刚刚提出时，人们不能马上看到效果，往往不愿意相信和行动，这是人类"可见方可信"的生物性决定的。因此，前瞻性属于典型的知难，后验性则意味着行难，因为多数人无法在第一时间理解，也就难以在第一时间行动，更不要说充分地行动。

适配性就是理念也不能过于前瞻，否则过犹不及。好的理念还要因地制宜，讲究适配性。东欧和苏联的教训就是采用了过于前瞻的休克疗法，而这与其当时的社会基础不适配，结果排斥反应严重到整个系统崩溃。中国在改革开放之初采用的双轨制在当时的主流经济学看来是最糟糕的安排，却适配中国的现实。

整体性意味着关键发展理念不能是盲人摸象、一叶障目，要跳出局部利益的牵绊，俯瞰整个森林，眼光甚至不限于中国，还有人类命运共同体，甚至人与自然的再平衡。高水平开放，新发展格局，共同富裕、新发展理念（创新、协调、绿色、开放、共享），全国统一大市场等，都是如此。只有向着共同富裕发展，社会才能稳定；只有向着绿色发展，环境才可持续；只有统筹发展和安全，才能避开大起大落。整体性需要的不仅是眼界，还有定力和执行力。很多国家也想改革，但被圈层或局部利益绑架，有心无力，莫之奈何。

动态性也是发展理念的关键特征。经济发展本身就是动态的过程，有些动态相信很多人都已经感同身受。中国在刚改革开放时，需要鼓励少数人先富起来，需要大量引入外资和劳动力。当时快速发展是必要的，国内外环境都合宜。但如今情况已经大不相同。从产业结构来说，中国和美国已经不是纯粹的互补关系，在很多领域已经构成竞争；世界市场不再是无限容量，中国工厂开足马力就会产品过剩，引发反倾销或各式制裁；中国的碳排放已经不仅是年均增量第一，很快将变成累计排放量第一；本国公众对于环境和腐败的容忍度也在收紧；我们曾经不仅为中国制造自豪，甚至认为制造业的雁阵模式失灵，制造业有可能长驻中国，至少制造业回流美国本土不太可能。但新一轮的 AI（人工智能）革命，尤其是智能机器人的批量生产，让答案不再那么肯定。还有一个重要的动态变化就是中国已经走上世界舞台中央,大象难再隐身树后,我们的内外叙事和政策必须高度一致且兼顾全世界的感受。众所周知,个人和家庭如果不是受到榜样的刺激、严密逻辑的启发或撞了南墙,轻易不会抛却思维惯性,要想让一个中大型企业甚至一个国家走出思维惯性,持续迭代认知谈何容易。

最后是异质性。异质性是不同个体和组织所处的赛道不同,主体利益不同,对于新理念的体感有时候差异很大。即便一个新理念能让这个世界拨云见日,卖雨衣的却未必高兴。比如大力发展绿色能源是国家发展的关键理念,新疆、宁夏有光伏和风能的巨大潜力,会很乐意接受这一理念;山西、内蒙古作为煤炭大户可能感受到的反而是抑制。中国作为一个大国,好处是回旋余地大,但不利之处是理念与政策都不能一刀切,要照顾异质性。

好的阅读本身就是先进生产力

关键理念虽然知难行难,但一个主动进取的人、企业和国家,本身就应该多做难而正确的事。通过本书,我不仅想跟大家一起更好地理解中国经济发展的关键理念,还想借此机会与大家探讨一个理念——好的阅读本身可能就是先进生产力。

我们说到先进生产力或新质生产力,容易具象为无人机、无人工厂、智能机器人。但具象的背后,恰恰是抽象的知识和技术。

以人工智能为例,不管是 ChatGPT 还是 DeepSeek,在算力之外,最重要的就是语料和大模型。语料是什么?就是信息、知识、大数据。大模型是什么?就是算法、公式。这些都是抽象之物。这个世界,除了大自然原生之物,人类文明所创造的具象,几乎都建立在抽象的知识与技术之上。

先进生产力的底层恰恰是先进的知识与技术，器与物的先进只是表象。在此意义上，先进知识的发现，科学理念的提出、传播与应用，不正是先进生产力的基础吗？因此，在我看来，好的阅读本身也是先进生产力不可或缺的一部分。

所谓"好的阅读"包括两层意思。

一是读好书，多读那些真正代表科学理念和先进知识的书，借用AI语言就是给自己的大脑多提供优质的"语料"；

二是好好读，真正读懂读透，通过阅读优化自己的"算法"和"大模型"，让新鲜的知识和理念变成自己内在的素养。

不仅如此，好的阅读还有很强的外部性。很多关键理念本来就知难行难，如果有更多的人率先读懂和践行，就会带动更多的人理解和行动，最终以更快的速度凝聚共识和投入实践，让关键理念真正落地生根，成为支撑中国进步实实在在的力量。

最后特别感谢每一个关键理念的首创者，好的理念如同道，道生一二三，三生万物；感谢每一位为本书贡献文章的老师，你们的治学态度和分享精神令人感动。特别感谢北京大学国家发展研究院（后文简称"国发院"）传播中心伙伴们的协同，你们都是本书的共创者；特别感谢家人的关照，让我在春节期间也能安心写作和编辑。

最后的最后，感谢每一位读者的关注，期待与您在"好的阅读"中相遇相知。

王贤青
北京大学国家发展研究院传播中心主任
2025年2月7日
北京大学承泽园

第一章

中国式现代化

中国式现代化的理论逻辑与世界意义①

林毅夫

（北京大学博雅讲席教授、新结构经济学研究院院长、
国家发展研究院名誉院长、南南合作与发展学院名誉院长）

2022年10月，习近平总书记在党的二十大上做了重要报告，提出了许多论断，规划了很多政策措施。我和各位一样，也在学习领会。党的二十大报告指出，"当前，世界百年未有之大变局加速演进"，"来自外部的打压遏制随时可能升级"，"我们必须增强忧患意识，坚持底线思维，做到居安思危、未雨绸缪，准备经受风高浪急甚至惊涛骇浪的重大考验"。同时，习近平总书记在报告中提出："从现在起，中国共产党的中心任务就是团结带领全国各族人民全面建成社会主义现代化强国、实现第二个百年奋斗目标，以中国式现代化全面推进中华民族伟大复兴。"②

---

① 本文根据作者于2023年2月在中国农业大学"中国乡村大讲堂"上的演讲整理并修订。
② 《习近平：高举中国特色社会主义伟大旗帜 为全面建设社会主义现代化国家而团结奋斗——在中国共产党第二十次全国代表大会上的报告》，参见：https://www.gov.cn/xinwen/2022-10/25/content_5721685.htm。

在本文中，我将围绕三个问题分享我的心得与思考：

1. 为什么会出现百年未有之大变局？该变局为什么会加速演进？我们应该如何驾驭大变局？

2. 什么是中国式现代化？如何才能实现中国式现代化？

3. 以中国式现代化实现中华民族伟大复兴，其世界意义是什么？

如何理解百年未有之大变局

习近平总书记在2018年6月的中央外事工作会议上提出了"世界处于百年未有之大变局"的论断。[①] 为什么称为百年未有之大变局？我在《百年未有之大变局与新结构经济学》一文中已有讲述。在整个20世纪，八国集团的经济地位和政治地位如此稳固，为何在21世纪出现巨变？最主要的原因就是新兴市场经济体的崛起，尤其是中国的崛起。

2000年，中国的经济总量按照购买力平价计算占到全世界的6.9%，2018年上升至16.8%，提升9.9个百分点。在此期间，八国集团的经济总量从47%下降到34.7%，下降了12.3个百分点。计算可知，八国集团下滑的这12.3个百分点中有80%是中国崛起的结果。

在这样的百年未有之大变局中，我们中国人当然高兴，因为随着收入水平的提高，我们的生活水平在不断改善。

谁在此变局中的失落感最大？应当是美国。因为美国的经济总量在1875年左右超过英国，美国成为世界第一大经济体，在整个20世纪，美国一直是全世界最大、最有影响力的经济体。

再回想，第一次世界大战是同盟国和协约国之间利益摆不平的结

[①]《坚持以新时代中国特色社会主义外交思想为指导 努力开创中国特色大国外交新局面》，《人民日报》，2018年06月24日01版。

果。一战爆发时，美国虽是协约国，但位置远离欧洲大陆战场，所以起初没有参战，德国和奥匈帝国横扫欧洲大陆。后来美国参战，由于美国是世界最大的经济体，有能力以源源不断的物资投入战场，故而成为打败德国和奥匈帝国的重要力量。

第二次世界大战是同样的情形。战争开始时，德国和意大利在欧洲横扫战场，把同盟国的军队一一打败，英国、法国等从敦刻尔克撤退，进入所谓"至暗时刻"。后来为什么同盟军能打回来？因为美国参战，源源不断地输送物资，英、美军队从诺曼底登陆，打败了德国。在亚洲战场也是一样。起初，日本狂妄宣称要"三个月亡华"，侵略了大半个中国及太平洋、南洋，但最终战败，原因之一也是日本在夏威夷把美国的军舰打掉了一大半，可是美国生产能力强，造军舰速度快，军舰很快得以补充。所以在中途岛战役时，尽管双方军舰损失数量一样多，可是美国有能力不断投入新的战舰，最终打赢了日本。尤其是美国最后还向日本投了两颗原子弹，迫使日本无条件投降。

可以说，20世纪是美国的世纪，美国是整个20世纪国际政治经济格局的主导力量，是全世界的领头羊。

但是，中国在改革开放以后实现了快速发展，从1978年到2020年，中国取得连续42年、平均每年9.2%的经济增长。如此高的增长速度，持续如此长时间，在人类历史上都不曾出现过，尤其是在规模这么大的国家。到2014年，按照购买力平价计算，中国的经济规模已经超过美国，这是1875年以后美国第一次遭遇的情形。由于经济是基础，随着中国国际经济地位的提升，中国在国际上的影响力越来越大。

这种情况下，美国的失落感越来越强烈，所以从奥巴马时代开始，美国提出"重返亚太"的战略。其实美国一直在亚洲，那它所谓的"重返亚太"是什么？其中一方面就是把它驻扎在地中海的第六舰队派来加强太平洋的第七舰队，想在中国周边形成军事包围圈。"项庄舞剑，意在沛公"，其目的非常明确。特朗普在第一任期以各种"莫须有"的罪名跟中国打贸易战、科技战，同样是想抑制中国的发展。

拜登担任总统时期，基本没有改变奥巴马时代和特朗普第一任期的政策，而且组织了以意识形态为边界的新型同盟，诱使其他国家与中国脱钩，抑制中国的发展。随着中国的继续发展，这种状况可能会愈演愈烈。遏制中国的发展已经成为美国两党的共同政策。

举个例子，美国著名经济学家杰弗里·萨克斯、东欧剧变时"休克疗法"的提出者，承认中国的渐进式双轨制改革优于他当时在苏联、东欧倡导的休克疗法。现在他甚至在非洲国家推行中国的经验，帮助非洲国家的农村复兴，走的基本是中国的道路。他一直在网络上讲美国遏制中国没道理，结果受到网络暴力，被群起而攻之，最后他一气之下关掉了自己的自媒体账号。

这反映了一个事实，美国现在少有人能讲公正的话。只要中国继续稳定，继续谋发展，这种情绪很可能会越来越浓烈。

作为世界经济的"老大"和"老二"，美国和中国关系的变化，不仅影响中国，也影响世界。从贸易来看，中国现在是世界上120多个国家的第一大贸易伙伴，是其他70多个国家的第二大贸易伙伴。经济学告诉我们，贸易是双赢的，而且，在两国贸易中，小国得利多于大国，因此中国的和平发展也会给世界其他国家的发展带来更大的市场和更多的机会。

总之，中美之间的矛盾会带来很多不确定性，不利于中国，也不利于世界上其他国家。

如何应对大变局

面对这样的问题和挑战,我们的出路在哪里?我想,中国的出路只有继续发展。

我个人的判断是,当中国的人均 GDP 达到美国的一半时,世界大概就会进入和平稳定的新格局。原因我在《百年未有之大变局与新结构经济学》一文中已有阐述。

中国的人口约是美国的 4 倍,当中国人均 GDP 达到美国人均 GDP 的一半时,我们的经济总量就是美国的两倍,这是一个不可改变的事实。

中国内部有地区差距,当中国的人均 GDP 达到美国的一半时,收入水平领先的北京、天津、上海以及东部沿海的山东、江苏、浙江、福建、广东,这三市五省的人均 GDP 大概会和美国处于同一水平,而其人口加起来有 4 亿多,比美国稍多一点,这代表这三市五省的经济总量会跟美国相当。更重要的是,人均 GDP 代表平均劳动生产率水平,也代表平均的产业和技术水平。如果这三市五省与美国的经济总量相当,并且产业技术水平也与美国相当,就意味着美国相对中国将不再拥有多少技术优势。今天美国为什么拥有可以卡中国脖子的霸权?因为它有技术优势。到那时,美国没有了多少技术优势,它再想卡中国的脖子将无能为力。

我前面讲到,贸易是双赢的,小经济体从贸易中得到的好处大于大经济体,所以,当中国的经济总量是美国的两倍时,从中美贸易当中得到好处更多的就是美国。比如,美国那些大型高科技公司的研发投入非常多,而研发成功之后能获得多大的利润取决于有多大的市场。中国是全世界最大的市场,规模是美国的两倍,这些美国公司如果失去中国市场,产品研发成功后,可能就从高盈利变成低盈利甚至不盈利。而且,高科技产业必须不断投入才能维持技术领先,这些公司如果低盈利或不盈利，就无法继续投入研发。不仅这些美国大公司不能没有中国市场，美国很多老百姓也必须靠中国提供的价廉物美的产品来维持生活水平。届时，中国的经济总量比美国大是美国无法改变的事实，而且，维持和中国友好的关系符合美国自己的利益，美国应该就会心悦诚服接受中国的崛起。

我认为，百年未有之大变局的出现，在一定程度上缘于中国的持续快速发展改变了世界原有的经济格局。面向未来，我们若要驾驭大变局，让世界进入新的稳定格局，同样有赖于中国的继续快速发展。发展是解决一切问题的基础和关键，对内如此，对外也一样。

如何理解中国式现代化

什么是现代化？纵观人类历史，西方国家在14世纪、15世纪有了"地理大发现"，从美洲大陆和世界其他地区掠夺了很多资源；到18世纪以后，西方出现工业革命，开始了资本主义的生产方式，从农业社会进入工业化社会；工业革命以后，科学技术日新月异，经济发展一日千里，而世界上还有很多国家没有进入工业化，所以就出现了现代社会的大分流，西方少数几个国家的经济总量占到世界的一半，主导整个世界格局，其他国家和地区大多成了西方列强的殖民地或半殖民地；第一次世界大战时，民族主义风起云涌；第二次世界大战以后，原来的殖民地半殖民地国家纷纷取得政治上的独立，开始追求自己国家的工业化和现代化。

在追求现代化的进程中，当时中国及其他发展中国家普遍存在一种"西天取经"的心态——认为西方国家那么强，一定有其道理，把那些道理学会，应用到自己的国家，就可以让自己国家实现工业化、现代化，赶上发达国家。这种心态在发展中国家的政府和知识界非常普遍，我小时候也这么认为。

但是，从1900年到2000年，8个最强大的工业化国家的经济总量只下降了3.4个百分点。一般而言，发达国家人口增长速度慢，发展中国家人口增长速度快。这意味着从人均量来看，经过这100年的现代化进程，发展中国家与发达国家的差距实际上进一步拉大，而非缩小。同时也意味着发展中国家此前普遍认为的"西天取经"模式走不通，至少效果不佳。大家想通过学习西方模式的现代化、工业化，借鉴西方的社会组织、政治组织来解决发展中国家自身的问题，但事与愿违。

中国在改革开放以后快速发展，所以才能比较快地缩小跟发达国家的差距，才能在21世纪的头18年就将经济总量在全世界的占比提升9.9个百分点，并且超过美国成为按照购买力平价计算的世界第一大经济体。

那么，中国为什么会成功？我们将来怎样才能继续成功？就此，党的二十大提出了"中国式现代化"的命题。

过去的普遍看法是，要实现现代化就必须用资本主义的生产方式，以及资本主义的多党制等治理方式，但是那样做基本不成功，即使有少数东亚经济体成功了，也基本不是照搬西方的道路。比如，它们在追赶阶段多是一党领导，日本是自民党、韩国是民主共和党、新加坡是人民行动党，等等。在政治上，我们是中国共产党领导，维持政治稳定。

当然，中国式现代化与西方式现代化有其共性。根据历史学家的研究，人均GDP在18世纪以前很长的历史时期内增长极慢。著名经济史学家安格斯·麦迪森指出，18世纪之前西欧国家的人均GDP每年平均增长0.05%。这意味着要想人均GDP翻一番，需要经过1400年。进入18世纪，人均GDP的增长率突然增加至之前的20倍，从0.05%变成0.1%，这样一来，70年就能翻一番。19世纪末到现在，西欧发达国家人均GDP的增长又翻了一番，变成2%，只用了35年。这与18世纪以前相比是翻天覆地的变化，使西欧国家得以摆脱"马尔萨斯陷阱"。追求现代化，当然要走出"马尔萨斯陷阱"，而且人均收入水平要不断提高，物质生活要不断丰富，这是共性。

但是中国式现代化有自己的特殊性，不同于西方那些因工业革命而领先的国家。

第一个特殊性，中国式现代化是人口规模巨大的现代化。目前，全世界生活在高收入工业化国家中的人口合计只有12亿，占世界总人口的15.8%。中国有14亿多人口，约占世界总人口的18%。中国实现现代化成为高收入国家以后，就会使世界的高收入国家人口翻一番多。西方发达国家从工业革命以后经过200年，才使高收入国家人口占到全世界的15.8%，而我们一个国家就会使高收入国家人口翻一番还多，这是在人口受益面上和西方式现代化的一个巨大差异。

第二个特殊性，中国式现代化是全体人民共同富裕的现代化。西方式现代化虽然使平均收入水平提高，但是其贫富差距仍在扩大。前几年有一本非常有名的书《21世纪资本论》，由法国经济学家托马斯·皮凯蒂所著。根据他的研究，工业革命以后，西方国家的贫富差距不断扩大。而中国要实现的现代化是共同富裕的现代化。

第三个特殊性，中国式现代化是物质文明和精神文明相协调的现代化。生活水平要提高，人的精神生活也应该不断丰富。物质富足、精神富有是社会主义现代化的根本要求。西方在现代化的过程中，虽然平均物质水平提高了，但是精神贫困的问题造成了很多社会矛盾、冲突和黑暗现象。

第四个特殊性，中国式现代化是人与自然和谐共生的现代化。西方的现代化带来高度污染，二氧化碳过度排放导致全球气候变暖，造成海平面上升、南北极冰川融化、极端气候频繁出现等，这些都是西方式现代化的后果。而我们要确保生态文明，实现人与自然和谐共生的现代化。

第五个特殊性，中国式现代化是走和平发展道路的现代化。西方的现代化是起始于15世纪开始的地理大发现，依靠殖民掠夺和暴力战争的方式，持续积累财富的"掠夺式"现代化。而中国的发展一直是以贸易等和平的方式，实现互利共赢、和平发展的现代化。而且，中国的发展不仅改善了中国人民的生活，还给世界其他国家带去了发展机遇。

因此，和过去认为的只有西方式现代化一条道路不同，中国式现代化拥有基于国情的中国特色。

如何实现中国式现代化

那么，怎样才能真正实现中国式现代化？

在中国式现代化的五个特征中，第一个特征是先天的、给定的，因为中国长期以来都是人口众多的国家，这不是我们后天选择的。其他四个特征则是在中国共产党领导下，经过我们的道路选择而取得的结果。现在中国仍然存在收入分配差距，但是我们希望实现共同富裕。我们希望在物质水平提高的同时，精神也不断丰富，实现物质文明跟精神文明的协调。大部分发展中国家重复西方国家先污染后治理的道路，而我们有意识地选择生态文明、绿色发展，人与自然和谐共生。和平发展也是我们的选择，我们不称霸，不侵占其他国家。

我们要思考，怎么样才能实现后四个特征所要达到的目标。

我一直在倡导总结中国经验的新结构经济学，根据我提出的新结构经济学，要实现中国式现代化的后四个特征，关键是在有效市场和有为政府的共同作用下，根据一个国家在每个发展阶段的要素禀赋结构所决定的比较优势来发展经济；在有效市场和有为政府的共同作用下，帮助企业家按照要素禀赋结构所决定的比较优势选择产业和技术。

如果能做到这些，我们就能够实现中国式现代化的这几个特征。

首先，如果发展经济是按照比较优势来发展的，就可以在初次分配的时候实现效率和公平的统一。因为按照比较优势发展，生产成本会最低，并且在有效市场和有为政府的共同作用之下，可以把比较优势转变为竞争优势，这就是效率。不仅如此，发展中国家在早期阶段一定是资本相对短缺，而劳动力或自然资源相对丰富，如果按照比较优势发展，就会发展劳动力比较密集的产业，并且用劳动力比较密集的技术来生产，从而创造最多的就业机会。但如果发展背离比较优势的资本密集型产业和采用资本密集型技术，创造的就业机会就少。按照本国的比较优势来选择产业、技术，劳动力多的时候就选劳动力密集型的产业，农业、工业都属此类，同时采用劳动力密集的技术，就会创造最多的就业机会。

这样做有什么好处呢？我们知道，在经济发展的过程中，穷人的特性是资本短缺，依靠劳动力来获取收入，而富人主要靠资本获取收入。如果能够创造最多的就业机会，就能让那些收入水平低的人有最大的就业机会，使其分享发展的果实。不仅如此，如果按照比较优势发展，也会最有效率，最有竞争力，这样经济发展会最快，资本积累也会最快。这样一来，劳动力就会从相对丰富变成相对短缺，资本就会从相对短缺变成相对丰富。在这个转变的过程中，劳动力的价格也就是工资会上涨得非常快。举个例子，20世纪80—90年代，在北京雇一名保姆一个月大概要花费几十上百元，现在则需要五六千元，如果是住在家里的，甚至要上万元，大概你工资的一半要给保姆。因为现在劳动力短缺，所以工资上涨非常快，穷人的劳动力资产会变得越来越值钱。资本相对丰富之后，资本的相对回报率，尤其相对于劳动力的回报率就会下降得非常快。于是，穷人的劳动力资产越来越值钱，相对而言富人的资产则不断贬值，收入分配因此越来越完善，越来越平均。

新结构经济学做了不少实证研究，发现按照比较优势发展的国家，收入分配比较平均。我们国内也是这样，越是按照比较优势来发展产业的地区和省份，收入分配就越平均；越是违背比较优势来发展的地方，收入分配就越不平均。所以，如果按照比较优势发展，在初次分配的时候就可以实现公平和效率的统一。

同时，在二次分配方面，政府也会更有能力来解决地区、城乡和个人的收入分配问题。由于按照比较优势发展最有效率，经济发展会最快，因此政府的财政也会增加得最多。而且，按照比较优势发展，从新结构经济学的角度看，企业有了自生能力，不需要靠政府的保护补贴就能生存，只要经营得好就能赚钱。当企业不需要政府的保护补贴，政府财政税收就能更多地去解决城乡差距、地区差距，而且能够投资于教育，提高劳动者的就业能力。不仅如此，在经济周期波动或产业升级的过程中可能会有临时失业者，政府也更有能力来帮助这些人。当然，政府也更有能力解决鳏寡孤独等弱势人群的福利照护问题。因此能够更好地用二次分配来进一步缩小收入差距。

此外，中国文化中一直有"己立立人，己达达人"的思想。在这个过程当中，如果我们的税收等各方面能够鼓励收入比较高的人做一些捐赠，就有助于更好地进行三次分配（慈善公益捐赠）。如果企业背离比较优势发展，不具备自生能力，靠政府保护补贴才能生存，"泥菩萨过江——自身难保"，它怎么有能力和信心去捐赠呢？

综上，要实现共同富裕，前提是按照比较优势发展经济。

其次，按照比较优势发展经济，不仅能够最好地实现共同富裕，还有助于精神文明的发展。中国有一句话，"仓廪实而知礼节，衣食足而知荣辱"。人在收入水平很低时,为了活命,会将解决温饱排在第一位,礼节荣辱则退居其后。因此,只要收入水平不断快速提高,人们变得富裕之后,对荣辱、礼节等精神文明的需求层次就能随之提高。

不仅中国文化如此,美国现代社会心理学中的马斯洛需求层次理论也是同理。所以,按照比较优势发展,让平均收入水平提高得最快,分配也最好,才能实现物质文明和精神文明的协调发展。

再次,按照比较优势发展,个人和家庭的收入水平增长最快,而且不只是少数人收入增长,是共同富裕。共同富裕之后,人们对美好生活的需求不断提高,就会更多地关心环境问题,反对污染,对良好的生态环境就有更大的需求。政府需要满足人民不断增加的对美好生活的期望。这样,政府在法规、治理方面就会更注重生态环保。

从企业的角度看,如果按照比较优势发展,企业就具备自生能力,只要管理好,企业应该就有盈利,也就会有更高的意愿去采用绿色技术,去遵循环境法规,新结构经济学也在实证研究上证实了这一点。因此,要实现人与自然和谐共生,最好的方式还是按照比较优势来发展经济。

最后,按照比较优势发展,一定是和平的发展方式。什么是"按照比较优势发展"?我们要把有比较优势的产业发展好,变成竞争优势,那时,产品不仅在国内市场有竞争力,还在国际市场有竞争力,这就要求充分利用国内国际两个市场。另外,对于不具备比较优势的产品,我们可以少生产,多进口。这样的发展方式最有效率。同时,我们的发展也会给其他国家带来市场。

依据比较优势充分利用国内国际两个市场、两种资源的贸易来发展经济是互利双赢的,这样的发展当然是一条和平发展之路,而不是靠殖民掠夺别国的资源。

中国按照购买力平价计算已经是世界第一大经济体,应该很快也会成为按照市场汇率计算的世界第一大经济体。届时，几乎各国和中国贸易得到的好处都会大于中国自身从中得到的好处，这也奠定了和平发展的另一个基础。

总体而言，要实现中国式现代化，在中国共产党领导下维持政治稳定，发展经济，实现民族复兴的目标，我们要走的道路必须是在有效市场和有为政府的共同作用下，帮助企业家按照要素禀赋结构所决定的比较优势来发展。如果能做到，中国式现代化的五个特征就能够同时实现。第一个特征是先天给定的，后面四个特征在本质上是按照比较优势发展的结果。

如何看待中国未来的发展前景

按照比较优势发展，我们未来的发展前景如何？

对于中国未来的发展，大家都很关心，但是悲观或迷茫者众。这种情绪不是现在才有，改革开放40多年来几乎每年都有。大家既关心国家发展，又忧心忡忡。

如我前文所言，如果中国的人均GDP达到美国的一半，中国的GDP总量就是后者的两倍，世界格局将达到一个新平衡，中华民族伟大复兴的目标也将实现。

但这一切能不能实现呢？关键是看按照比较优势我们能不能实现中高速发展，在21世纪中叶实现人均GDP达到美国的一半。我想从新结构经济学的角度来看这个问题。

发展的本质是收入水平不断提高，收入水平不断提高的前提是劳动生产率水平不断提高，现有的产业技术必须不断创新，每个劳动者在现有的产业里可以生产更多更好的产品。同时，产业不断升级，新的、附加值更高的产业不断涌现，从而可以把劳动力和各种资源从附加值比较低的产业转移到附加值比较高的产业。唯有依靠这两个途径，生产力水平才能够不断提高。

在技术创新和产业升级方面，中国作为处在追赶阶段的国家，和工业革命以后那些发达国家相比有一个"后来者优势"。那些发达国家在工业革命之后的收入水平和劳动生产率水平一直是世界上最高的，这意味着它们的产业和技术都处于世界最前沿。因此，它们想要有新的技术和产业就只能靠自己发明，因为无处引进。然而，自己发明需要非常大的投入，风险非常高。

从历史经验来看，那些发达国家在19世纪中叶以后到现在的人均GDP的年均增长率为2%，中国改革开放以后40多年人均GDP的年均增长率达8%，是发达国家的4倍。为什么能达到发达国家的4倍？最主要的原因是，我们处在追赶阶段，人均GDP和劳动生产率水平都比发达国家低，对企业家而言，可以将引进消化吸收作为技术创新的来源，不需要自己从头发明，其成本和风险比自己发明的低。产业升级也是同样的道理。发达国家的产业已经在世界最前沿，想要产业升级就必须自己发明。我们现有产业的附加值比它们低，只要进入附加值比现在高的产业，就能实现产业升级，相比自己从头发明，成本和风险更低，成长速度就会更快。

问题是，中国在1978年改革开放以后一直靠这种引进消化吸收的方式来推动经济高速增长，40多年后的今天，这种方式还有多大的潜力？

针对此问题的争议颇多。有些人认为，东亚不少经济体当然也是靠后来者优势引进消化吸收，快速发展二三十年以后经济都大幅度减速，中国已经用了40多年，经济是不是会减速更严重？

我个人的看法是，一国的技术或产业还能不能从发达国家引进消化吸收，作为其技术创新产业升级的来源，关键不在于后来者优势已经用过多少年，而是看与前沿技术和产业的差距还有多大。

根据我可以看到的资料，2019年按照购买力平价计算，中国的人均GDP是美国的22.6%，约为1/4。这相当于德国在1946年、日本在1956年、韩国在1985年跟美国人均GDP的差距水平，当时这三国都处于追赶阶段。利用跟美国的产业技术差距，即所谓的后来者优势，德国从1946年到1962年维持了16年平均每年9.4%的经济增长，日本从1956年到1972年维持了16年平均每年9.6%的增长，韩国从1985年到2001年维持了16年平均每年9%的增长。如果看人均量，德国从1946年到1962年，平均每年人口增长是0.8%，所以平均劳动生产率的增长是8.6%；日本在那16年间平均每年人口增长是1%，所以平均劳动生产率增长是8.6%；韩国16年间平均每年人口增长是0.9%，所以平均劳动生产率的增长是8.1%。

德国、日本、韩国与美国的差距和中美两国目前差距相近时，利用后来者优势，平均劳动生产率的增长都在8%以上。这意味着中国应该也有这样的增长潜力。而且，中国与当时的德国、日本、韩国相比还有一个优势就是如今出现了新经济，包括大数据、人工智能、互联网等诸多新产业。

这些新产业有什么特性？

第一，它是新技术，我们跟发达国家站在同一条起跑线上。

第二，更重要的是，传统产业的研发主要靠大量资本投入，而且研发周期特别长，而人工智能、大数据这类新技术的研发周期短，需要的金融物质资本相对少，以人力资本为主。中国是超过14亿人口的大国，人力资本丰富，工程师多、人才多、天才也多。而且，中国按照购买力平价计算已经是全世界最大的市场，所以新经济的技术研发出来以后，马上可以进入大市场，实现规模经济，进而降低成本，提升综合竞争力。

第三，如果新经济需要硬件，中国有最齐全的产业配套。

因此，我们在新经济方面和除美国之外的任何发达国家比都有竞争优势。这些年中国在"独角兽"企业数量上一直和美国争第一，这也是德国、日本、韩国处于同一发展水平阶段时所没有的优势。

当然，与德国、日本、韩国相比，我们也有不利之处，因为它们在追赶美国时没有受到美国如此严重的打压。美国现在对我们采取所有可用的手段，施加各种"莫须有"的罪名，在军事、科技、金融、意识形态等多方面打压我们。

如前所述，中国要继续创新，很重要的法宝之一是后来者优势。可是美国不把高科技卖给我们，想方设法"卡脖子"。但美国这样做也要付出代价，所谓"杀敌一千，自损八百"。比如，美国有优势的芯片等高科技产业，需要巨大的研发投入才能够取得技术突破，之后能获得多大的利润取决于有多大的市场。中国是世界上最大的市场，因此，如果那些高科技企业不把技术卖给我们，它们可能就从高盈利变成低盈利，甚至亏损。这些行业需要持续高水平的研发投入，如果没有高盈利支撑，研发投入跟不上，就很难再持续领先。

因此，美国为维持霸主地位，从政治利益角度想卡中国的脖子，美国自己的企业表面上不得不遵守美国的法令，但在执行时恐怕会心不甘情不愿。例如，华为是最早被"卡脖子"的，美国禁止高通向华为出售芯片。可是2021年底，高通向美国国务院申请到了特别许可，继续向华为卖芯片。因为失去华为这个大客户，损失太大，所以高通想方设法规避美国政府的禁令。

美国希望主要发达经济体都跟中国脱钩，美国的企业尽管不情愿，但很难完全违抗美国政府。可是，欧洲、日本企业如果跟中国脱钩，虽同样是"杀敌一千,自损八百",但损失是自己的,只是为美国维持霸权作嫁衣,何苦损己利人?因此,其他国家不愿意和中国脱钩,阿斯麦公司(ASML)也才会拼命给中国卖光刻机,德国总理、法国总统等欧洲国家领导人才会积极访华。

"卡脖子"在所难免,但我们仔细分析以后就明白,真正能卡中国脖子的只会是美国独有的技术,对此,我们必须用新型举国体制来攻克难关。其他方面,中国仍然可以利用比较优势来发展,充分利用国内国际两个市场、两种资源。如此,我们的市场会增长得最快,本来已经是世界规模最大的市场,还会成为增长最快的市场。美国及其他国家会逐渐意识到,对中国的打压损人不利己。而且,如果我们能够用好新型举国体制,一旦突破了被"卡脖子"的技术难关,这一技术的价格会马上下降,从而其他国家的企业就会失去竞争力。

在这种状况之下,我们只要能够保持头脑清醒,充分利用比较优势,利用国内国际两个市场、两种资源,解决美国独有技术的"卡脖子"难题,我相信,我国在2035年以前就能和追赶阶段的德国、日本、韩国一样,拥有年均8%的增长潜力。

当然,这个增长潜力是供给侧的技术可能性,实际增长还要看我们的实际努力,比如能不能用好后来者优势、高质量发展等。但我估计,有8%的潜力,维持6%的增长完全有可能。

接下来,从2036年到2049年第二个百年奋斗目标的实现期,用同样的方式来分析,中国应该还有每年6%的增长潜力(供给侧的技术可能性)。再加上要解决"卡脖子"等问题,我估计可以实现4%左右的增长。如果从2020年到2035年能够实现年均6%左右的增长,从2036年到2049年能实现年均4%左右的增长,到2049年中国的人均GDP应该可以达到美国的一半,中华民族伟大复兴的目标和中国式现代化即可实现。

如何理解中国式现代化的世界意义

中国式现代化不只是中国自己的发展，中国的发展还有不同凡响的世界意义。

追赶上发达国家，是所有发展中国家的共同梦想。然而，根据前文对百年未有之大变局的分析，在20世纪的100年间，发展中国家跟发达国家的差距实际是扩大而不是缩小的。在现代化进程当中，发展中国家原来认为应该按照西方式的现代化道路发展，但大多都没有成功，仍然长期陷于低收入陷阱或是中等收入陷阱；而少数能赶上的就只有东亚几个经济体。

中国如果能够追赶上发达国家，将是人类经济史上一个伟大的里程碑。不仅如此，中国式现代化就能够给其他发展中国家的现代化道路提供一个新的选择方案。

我们多数人在读书和受教育的过程中，可能都容易把现代化等同于西方化，因为人类迄今为止的现代化就只有西方走出来的这一条路。西方现代化的这条道路当然有我们必须去学习、总结的经验，但我们不能轻易在两者之间画等号。历史事实显示，走西方化道路的发展中国家普遍没有取得现代化的成功。

如果中国走向现代化的努力成功了，这意味着什么？意味着人类关于现代化的理论值得反思或更新。

迄今为止，人类关于"现代化道路"的理论和实践都来自西方，现代化是对西方发达国家经验的总结。理论是什么？理论就是从错综复杂的社会经济现象当中抽象出一个它认为的决定因素，比如，资本主义的生产方式、共和宪政等，进而形成理论。在理论模型里，某个变量会是最关键的变量，没有这个变量的发展不会成功。

然而，任何一个国家和社会，其社会经济变量都成千上万，非关键变量不保留在理论模型里并不代表它不存在。所以，任何理论的构建其实都有两方面，一个是提出这个理论的学者把他认为根本性的解释变量"抽象"出来，一个是把他认为不重要的、没有直接或重大影响的变量给予"舍象"。总体而言，这是一个抽象和舍象的过程。

舍象是一个哲学词语，不是舍弃，是存而不论。这些存而不论的变量本质上是理论暗含的前提。如果被舍象的变量从量变上升到质变，从没有影响变成有关键性影响，原来的理论就会失去解释力。理论是认识世界、改造世界的工具。一个理论如果不能够解释我们观察到的社会经济现象，或者按照这个理论去做不能够实现理论所预期的结果，这一理论就会过时。我们读经济学或读思想史，会发现新的、盛行一时的理论总是在变，原因就在于社会经济变量一直在变。

今天流行的现代化理论源于对西方发达国家现代化的经验总结，内嵌于产生这个理论的国家当时的社会经济条件。关键是，产生这些理论的国家当时的社会经济条件跟发展中国家的一样吗？肯定不一样。因此，简单地把这些发达国家的理论照搬到发展中国家，难免会出现所谓"淮南为橘，淮北为枳"的问题，说起来头头是道，实践应用却不成功。

发展中国家的现代化，包括我们中国自己的现代化，应该根据我们自己的现实条件来总结成功与失败背后的道理，提出新的理论。这样的理论才对我们认识世界、改造世界有更好的参考价值。这也是我这些年提出新结构经济学的最主要目的。

二战以后，发展中国家纷纷摆脱殖民统治，开始追求自己的现代化，目标是收入水平、生活水平能赶上发达国家。普遍的想法是，发展中国家生活水平低是因为生产力水平低，而生产力水平低是因为没有发达国家那些先进的产业。因此，二战以后盛行的发展经济学理论认为，发展中国家之所以落后是因为没有发达国家现代化的先进制造业。所以当时就以发达国家为参照系，提出进口替代战略，采取政府主导的配置资源，去模仿发达国家发展先进制造业。理论很清晰，也很有说服力，但事实是，按照那样的理论去做的发展中国家基本都不成功。而少数成功的经济体所走的道路正好相反，都是从传统落后的劳动密集型加工业开始。

到20世纪80—90年代中国改革开放时，西方盛行的理论是新自由主义。发展中国家为什么在二战以后历经几十年还是发展不好？新自由主义认为只有先进的制造业还不行，更关键的可能是没有实行发达国家那种完善的市场制度，政府干预过多，造成资源错误配置，寻租腐败。这种理论用来解释发展中国家为什么没有效率，在当时也很有说服力。

但是，按照新自由主义的市场化、私有化、自由化去建立现代市场制度的发展中国家基本上都经济崩溃或停滞，而且危机不断。有极少数国家另辟蹊径，如中国、越南、柬埔寨，在转型过程中没有按照新自由主义的华盛顿共识，采用"老人老办法，新人新办法"的渐进双轨制转型，这在当时被公认为"最糟糕"的制度安排。可是现在，能维持稳定和快速发展的转型中国家就是中国、越南、柬埔寨。

为什么按照主流理论，以发达国家为参照系来制定政策都不成功？我认为，正是因为那些理论脱离了发展中国家的现实条件。比如，为什么发展中国家发展不起来先进制造业？因为先进制造业的资本很密集，而发展中国家资本短缺，发展先进制造业背离了发展中国家的比较优势，从而没有自生能力。

为什么20世纪80—90年代新自由主义理论也不成功？因为发展中国家有很多扭曲，而那些扭曲都有其内生原因。已经建立起来的很多资本密集型制造业，或与国防安全有关，或与经济基本运行有关，如果全部按照新自由主义的建言，把保护补贴一下子都取消，这些产业没有自生能力，必然崩溃，使经济基本运行出现问题，甚至危及国防安全。

不仅如此，即便是市场经济，一国在从农业、劳动力密集型加工业沿着技术创新和产业升级一步一步往上走的过程中，也需要政府有为，市场无法解决全部的问题。人力资本由谁提供？基础设施由谁提供？市场经常失灵或存在失灵之处，谁来解决？所以，并不是只要相信新自由主义让政府无为、完全让市场决定价格就可以解决一切问题。

西方主流经济学基本上是看发达国家有什么，对比来看发展中国家缺什么，或是看发达国家什么东西做得好，对比来看发展中国家什么东西做得不好，然后就建议发展中国家去拥有发达国家拥有的，或是参照发达国家做得好的去做。西方主流经济学的出发点很好，但违背了马克思主义所讲的经济基础与上层建筑关系的客观规律。

发达国家所拥有的那些不是天上掉下来的，而是建立在其拥有的物质基础之上。一方面，它们在地理大发现之后从海外殖民地掠夺了大量的资源；另一方面，通过工业革命以来的长期发展，它们积累了大量的资本，才建立起大量的资本密集型产业。发展中国家资本普遍短缺，所以和发达国家的前提条件、经济基础都不一样，经济运行方式和上层建筑也应该因地制宜，否则很容易"东施效颦"。

新结构经济学和西方主流经济学最大的差异是看自己有什么，即自身的要素禀赋；自己什么东西能做好，即自身的比较优势，然后根据现有的要素禀赋所决定的比较优势，在有效市场和有为政府的共同作用下，把自己能做好的事情做大做强。如果能如此，绝大多数发展中国家都有条件、有可能实现如中国改革开放以后几十年的快速发展，最后赶上发达国家，实现自己的现代化，这也是中国式现代化最大的世界意义所在。

中国式现代化与中国经济新征程[1]

姚洋

（北京大学博雅特聘教授、国家发展研究院经济学教授、
中国经济研究中心主任）

为什么叫中国式现代化

要理解中国式现代化，首先要理解为什么是中国式现代化，而不是中国特色现代化。

可以对比的是20世纪80年代初，我们提出了"有中国特色的社会主义"。这一提法的背景是当时存在一个苏联式的社会主义。我们要搞农村改革、城市改革，与苏联模式不同，所以称之为有中国特色的社会主义。到1987年，我们定位于社会主义初级阶段，以便推进改革。随着我们对社会主义的探索，2002年召开的中共十六大首次使用了"中国特色社会主义"这一概念。

但这次不太一样，我们没有称中国特色现代化，而是中国式现代

---

[1] 本文根据作者于2022年11月17日在北京大学国家发展研究院第73期EMBA论坛上的演讲整理。

化。这意味着现代化没有可以清晰对比的模式，中国的现代化道路本身就是一个模式，说明我们的道路自信和理论自信又往前走了一步。

中国式现代化不仅仅是一条历史道路，而且是一种新理论，当然，这个理论是不是完备还可以再讨论，也许还有不少需要完善之处，但这个提法本身已经是一个很好的引子，值得我们进一步讨论和研究。

中国现代化的源起与早期进程

既然称之为中国式现代化，我们就要回溯中国现代化的发展历程。

第一阶段我定义为1860—1978年。这100多年在历史上称为"西风东渐"，甚至还可以再往前推一点。有不少人把1840年当作中国现代化的起点，也就是第一次鸦片战争时期。尽管第一次鸦片战争割让了香港岛，但国民并没有警醒。直到第二次鸦片战争火烧圆明园，精英阶层才猛然惊醒，开启了100多年的西风东渐历程。

第二阶段是1978—2017年，是思想解放、改革开放的40年。

从2017年开始，我们又进入新时代。

回顾历史是有好处的，我们会追问一个问题：为什么叫西风东渐？这背后是文明的冲突与融合。

关于文明的冲突与融合，我们可以把时间再往前拉到过去的2000年，基本上以北宋的建立为节点。北宋于公元960年建立，刚好在中间。北宋之前的1000年，中国国力不断上升，在全世界领跑。北宋以来的这1000年，中国出现停滞甚至倒退。

外来文化冲击在北宋之前就已经存在，主要是佛教的引入。中华文明花了将近1000年的时间，直到南宋朱熹时，才把佛教相对和谐地吸纳进来。最后能留在中国本土的佛教主要是禅宗，禅宗与中华文明中的老庄哲学很像，这很有意思。到了今天，我们几乎忘记了佛教是外来之物，它与我们的传统文化已经融为一体。

我们今天还处在西方文化冲击的过程之中，中国文化还未能把西方文化完全吸收掉。

第二次鸦片战争之后，知识精英才真正觉醒。但他们的认知是中国文化没有太大问题，制度也没有太大问题，只不过是技术不如人家。因为第一次鸦片战争时，英国只派了一艘军舰就把我们打得落花流水。到第二次鸦片战争，英法联军竟然打进北京，而且火烧圆明园。

当时，精英和朝廷共同的选择是师夷长技以自强，从此开始了长达30年的洋务运动。到甲午海战之前，洋务运动的成就很大，清朝建立起了当时亚洲最大规模的海军。但在日本人面前，这支海军不堪一击。事实上，清朝海军舰队比日本舰队强大，清廷在朝鲜的驻军比日本侵略军要强大很多。但1895年，北洋水师在山东威海刘公岛全军覆没，宣告了清廷洋务运动"师夷长技以自强"愿望的破产。

精英们开始研究日本为什么能突然强大起来，原因是明治维新——制度的革新。精英们也想改变制度，于是就有了1898年的戊戌变法。但戊戌变法只有100多天就宣告失败，诸多变法之中唯一保留的就是京师大学堂，也就是今天北京大学的前身。

旧的制度反对变法，我们就要推翻这种制度。于是仁人志士不断成立政党，联合军事力量闹革命。最终在1911年，孙中山领导的辛亥革命成功推翻了清政府，建立了亚洲第一个共和国。

从理论上说，中国应该由此进入稳定、繁荣的时代，但事实上并没有。中国接下来不仅出现了袁世凯复辟帝制，还出现了接连不断的军阀混战。这让大家意识到中国仅仅改变制度还不够，还需要改变底层的文化和思想，同时要探索一条更稳定的新发展道路。

在这个时间段发生了第一次世界大战，整个欧洲的意志非常消沉，欧洲的知识分子认为西方文明已经走到尽头；中国一些人也感觉自己的文化走到尽头，要深挖文化的根子，于是掀起了新文化运动和五四运动。新文化运动的核心就是否定封建旧文化，甚至还提出了"打倒孔家店"的口号。

在探索新出路的过程中，俄国在西方资本主义文明的边缘地带爆发了一场革命，好像一下子就把一个落后的国家变得欣欣向荣。俄国十月革命让西方知识分子和中国的知识分子都看到了希望，好像西方文化有救了，东方的中国也看到了一条新路。

中国比较活跃的学者代表李大钊、陈独秀等都认为十月革命和马克思主义为中国带来了一条新路，中国可以借助这一思想彻底改造。

1921年中国共产党诞生。中国共产党的诞生是中国革命发展的客观需要，是马克思主义同中国工人运动相结合的产物。中国共产党最后之所以大获成功，我认为一个非常重要的原因是它不仅适应了当时中国的状况，而且不断地自我革新。

中国共产党从创立之日起就自觉地成为推动中国进步的政党，带领中国一步步继续向现代化的方向前进。

因为距离充满革命的20世纪太近，所以很多人不容易以历史的时空观来评估此事。但欧洲社会几乎没有一个国家没有发生过大革命，英国革命、法国革命、俄国革命、西班牙革命，都是长时间的革命。英国革命持续了约半个世纪，法国和俄国大革命前后动荡时间更长。

因为要从古代社会跨入现代社会的难度很大，中国古代社会历史很长，而且相对稳定，古代社会同现代社会之间的生活方式反差又太大，所以要打破旧的结构和思维方式很难，旧势力不会乖乖举手投降，一定会抵抗，最后只能借助一场接一场的运动甚至革命。

1949年，中国共产党全面执掌政权之后要践行自己的革命思想。因此，我们要理解社会主义革命，也一定要把它放在中国现代化的历程里。

新中国第一阶段的现代化进程

革命不是请客吃饭，而是要把旧势力请出历史舞台，书写新的历史。

新中国成立以后，中国出现了很多革命性变化，我个人的观察是主要表现为如下几点。

第一，打破旧有的等级社会结构。历史学家黄仁宇原来当过国民党的军官，后来才成为历史学家。他知道国民党想干什么。他的描述是国民党总想着"自上而下"，但中国共产党的想法和做法都是"自下而上"，从底层开始，推动土改，拉平整个社会，变成人人平等。比如女性的解放就很典型。国发院的张丹丹老师做过很有意思的研究，她把1958年在北京出生的妇女和在台北出生的妇女做比较，再比较1976年出生的北京女性和同年出生的台北女性，同时也找同一时期的男性进行对比。结果她发现1958年出生的北京女性竞争意识最强，超过男性。这是那个时代提倡妇女解放造成的，妇女能顶半边天的理念尽人皆知。

第二，推进国民认同。我们很多人喜欢说中华文化是崇尚集体主义的文化。有一个来自日本的留学生在北大学习社会学，他觉得中国人不那么集体主义，反而特别个人主义。我们对他的观点很吃惊。他说日本人踢足球，大家都互相传球，中国人踢足球都喜欢带球，直到射门，不怎么传球。100多年前孙中山就说过，中国人有点像一盘散沙。怎么建立国家认同？中国共产党从政治层面入手，深入社会的每一个角落，把我们拉入了一个基于普遍国家认同的现代社会。

第三，举全国之力推进工业化。这一点非常重要，我自己深有体会。我在西安工作过两年，单位是我父母和岳父母工作一辈子的工厂，建于1956年，是苏联援助的156个项目之一。这个工厂就是一个小而全的社会，生老病死都管，接生我的医生后来还接生了我的儿子。今天这家公司仍在，只是总部搬到了上海，已经成为输变电设备领域非常重要的战略性国企。中国今天的工业化成就离不开我们在改革开放之前奠定的基础，包括技术人员、工人队伍等，非常重要。

第四，提高人类发展水平。阿马蒂亚·森是印度裔的著名经济学家，如今在哈佛大学教书，曾获得诺贝尔经济学奖。他提倡的人类发展指数由三个指标构成：人均收入、预期寿命、教育水平。中国的医疗和教育在新中国成立初期做得比很多发展中国家都好。阿马蒂亚·森说，中国改革开放以后比印度的发展好得多，其中一个原因就是中国准备得好。比如，在1978年，中国人均GDP比印度要低，中国人均GDP超过印度是在1991年。如今，中国的人均GDP已经是印度的5倍。1978年，中国虽然比印度穷，但中国的成人识字率是65%左右，印度只有40%左右。当时中国的预期寿命也已经达到67岁，印度不到60岁。婴儿死亡率中国降到54‰，印度的这一数字是中国的两倍。印度也曾优先发展重工业，但没有成功。直到现在，印度工业产值在GDP中的占比仅为20%左右，中国曾经超过40%，现在下降是因为已经进入后工业化阶段，是发展阶段升级造成的自然下降。

新中国第一阶段的30年也曾引进西方的东西。1977—1979年，中国搞过一段"洋跃进"，引进发达国家的机器设备。现在我们知道的燕山石化、齐鲁石化、宝钢都是这一阶段引进的。

有人说中国在1979年之后才改革开放，这是指全面的、根本性的生产力解放。在 1978 年之前，中国已经推进了思想解放，这是生产力解放的前提和铺垫。

新中国第二阶段的现代化进程

1978 年的十一届三中全会是中国改革开放的标志性事件，也是新一阶段现代化的起点。在我个人看来，1978—2017 年这一段时间可以总结为中国共产党深度回归中国化的阶段。

邓小平曾经表示，他是中国人民的儿子。这话颇有深意。邓小平喜欢用常识思考，这一点非常重要。常识告诉他，贫穷不是社会主义。

我觉得未来的历史学家如果写邓小平，要记录的他的其中一个丰功伟绩就是让中国共产党在更高的层次回归了中国。

在我看来，当时的中国共产党和整个中国做了下面这些重要转变。

第一，放弃激进主义路线，放弃阶级斗争。因为党的目标已经不再是通过革命再建立一个新中国，而是带领全国人民实现中华民族的伟大复兴。中华民族伟大复兴这一提法始于 20 世纪 80 年代初。这一提法告诉所有人，中国的重点不再是阶级斗争，而是全国人民团结一致走向现代化的繁荣富强。

第二，回归中国的务实主义。中国人特别务实，活在当下，具体有几个表现。首先是中国人不喜欢讲永恒的真理，而是认为实践出真知，这已经是中国人的谚语。实践是检验真理的唯一标准，意味着你得不断去实践，不断去发现真理，然后证伪真理，再发现新的真理。其次是结果导向。中国人注重结果，比如在硅谷，中国人比较高的职务是总工程师，印度人更多的是经理人。工程就是看得见摸得着的工作，是务实主义的体现。在务实主义的原则下，我们很多改革才能推进，一点点地实现突破和变化，否则面对形而上的制度，很难突破看不见的各种约束。

第三，回归贤能主义。中国人在骨子里特别相信贤与能，评价一个人是好是坏，能不能干非常重要。比如，共同富裕就是要提高老百姓获得收入的能力，而不是直接发钱。贤能主义最突出的体现是党的干部选拔制度。我和一起做研究的同事搜集了1994—2017年所有官员的数据，谁跟随谁工作过，后来怎么调动、升迁。我们研究梳理后发现，某位官员任期内所在城市的经济表现好，升迁的概率就大。

第四，回归市场经济。中国人习惯于认为市场经济是西方独有的东西。但邓小平早就提出："市场经济不能说只是资本主义的。市场经济，在封建社会时期就有了萌芽。社会主义也可以搞市场经济。"[1] 我还想加上一句，市场经济根本就不是西方创造的，而是中国人创造的。读一下北宋的历史就会发现，现在我们没有一家饭店能赶上北宋的水准。我们在宋朝时还发明了纸币，是世界上第一个发明纸币的国家，而且运转得很好。我们还发明了有价证券，可以买卖，这就是金融创造。

新时代的现代化要点

在进入新时代的现代化分析之前，我先介绍一本书，是两位美国学者威廉·斯特劳斯（William Strauss）和尼尔·豪（Neil Howe）在20世纪90年代中期写的。这是一本奇书，名字是《第四次转折——世纪末的美国预言》。这本书上说美国有一个80年的大周期，从18世纪70年代的独立战争到19世纪60年代的南北战争，再到20世纪30—40年代的第二次世界大战，最后到如今，基本上80年经历一个轮回。在这80年里，每20年又是一个小周期。

---

[1] 邓小平：《邓小平文选（第二卷）》，人民出版社，1983年。

从二战到肯尼迪遇刺，是美国最近80年大周期的第一个小周期。美国欣欣向荣，每个人信奉的理念都差不多。美国从20世纪60年代开始进入思想解放的20年。里根之后的20年是展开时代，也就是威廉和尼尔这本书的写作年代。他们预期到2005年，美国要进入最后一个20年，即危机时代，几乎预言了2008年金融危机。书中还推测说，美国从2005年到2025年的这个小周期将以什么方式结束，要么是内战，要么是跟外敌打一仗，然后再创造一个新历史。

这本书把我关于历史线性进步，尤其是直线式进步的观念彻底打破。历史会循环，包括大循环和小循环。后来我想，这一理论用到中国也适合。

中国也可以分为"高潮期"、"觉醒期"、"展开（繁荣）期"和"新时代"。1949—1976年是"高潮期"，1977—1997年是"觉醒期"，1998—2017年是"展开期"，中国经济在全球上升到第二位，而且遥遥领先。从2017年开始，中国进入大周期的最后一个小周期：再生的一代，即新时代。

新时代要干什么？如果按照美国这两位学者的理论，新时代对应的是两件大事。

第一，纠偏。中国在上一个发展阶段中思想解放、改革开放的成就很大，不可否认，但也产生了很多问题，比如腐败问题变得严重。十八大以来的反腐十分深入，但十九大之后仍然有人敢腐，这很奇怪，所以要以一种政治斗争的形式来反腐，让他们不敢腐，建立一种新文化。

第二，强化党组织的生命力。党组织的生命力一旦衰退甚至涣散，容易导致政治和经济结成不该有的联盟，对经济的长期可持续发展尤其是高质量发展不利。因为政商合流容易导致公权力的商业化，甚至导致利益集团绑架政府，形成不该有的市场壁垒，影响公平竞争和市场活力，最终使中国的国际竞争力下降。我在研究发展经济学的过程中实地调研过很多发展中国家，也读了很多发展中国家的历史。我发现那些不发达的发展中国家最大的问题就在于知识精英、商业精英和政治之间形成了牢不可破的利益联盟，无法让整个社会形成良性的竞争。

还有一个要解决的问题是不平等。我们国发院有一个调研团队每两年会做一次全国性调查，发现中国的基尼系数最高峰是0.52，这是什么概念？这是撒哈拉以南非洲国家和南美国家的水平。众所周知，那些地方贫富差距巨大。我们最穷的10%的人口只拥有全国总收入的0.5%，资产为负，靠借钱生活，最富的10%的人口拥有全国总资产的70%、总收入的40%，这就是巨大的贫富差距。所以要纠偏。

经过多年的纠偏，反腐已经取得成效，党组织的生命力也得到了提升。不平等问题还没有完全解决，需要进一步努力。

面向未来，要实现中国式现代化，还有几个重要的内容需要进一步建构。

第一，要重建党的权威，包括党的组织权威、党的理论权威、党在群众心中的权威。这需要很长一段时间。

第二，重建理论。正统的政治经济学仍然基于劳动价值论，认为只有劳动创造价值，否认资本对价值创造的贡献。如果还以传统的政治经济学理论为基础，容易把共产党的属性局限在主要代表工人阶级的先锋队，不容易代表更广泛的全国人民。为此，我们要认真重读《资本论》。我们以前把《资本论》当作一本实证的著作来读，但它开篇和定调的劳动价值论本质上是一种假设，不是事实观察。所以《资本论》是一部典型的哲学著作，而不是典型的政治经济学著作。有了这个认识，我们就可以在观察的基础上建设新理论。例如，对于今天有很多讨论的共同富裕，关键点一定是应明确投资老百姓的收入能力，而不是既有财富的重新分配，否则共同富裕的内涵就与老百姓内在的价值观不同，就意味着有些人可以不劳而获。因此，二十大报告里有一句话："把马克思主义思想精髓同中华优秀传统文化精华贯通起来、同人民群众日用而不觉的共同价值观念融通起来，不断赋予科学理论鲜明的中国特色。"把富人的钱直接分给穷人与老百姓日用而不觉的价值观当然不符。

第三，最后要建构中国自己的创新体系，也就是新型举国体制。为什么要这么做？首先是外部环境变化所致，这是非常重要的方面。其次是面向未来，世界格局充满了不确定性，台海局势也存在变数。万一出现极端情况，中国没有自己的创新体系，产业链不能实现自我循环就容易陷入被动。

中国式现代化已经走过了从"站起来"到"强起来"的路程。如今，我们要向第二个百年奋斗目标发起冲击，过程中难免遇到新的变数和挑战，因此全面理解中国现代化的历程，尤其是正确理解中国式现代化的内涵十分重要。

大变局下的中国式现代化[①]

郑永年

[香港中文大学（深圳）校长学勤讲座教授、
公共政策学院院长、前海国际事务研究院院长]

"中国式现代化"这个概念提出来后，得到的国际反响是非常大的。对中国式现代化的定义，我个人觉得是全方位、综合、系统的。二十大报告所说的中国式现代化的五个特征实际上非常有意义。讲中国式现代化，仅仅看中国可能看不清楚，通过比较来看更有意义一点。

五个特征，大家已经知道，就是人口规模巨大的现代化、全体人民共同富裕的现代化、物质文明和精神文明相协调的现代化、人与自然和谐共生的现代化、走和平发展道路的现代化。我把它称为"五位一体"。为什么要有这样的定义？从国际视角来看，它的意义很重大。

人口规模巨大的现代化

我们有14亿人口，世界历史上从来没有那么大的国家进行那么大

---

① 本文根据作者于2023年5月10日在国研东海智库论坛上的主题演讲整理。

规模的现代化。现代化的英文 modernization，以前翻译成"近代化"，后来才叫"现代化"，是同一个概念。近代化的概念从西方文艺复兴开始，但真正的现代化是从英国工业革命开始的，到现在为止也只有 250 年左右。

现代化从英国传到西欧各个国家，再到北美；从西方传到亚洲的日本、韩国、新加坡，再到中国等经济体。日本是亚洲第一个实现现代化的经济体，然后是"亚洲四小龙"，20 世纪 80 年代以后大规模的现代化在中国展开。

但不管怎么说，这些国家或者经济体进行的都是非常小规模的现代化。英国当时没多少人，现在好多欧洲国家都只有几百万人口。中国这样大规模的 14 亿人的现代化，是前所未有的经验。美国现在是最现代化的国家，它的人口也只是 3.3 亿多。

当然，印度人口比我们多，印度也在进行现代化。但如果比较一下，印度的现代化估计比中国迟二三十年还多。印度尽管在加速现代化，但没有中国这样的体制，到今天为止还没有像中国那样大规模的基础设施。

从以前的世界经验来看，一个国家如果没有大规模的基础设施，工业化就很难展开，城市化也很难展开。现代化不是抽象的，它跟工业化、城市化关联在一起。印度的土地是私有的，它没有像中国共产党那样全国性的政党组织。印度有 100 多种主要语言，说英语的只有约 10% 的人口。

还有一个资源的问题。美国现在为什么要遏制中国的发展？因为世界上的资源有限。以前有人说，我们现在刚全面建成小康社会，人均 GDP 接近 13000 美元，大家已经觉得中国在竞争世界资源了，如果成了像美国那样的现代化国家，人均 GDP 达到 76400 美元，那 14 亿人要消耗多少全世界的能源？

所以，我们的现代化是不是一定要达到美国的消费水平，或者达到欧洲的水平？我们人口规模巨大，实现这样的现代化不仅仅比较困难、比较艰巨，还有外在影响，不仅是对其他国家的影响，还有对地球的影响。我们现在讲碳排放，中国是世界第一大碳排放国，中国的碳排放量跟美国的加起来就占全球碳排放份额的40%以上了。

全体人民共同富裕的现代化

共同富裕提出来以后，很多企业家对此有所担心，共同富裕是不是要"劫富济贫"？但是党的二十大报告也写入了共同富裕，共同富裕是我们要追求的。问题是，什么叫共同富裕，很多人对此的认识还不太清楚。

共同富裕不是劫富济贫，共同富裕不是分"大饼"，而是在继续做大"大饼"的基础上分好"大饼"。但这里面还有很多误区，尤其是经济学界一直在讲的所谓三次分配。

大家说，一次分配讲效率，二次分配讲公平，三次分配是补充。但这个说法也不全面。一次分配是不是光讲效率呢？我们每一个人的大部分收入都是一次分配，来自我们的工资。如果不能在一次分配中实现基本公平，通过二次分配、三次分配也不会公平。一次分配不仅要讲效率，也要讲公平。

一次分配很重要，要给员工有相当的工资才行，并且一次分配的公平也有利于企业发展。如果企业没有给员工支付足够的薪水，它生产的商品谁买呢？美国福特汽车公司就是要把员工（从前马克思所说的无产阶级）转换成中产阶级，因为只有员工成为中产阶级，福特汽车才卖得出去。

二次分配讲公平，是不是只讲公平呢？二次分配当然要讲公平，通过国家税收财政实现社会福利。但二次分配不仅要讲公平，也要讲发展。如果二次分配只讲公平，就会打造出一个福利国家、养懒人的社会，谁来干活呢？二战以后，西方国家通过凯恩斯主义经济学来干预经济，实现经济的可持续发展，而凯恩斯主义的核心是二次分配。

一次分配其实不能叫分配，因为这是工资。二次分配通过国家的才叫分配。三次分配更不能叫分配了，它是企业家捐款、做慈善的自主行为。如果说某一次分配跟政府相关，那么只有两条：第一，在一些国家，通过国家法律形式规定最低工资制度；第二，通过一整套的法律法规，鼓励企业家去捐款，为社会做善事。美国最好的大学很多是企业家办的，比如常春藤联盟，最好的智库也都是企业家办的。美国的企业家都乐意捐款，因为它有一整套政策，通过免税鼓励企业家，企业家得到了社会名望，比如哈佛大学几乎每一栋楼都被冠以企业家的名字。

所以，我们要理解清楚。如果不理解清楚，光强调分配，社会思想会乱。三次分配一提出来，有些人情绪就高涨起来，认为是要"劫富济贫"。实际上不是这样的。这种论调对企业家的伤害还是很深的。当然，企业家平时确实要为社会做好事、做慈善，但要有自己的判断。

我们需要实现共同富裕，因为共同富裕有助于实现经济可持续发展。过于由资本主导的社会，不能实现共同富裕。我们要吸取美国、欧洲社会高度分化的教训。在资本主导的经济发展过程中，要保护社会。社会如果不被保护，就不稳定，经济发展肯定会出问题。中产阶层一旦壮大，这个社会就是稳定的。

20世纪60年代，美国既有反越战运动，又有马丁·路德·金的民权运动，还发生了总统被刺杀的事件，为什么社会没有乱？因为美国有60%的中产阶层。民主党左一点，共和党右一点，但无论哪一个党执政，都必须照顾到这 60% 人口的利益。政党不会走极端，它走中间路线。

那么，美国今天为什么乱呢？跟 20 世纪 80 年代正式走到台前的新自由主义相关。美国的里根革命、英国的撒切尔革命，开启了一波全球化。这一波全球化是英美主导的，是资本主导的，为整个西方社会创造了大量财富。

但是问题出在哪里？它的收入分配出现了问题。全球化创造的巨量财富，集中到极少数人手里。所以，美国的收入分配问题加大了社会分化。还有更重要的一点，中产阶层萎缩。美国的中产阶层所占人口的比例，从 20 世纪 70 年代的 70% 一路下滑到今天的 50% 左右。

目前，中国的中等收入群体约 4 亿人，比例只有不到 30%，但我们中国人从贫穷到富裕，比较有耐心。奥巴马执政 8 年，美国中产阶层的比例以每年 1 个百分点的速度下降，为民粹主义的崛起准备了社会基础。

经济发展如果不能保证基本社会公平，是会出问题的。所以，我们要坚持共同富裕，但共同富裕绝对不是劫富济贫。

物质文明和精神文明相协调的现代化

中产阶层如果用货币形式表达，其实没多大意义。但衡量中产阶层最不困难的就是用货币，因为这很简单，比如按照收入划定区间。真的要实现高质量发展，还是看"文化中产"，这是中国最稀缺的。"文化中产"的概念更为重要。对于现代化，如果没有建立这样一种文化，很难发展。

我觉得，民营企业家应该多研究道家的文化，独立、自主、进步，这是很先进的。要从事什么职业，如何保持独立，这些都包含在道家思想里面。实际上，中国文化里面有很多好的东西，如果把儒家经济学、道家经济学、法家经济学的逻辑梳理清楚，可能会对我们有更大的启发作用。

人与自然和谐共生的现代化

人与自然也很重要，要和谐共生。我在英国工作时就发现，很多研究机构还在整治100多年前维多利亚时代污染的环境，整治不完。美国从20世纪六七十年代开始有环保运动，德国、欧洲现在也有环保运动。

中国为什么要提"两山理论"？好多外国朋友问我，为什么你们提这个。我说因为我们有一个深刻的教训。2000年左右，像浙江的很多地方，就进口日本或者其他国家的垃圾，建洋垃圾处理厂，结果造成大量污染，导致有的村的许多村民得了癌症。如果经济发展了，但身体因此受到损害，那一点意义都没有。

走和平发展道路的现代化

和平是很重要的，这是我们面临的巨大挑战。西方早期的现代化、工业革命使得这些国家变得强大起来，但它们走上了殖民主义、帝国主义的道路。虽然说"西方完全靠掠夺起家"这一说法过于极端，它们的很多技术发展跟掠夺也没什么关系，但对国际社会的剥削的确是西方在现代化过程中获得资源的一种手段。

我们当然不会这么做，所以要另外想办法。这些年我们提出"一带一路"倡议，西方很多人污蔑我们是搞新帝国主义、新殖民主义、债权帝国主义等等。我跟那些美国朋友、英国朋友说，你们要实事求是地去看，你们前辈搞殖民主义屠杀了多少人，但是我们中国没有。我们给发展中国家建的都是基础设施——公路、桥梁、体育设施、学校、医院，这些都是有利于当地发展的。当然，在这些方面，中国需要把自己的故事讲好。

中国式现代化提出来以后，发达国家跟发展中国家的心情是不一样的。发达国家经常会提，中国式现代化是不是要取代美国式现代化，或者日本式现代化呢？对发展中国家来说，中国式现代化到底有什么样的参照意义？

我觉得我们要强调，提出中国式现代化，表明我们也承认有欧洲式现代化、美国式现代化、日本式现代化或者新加坡式现代化，中国式现代化并不是要取代其他形式的现代化。现代化的定义是多元的，模式是多元的，路径是多元的，中国式现代化只是给世界现代化大家庭贡献了一个新的模式。

我们强调中国式现代化，表明我们是成功的。那么，为什么这样讲？因为我们找到了符合我们自己文明、文化、国情的现代化方式，我们也希望其他国家都能找到符合它自己文明、文化、国情的现代化。

我们强调中国式现代化，表明我们不会像美国、西方那样，把自己的现代化方式强加到其他国家头上。我们强调多元性，这一点在对外传播的过程中要特别强调，否则西方会又一次恐慌，又会出现"中国式现代化威胁论"。

中国式现代化的内涵

中国式现代化既建立在我们自己的历史经验上，也建立在西方的历史经验教训上。但它还是一个目标，并不是说中国式现代化现在已经实现了。党的二十大报告提出，中国式现代化目标分为两步走：从2020

年到 2035 年，基本实现社会主义现代化，从 2035 年到本世纪中叶，把我国建成富强民主文明和谐美丽的社会主义现代化强国。如果用人均 GDP 作为衡量指标，2021 年我们是 12800 美元左右，到 2035 年达到目前韩国 32200 美元的水平，我们还有很长的路要走。

现在的问题就是：如何实现中国式现代化？让我们从以前的贫穷社会走到全面小康的体制机制，能否支撑我们从全面小康走到 2035 年甚至 2050 年的现代化？党的二十大强调高质量发展、科教兴国、科技创新、制度型开放等，但很多人还没有搞清楚。

什么叫高质量？如何实现高质量发展？现在大家只有一个 GDP 数据，但 GDP 增长不等于高质量发展。尤其对长三角、珠三角地区的老百姓来说，他们已经实现了全面小康。大家对一个国家的 GDP 高一点、低一点实在感觉不到，老百姓追求的是社会保障、医疗、教育、公租房、幸福程度。我们需要增进国民财富的 GDP，如果是无效的大规模投资，不仅不能带来国民财富，反而会损耗、减少国民财富。

激发民间投资的三个关键问题

我们过去几十年的发展，靠的是拉动 GDP 的"三驾马车"，但它现在出现了一些问题。

投资方面，2023 年一季度各个地方的投资增加都很快，但民营企业的投资增长非常小，表明企业信心还不够足，俄乌冲突、中美关系的影响也很大。但我们也要反思。像前些年整顿的房地产、教培、互联网这三大领域是中国民营企业的大本营，虽然整顿的初心是好的，是为了造就一个更好的长远发展的营商环境，但在执行过程中出现了很多问题。

这当中还凸显了更深层次的问题。从汉朝到现在为止，中国的经济结构一直是三层资本、三层市场。顶端是国有资本，对国计民生很重要的一些领域国家占主导地位，底下的广大中小型、微型企业都是民营资本，中间是国有资本跟民营资本互动，进而形成了近代所说的官办、商办（相当于现在的民营企业）和官督商办三类企业。三类企业比较均衡发展的时候，这个国家的经济就发展得好，比较稳定。

改革开放以后，经济学家说我们从计划经济转向市场经济，但实际上中国几千年来就是这样的。我们不能极端化，这三层资本还是要比较均衡地发展才行。那么，现在我们的民营企业为什么不去投资？我觉得要解决三个方面的问题。

一是为什么要投资。保证财富安全和企业家的生命安全很重要。这两个安全的保证并不是资本主义才有的，它的出现远远早于资本主义的产生。道理很简单，如果做了以后不安全，你肯定不做了。如果你做了，赚了钱，有一天发现这个钱不是你的，你肯定也不做了。

所以，通过法律保护财富安全和企业家的生命安全很重要。民营企业要的是确定性，最重要的是从法律上把民营企业的地位巩固住，而不仅仅是给予政策上的优惠。营商环境的"三化"，就是市场化、法治化、国际化，其中法治化尤其重要。

二是要做什么投资。当经济下行时，国家为了保持经济增长，会鼓励甚至督导央国企加大投资，这自然会挤占民营企业的投资空间。加上房地产、教培、互联网行业的变化或调整，很多企业遭遇既有投资空间的关闭。国有资本很难做好风投，因为风投就是长线的投资，少则8~15年甚至更长。现在央企的布局是比较合理的，但大量的地方国资占据了太多经济空间，导致很多企业失去投资空间，国企和国资应该改革。

三是怎么去做投资。这方面很难，因为真正需要金融支持的企业拿不到钱，大型国有银行缺乏足够的理由和动机去服务中小型民营企业。大家看美国的经济往往看华尔街，但是美国的中小型银行尤其是社区银行起了非常大的作用。2007—2008年金融危机是华尔街制造出来的，但帮助美国走出危机的是中小型银行尤其是社区银行。

中国需要改变金融结构。有两个办法，一是成立一大批中小型民营银行，可以限制其地域和服务领域，但必须有；二是成立一大批中小型国有银行，但对这些国有中小型银行的考核一定不要跟大的银行一样。

我们以前的经济发展是数量型经济扩张，只要投资就有收益，但这样的好时光已经过去了。我们如今一定要精耕细作，从制度上思考怎么利用民资来推动发展。

基础设施投资支撑了我们过去很多年的经济增长，现在基础设施投资基本完成了，东南沿海地区已经饱和，中部地区也不错。西部地区还有一点投资空间，但西部地区本来经济活动就不多。经济活动不多，过度投资就是浪费。以前日本北海道边缘地带的投资非常好，但是随着人口萎缩，投资越来越集中到东京等大城市，其他地方的基础设施就废弛了。

贸易方面，大家都感受到了。首先是世界经济形势都不好，其次就是美国跟我们系统脱钩。所以，用贸易来支撑、拉动我们的经济增长也很困难。

消费方面，想要迅速提高消费很困难，虽然"五一"假期的消费情况不错，但光靠旅游还拉动不了中国经济，尤其我们现在还没有形成消费社会。从学术上说，消费社会跟中产社会是同一个意思。任何社会，哪怕是最穷的社会，也有小部分人是消费过度的。穷人永远是消费不足的，只有中产阶层才能充分消费。

从世界经济史看的话，一个社会的中产阶层的比例跨过50%的门槛，达到 60% 甚至 70%，才是中产社会。我们现在只有不到 30% 的中产阶层，所以还需要付出很大的努力。如果到 2035 年我们的中产阶层能达到六七亿人，那可能就是中产社会了。当然，如果年轻人不生小孩，那会是一个非常老的社会，可能也消费不动了。

高质量发展的投资之道

不过，对于传统的"三驾马车"，我们还是有很多事情可以做的。就说投资，我觉得我们要投资质量，不要投资数量，要走质量型经济发展之路。

比如城市更新还需要大量投资，也照样有收益，这方面公租房非常重要。中国香港地区是资本主义社会，其"公屋制度"（即公租房）解决了 30% 左右人口的居住问题。新加坡也是资本主义社会，新加坡的政府组屋解决了 70% 以上人口的居住问题。目前，中国内地的城市还没有一个地方的这一数据达到 20%。有些城市有"城中村"问题，为什么不多盖一点公租房呢？公租房的条件更好，如果把公租房的房租价格跟"城中村"的价格拉平，甚至更低一点，"城中村"的问题就解决了。

还有一个停车场的问题。停车场经济是非常好的经济。新加坡、中国香港的停车场产业很大，都有立体停车场，既能避免小区停车过度拥挤产生的安全隐患，又能获得较多收益。新加坡政府的停车场收益很高，因为停车场产业基本不需要人工，一个闸口就行了。现在广州、深圳、杭州等城市有很多空置的楼房、写字楼，可以把它们改成停车场，既能获得收益，还可以提升城市品质。

还有养老院的问题。日本、韩国、新加坡等是先富后老，我们是未富先老，人口老龄化速度非常快。但现在在建的很多养老院都在边缘地带，这样很不好。新加坡就是以家庭为单位进行养老，即便无法做到过去四世同堂那种，现在年轻人的价值观不一样了，李光耀时期也用了很多政策来保护家庭。比如，你与父母不住在一起，但如果房子买在同一个小区，政府就会给一个很好的折扣。如果买不到同一个小区的房子，而需要从其他小区开车到父母所在的小区，停车就是免费的。我们有14亿多人口，养老完全靠政府承担是不可能的，因此还是需要回归家庭、保护家庭。

更高质量的城市化是拉动中国经济的一个很好方法。现在中国的城市化走上了日本、韩国城市化的道路，如果把国家的优质资源都放在几个大城市，其他的三、四线城市就会衰落。最为重要的问题就是人口萎缩。城市越大，生育率越低，儒家文化圈的人口萎缩最快。大城市化只产生GDP，不生产婴儿。光有经济活动，没有小孩的城市化是没有希望的。

京沪生育率不到0.7，杭州为0.96，但生育率达到2.1才会有人口增长。虽然就整体来讲，杭州也很年轻化，但这是用优越的条件把其他地方生的小孩吸收过来，结果就是三、四线城市衰落。要改变城市化的方式，不要把所有优质资源都集中在大城市，而是要分配更多资源到三、四线城市。

在革命时代，我们有"三大法宝"，就是武装斗争、统一战线和党的建设。今天，我们需要中国共产党领导下的改革、开放和创新。其中开放最重要，只有开放才能有改革，不开放就没有改革。今天强调开放，不仅仅是国际层面的开放，内部开放同样非常重要。

美国强大在哪里？不是美国人所说的自由民主，而在于它的开放。我总结了一下，美国的成功在于其有三大开放系统：第一，开放的教育和人才系统；第二，开放的企业系统和企业制度；第三，开放的金融制度和金融体系。这三大开放系统缺一不可。

首先，要有开放的教育和人才系统。人才非常重要，美国基本上是世界人才的平台。美国本来是一个移民国家，一战、二战期间吸收了大量欧洲科学家。二战以前，美国没有基础科研的说法，应用技术也不讲。美苏冷战期间，美国用全世界的人才，包括从苏联跑到美国的人才，跟苏联竞争，苏联能竞争得过吗？所以最后苏联失败了。

今天也是一样，美国用全世界的人才，包括从中国去的人才，跟中国竞争，那我们怎么跟它竞争呢？改革开放以后，中国向美国输送了几百万的人才，都是北大、清华、浙大等一流大学的，当然也有些人回来了，但绝大部分还留在那里。

我们讲的营商环境"三化"里面有国际化，但我们的国际化程度远远不够。旧金山湾区跟纽约湾区，外国人口占40%，虽然不都是人才，但表明它的国际化程度很高。硅谷2/3以上的独角兽企业是一代移民、二代移民办的，而不是美国本地人办的。说美国制造，其实不是美国人制造。美国人为什么得那么多的诺贝尔奖，包括很多华裔去美国后得了诺贝尔奖？所以，一定要有开放的教育和人才体系。

其次，要有非常开放的企业制度。比较中国的企业制度跟美国的企业制度，比如新能源车领域的民营企业和国有企业，有什么不同呢？中国企业的运营逻辑一模一样，都是封闭的，没有供应链，或者供应链非常短，全供应链自己去做。国有企业这样做可以理解，但民营企业也是这样。

再看特斯拉的供应链，它的好多供应商都是宁波企业。特斯拉的供应链非常长，这样至少能达到三个效果。第一，美国企业有技术进步的机制，供应链长，相当于每个零件之间都是竞争关系。一个零件进步了，另外的零件也要跟着进步，否则就被淘汰。第二，这表明这个企业是开放的，向其他企业开放，不仅向国内的企业开放，还可以向国外开放。西方企业怎么进入的中国呢？它们都是将一些产品放在中国，由中国企业生产，这样容易走出去，容易国际化。第三，企业互相开放，可以做标准、做规则。中国国有企业之间互相不开放，国有企业更不向民营企业开放，民营企业之间也很少有开放。美国的企业是互相开放的，互相打通，所以一加起来又大又强。中国企业很多，一个个加起来量很大，但是不打通，大而不强，一直受制于人家的规则。标准决定价格，标准很重要。

有时候我们只讲外部开放，不讲内部开放，企业之间不开放，甚至区域之间都不开放。现在国际环境不好，如果国内各个区域之间能打通，效果会非常好。东部地区有制造业优势、资本优势、开放管理经验的优势，西部地区有阳光、风、土地等资源优势，劳动力也便宜。但是这些生产要素很难组合，如果组合起来，就能够促进内循环，促成国家统一大市场的建设。欧洲二十几个主权国家都形成了一个统一大市场，我们一个国家为什么就形成不了统一大市场呢？如果不内部开放，就很难有统一大市场。

外部开放也是重要的。苏联是一个因不开放而失败的案例。冷战开始以后，苏联在长达半个世纪的时间内被孤立了。不开放至少从技术上来说有两个缺点。第一，科技的进步需要不同的思想碰撞，封闭起来以后，没有这样的思想市场，慢慢地技术就衰落了。第二，科研技术需要大量的投入，这些投入必须从市场上得到回报才能再投资，科研技术才可能可持续发展。苏联因为计划经济封闭起来，导致没有市场。

中国能成为世界经济的一部分，要归功于改革开放，归功于天时、地利、人和。因为美苏冷战，美国从战略上需要中国，资本需要开拓新的市场。和平与发展是当今世界的两大主题，我们一接轨就造就了过去

40多年的超级全球化。所以绝对不要脱钩，一旦和西方脱钩，再回去也难，苏联就是教训。

我个人提出要实行第三次开放。鸦片战争之后的开放，我们是被迫开放。1978年开始的开放，我们是主动开放。现在西方让我们"卡脖子"，系统脱钩，我们更要开放，并且是规则、规制、标准、管理方面的制度型开放。我把它称为第三次开放，是单边开放。哪怕一些西方国家不向我们开放，我们也要向它们开放。英国是第一个工业化国家，它能适应单边开放。美国从原则上一直强调门户开放、对等开放，但在它需要的领域永远是单边开放，比如人才领域。

金融支持是跨越中等技术陷阱的必要条件

高质量发展需要新的"三驾马车"——基础科研、应用技术、金融支持。金融系统非常重要。

经过多年研究，我们发现无论是跨越中等收入陷阱，还是实现高质量发展，关键在于如何跨越中等技术陷阱。无论是欧美国家早早成为发达经济体，还是日本、"亚洲四小龙"等成功跨越中等收入陷阱成为发达经济体，抑或有些经济体长期陷入中等收入陷阱，都是因为技术进步。

一个国家的高质量发展是基于技术进步的产业升级。旧的"三驾马车"——投资、贸易、消费也是基于技术进步的产业升级。如果没有基于技术进步的产业升级，国家很难实现高质量的可持续发展。

新的"三驾马车"就是三个条件：第一个条件，必须具有一大批有能力进行基础科研的大学和机构；第二个条件，必须拥有一大批能够把基础研究转化成应用技术的企业或者机构；第三个条件，必须有足够支撑基础科研和应用技术转化的金融支持。

金融非常重要。金融要支持企业的技术转化，在美国表现为风投。我们对金融的重要性认知还不足，对金融和实体经济的关系没有解释透。为什么要把金融跟实体经济区分开来呢？当然，像美国那样实体经济过度金融化、金融过度虚拟化是不对的，但如果缺少了金融，经济也是不行的。

从历史上看，真正成为世界经济强国的只有两个——19世纪的英国，20世纪的美国，这两个国家都有强大的金融系统。因为金融是世界经济的血液，我们要成为世界经济的强国，就要看血液流到哪个角落。日本曾经想成为一个世界性的金融大国，德国也想过，都被美国打压下去。中国下一步能不能成为世界经济大国，就看金融，没有金融，中国走不出去。

基础科研不是资本密集型。哪一个诺贝尔奖是资本主导出来的？没有的。如果一定要使用密集型的概念，就是自由密集型，自由追求自己的学术兴趣就行了，科学发展有自己的逻辑。

应用技术转化才是资本密集型的，但是应用技术转化风险很大，所以才发明了风投。为什么要有这样的金融支持呢？因为政府不能用纳税人的钱来做风险大的投资，传统银行也不能这么做，因为拿着人家的存款。

对我们而言，中等技术陷阱主要表现在几个方面，其中之一就是从0到1的原创性技术较少。必须承认，近代以来从0到1的原创性技术大部分还是来自西方。而在应用技术领域，如果用1到10来衡量，中国在4到8之间，8到10的很少。我还发现，凡是能做0到1的，也能做到8到10。不能做0到1的，只能做4到8，很难再上去了。我们无论从价值链、供应链还是产业链来说，就是要突破中等技术陷阱，不仅要爬上8到10，更要实现从0到1的突破。

理性对待中美关系

美国的意图是遏制、围堵中国，以前有很成功的例子。它既不允许体制内的挑战，比如日本20世纪80年代挑战美国，德国、法国的挑战也都被打压下去了；更不允许体制外有人来挑战它，比如曾经的苏联。今天美国打压中国，更像以前美国打压苏联，但问题就是打压现在的中国很难。中国跟苏联不一样，除了用核武器互相威慑，苏联跟美国没有任何关系，而中国跟美国到现在为止还脱不了钩，因为中国经过40多年的发展，确实在中下层技术层面占领了优势，美国也不可能全部收回去。所以对于中美关系，我们要有耐心。

我最近提出一个"战略忍耐"的观点。首先，美国自己的民主制度正在经历危机。其次，中国政治经过这些年的变化，形成了三权分工合作体系，"三权"即决策权、执行权、监察权。在制度竞争方面，我们拥有自信。

只要中国是开放的，只要美国还是资本主义国家，两个国家就脱不了钩。现在要脱钩的只是美国的行政当局，只是冷战派或者反华力量。但这种脱钩是政治逻辑，不符合资本逻辑，更不符合市场逻辑，也不符合技术逻辑。同时，我们也绝对不要帮着美国人脱钩。比如，全供应链、全产业链都自己生产，朝这个方向走下去很危险。有人认为这个世界分裂为两套技术系统是可能的，但几千年历史表明，这个世界只能有一套技术系统，没有两套技术系统。

中国改革开放以来，国内的现代化技术进步，跟世界层面的全球化是两股力量相向而行、互相强化、互相促进。但是现在不一样了，美国"卡脖子"，以前的世界形势是超级全球化，现在是逆全球化，那我们如何应对呢？所以说，一定要第三次开放。

第二章

新质生产力

如何科学地理解"新质生产力"？[1]

郑永年

[香港中文大学（深圳）校长学勤讲座教授、
公共政策学院院长、前海国际事务研究院院长]

新质生产力的概念提出来之后一直是讨论热点，更是中国发展高层论坛 2024 年年会和博鳌亚洲论坛 2024 年年会讨论的中心问题。从经验角度来看，这些讨论一直在拓展这个概念的内涵和外延。但各种讨论也反映出诸多问题：一个极端是泛化，把"新质生产力"作为一个形容词，套用到几乎所有领域；另一个极端是过于狭义，把"新质生产力"等同于一个或者几个特定的产业。因为人们普遍认为这个新概念必然对今后的政策产生重大影响，所以混乱的解读在地方和企业层面可能产生很大的不确定性。

笔者认为，对"新质生产力"的解读应当包括三个层面：

这是一个战略性概念，即发展新质生产力是实现中国式现代化的必由之路；

---

[1] 本文选自《中国科学院院刊》2024 年 05 期。

新质生产力的核心尽管是指新科技，但并非特指一个或者几个新科技领域，因此，可以把新质生产力定义为所有能够促进基于技术进步提高单位产品科技含量和附加值的经济活动；

发展新质生产力的关键在于构建基础科研、应用技术转化和金融服务"三位一体"的创新模式。

新质生产力与中国式现代化

新质生产力的概念是在 2022 年党的二十大之后提出来的，这个名词应当和党的二十大提出的"中国式现代化"结合起来讨论。二十大报告指出，从现在起，中国共产党的中心任务就是团结带领全国各族人民全面建成社会主义现代化强国、实现第二个百年奋斗目标，以中国式现代化全面推进中华民族伟大复兴。中国式现代化是"五位一体"的现代化，即人口规模巨大的现代化、全体人民共同富裕的现代化、物质文明和精神文明相协调的现代化、人与自然和谐共生的现代化、走和平发展道路的现代化。

这无疑是一个最全方位、复合型的现代化定义，也是迄今最高标准的现代化定义。

尽管我们也强调中国式现代化和其他国家的现代化具有共同特性，但我们显然对已经实现现代化的国家所出现的诸多现象并不满意，例如贫富分化的现代化、以破坏环境的方式获得发展的现代化、物质发展了但精神世界贫乏的现代化、在国际上实行殖民主义和帝国主义的现代化。中国式现代化的目标就是避免这些问题的发生。但这同时也显示了实现中国式现代化的难度。实际上，仅看人口规模，就能理解其中的困难程度。从经验上来看，已经实现现代化的发达经济体的总人口在 10 亿左右，而中国拥有 14 亿人口。

正是因为实现中国式现代化具有如此重要的意义，2023 年 12 月召开的中央经济工作会议强调"必须把坚持高质量发展作为新时代的硬道理""必须把推进中国式现代化作为最大的政治"。

如何实现中国式现代化？在这个背景下，讨论新质生产力就具有实质性意义。很显然，没有新质生产力作为坚实的物质技术制度基础，就不可能实现中国式现代化。从这个角度来看，我们应当把新质生产力视为一个具有国家发展含义的战略性概念。概括地说，发展新质生产力是实现中国式现代化的必由之路。因此，新质生产力并非指一些具体的东西。无论在学术界还是政策研究界，今天人们往往把新质生产力指向一些具体的技术和产业部门，这无疑过于狭隘了。尽管新质生产力需要具体的技术和产业部门来表现或者代表，但是把新质生产力等同于这些具体的部门，无疑使得这一概念失去了其应当有的战略含义。

目前对新质生产力讨论的不足

首要且核心的问题是——什么是新质生产力？

目前，对什么是新质生产力的讨论非常多。但如果追究和梳理这些讨论，不难发现人们对新质生产力的讨论主要源自两点：第一，从现实世界中找；第二，从科幻文献中找。并且这两个来源是互相关联的。人们根据自己的符合科学逻辑的想象力把现实世界中存在的东西（尤其是科技）放大、往前推，这就成为科幻，而科幻又反过来影响现实的发展。在这个意义上，人们往往说美国好莱坞科幻大片是未来科技的代表。

就现实而言，在世界范围内，经济可以分为前沿经济和赶超经济；相应的，技术也可以分为前沿技术和赶超技术。前沿经济往往指发达经济体，赶超经济指发展中经济体。因此，人们自然可以根据发达经济体正在发生的事来定义新质生产力。就近来的讨论看，大部分人是看着美国等西方发达国家的发展来定义和讨论我们国家的新质生产力的。

一般而言，人们倾向于把新质生产力定义为"三新"，即新制造、新服务和新业态。

新制造

新制造涉及新能源、新材料、新医药、新制造装备和新信息技术五个领域。在这些领域，人们还可以进一步定义新质生产力。例如，有学者认为，称得上新质生产力的并不是那些普通的科技进步，也不是边际上的改进，而是有颠覆性的科技创新。再者，所谓颠覆性科技创新，至少要满足以下五个标准中的一个——新的科学发现、新的制造技术、新的生产工具、新的生产要素、新的产品和用途。

在中国的产业背景中，新制造既包括新一代信息技术、生物技术、新能源、新材料、高端装备、新能源汽车、绿色环保，以及航空航天、海洋装备等战略性新兴产业，也包括类脑智能、量子信息、基因技术、未来网络、深海空天开发、氢能与储能等前沿科技和产业变革领域的发展。

新服务

传统上，服务业具有广泛的含义，但新服务被视作为新制造提供服务，并且服务的重点在于镶嵌在全球产业链、供应链中，对全球产业链具有重大控制性影响的生产性服务业。

应当指出的是，服务业的参照也来自发达经济体。在服务业领域，当前世界经济版图呈现三个特征。

在各种高端装备里面，服务业的价值往往占这个装备或者是这个终端附加值的50%~60%。

整个世界的服务贸易占全球贸易的比重越来越大。例如，30年以前，服务贸易占全球贸易总量的5%左右，现在达到了30%，货物贸易比重在收缩，服务贸易在扩张。

世界各国尤其是发达国家，其GDP总量中生产性服务业的比重越来越大。比较而言，中国的生产性服务业增加值占GDP比重为17%~18%，跟欧盟（40%）、美国（56%）相比差距还是比较大的。

新业态

新业态的核心是产业变革，是产业组织的深刻调整。新业态有两个关键推动力，即全球化和信息化。

很显然，类似这样对新质生产力的定义和讨论基本上是根据发达经济体的现状或者它们的未来描述的。应当强调的是，这样的概括和描述非常重要，因为它至少使我们了解了发达经济体的现状和前景。这对我们这样的依然处于赶超局面的经济体非常重要，至少我们知道了下一步要赶超什么。

但是，对新质生产力这样一个具有深远战略含义的概念来说，这样做远远不够。

这样做不能回答一个最关键的问题，即新质生产力来自何处，或者说，新质生产力是如何产生的。如果不知道新质生产力是如何产生的，只知道什么是新质生产力，那么我们就很难让赶超经济转变成前沿经济，让赶超技术转型成前沿技术。只有知道了新质生产力从何而来，我们才能实现从0到1的原创，才能拥有前沿技术和前沿经济。

这样的描述过于聚焦经济（技术）要素，而忽视了制度要素。尽管新质生产力的核心是技术，但每一种技术都是一个系统的产物。

这样的描述和讨论并没有解决现存（传统）产业和新质生产力之间的关系问题。下文还会强调，这个问题对中国来说尤其重要，因为传统产业构成了国民经济的基础。

回到马克思

我们认为，无论是尝试定义新质生产力，还是回答新质生产力来自何处，都可以回到马克思提出的两个主要论述：一是马克思关于生产力和生产关系的论述，二是马克思关于经济基础和上层建筑的论述。

在马克思的论述中，生产力指的是生产的物质内容，而生产关系指的是生产的社会形式内容，生产力与生产关系的有机结合和统一构成了"生产方式"。当生产关系不适应生产力发展的时候，生产力就会完全停滞，反之亦然，导致生产方式出差错；生产关系和生产力这两个要素之间内在矛盾的不断出现、不断解决是一个无穷无尽的过程，推动着整个生产系统不断自我更新。

再者，在马克思的理论框架中，一个特定的人类社会总是由两部分构成，其一被称为经济基础，其二被称为上层建筑。经济基础指的是一个社会的生产方式，上层建筑指的是社会中与生产没有直接关系的其他关系和思想，包括文化、制度、政治权力结构、社会角色、仪式、宗教、媒体、国家。经济基础并非单向地决定上层建筑，上层建筑也能够影响经济基础，但经济基础在社会中占主导地位。

根据马克思的理论，我们至少可以看到如下三点。

一是新质生产力的重要性。生产力是一个社会的物质基础，是发展的推动力。

二是生产关系要符合生产力，上层建筑要符合经济基础，否则一个社会就会出现两种情况，要么生产力发展受阻，要么社会秩序出现问题。

三是一个社会的各种制度设计也是新质生产力的一部分，要不推进新质生产力，要不阻碍新质生产力。

无论从哪个角度看，技术都是新质生产力的核心。这一点，发达国家和发展中国家都是一样的。实际上，近代以来，人们往往是从技术的发展和建立在技术发展之上的工业发展来定义现代化的。从经验来看，正是基于技术进步的产业升级促成了一个经济体从低度发展转型成中等收入国家，再从中等收入国家转型成高收入国家。无论是最先实现现代化的欧美国家还是后来亚洲的日本、韩国和新加坡，都是如此，而那些没有转型成功的经济体大都始终停留在中等经济发展水平。例如，拉丁美洲、非洲和亚洲的很多经济体尽管在现代化的早期都经历了很不错的发展，但因为缺乏持续的技术进步，始终无法实现从中等收入经济体到高收入经济体的转型。从经验来看，很多发展中国家迄今维持在中等收入水平，有些甚至倒退，处于低度发展状态。

新质生产力讨论需要避免的几个误区

在讨论新质生产力从何而来的问题之前，首先需要澄清四个常见的认识误区。

第一，要正确理解基于技术进步的产业升级。

如前文所述，大多数人讨论新质生产力的时候，都会指向正在发生的前沿产业或者有潜力的未来产业和颠覆性产业。我们并不这样认为，并非所有新产业就一定是新质生产力，传统产业也并非就和新质生产力无关。颠覆性技术和颠覆性产业多长时间才会出现？从历史角度看，需要数十年甚至上百年时间。英国工业革命发生迄今250多年，人类刚刚开始第四次工业革命。从经验来看，颠覆性技术和产业可遇不可求。因此，把新质生产力定义为仅包含颠覆性技术和产业过于理想，也过于狭隘。

实际上，我们可以从经济发展历史中看到，产业升级主要有两种方式：

一是从一种被视为传统的产业转型成一种被视为先进的产业，例如今天生产鞋帽，明天生产电子产品。

二是在同一产业上的升级，即不断提高同一种产品的附加值，例如，同样一件衣服，既可以卖500元，也可以卖5000元，甚至50000元。这方面我们已经有了深刻的教训。在过去，我们曾经提倡"腾笼换鸟"，被视为"落后产业"的"鸟"被赶走了，笼子腾空了之后却没有招来代表先进产业的"鸟"，对当地的经济产生巨大的负面影响。这样的情况也发生在很多国家，在这些国家，产业被大规模地转移到其他国家，导致了"去工业化"的局面。

今天，我们必须注意，发展新质生产力特别要注意三点。

绝对不要忽视、放弃传统产业，而是要提高传统产业的技术含量和附加值。这一点对我们很重要，因为传统产业构成了整个国民经济的底盘。

先立后破，发展新的产业。实际上，不需要通过行政的力量来促成产业的转型和升级，而应当用市场竞争的力量来促成这一过程。新产业产生了，自然会对旧产业构成竞争压力。

对新产业要防止一哄而上、泡沫化。在我们国家，政府掌握着大量资源，一旦政府认定哪些领域是新质生产力而哪些不是，资源就会被导向那些被视为新质生产力的领域，而对那些被视为不是新质生产力的领域的投入就会大大减少甚至取消。所以，决策者对新质生产力的科学认识非常重要。其实，无论是新产业还是传统产业，凡是能够提高单位产品附加值的都可以被定义为新质生产力，至少具有新质生产力要素。

在这方面，过去苏联的经验教训一定要吸取。美国和苏联搞军事竞赛，苏联把所有资源导向了军工企业，结果民生经济得不到发展，导致了后来的局面。直到今天，俄罗斯还没有解决民生经济问题。过去几年，我们自己也有教训。因为美国对中国的芯片"卡脖子"，所以大家都来投入，结果造成了大量的浪费。对新技术的投入很重要，但必须基于科学理性的态度。我们要主动向美国学习，但绝对不能被美国牵着鼻子走。

第二，新质生产力不能一刀切。

因为产业分布的不同，新质生产力对沿海和内地来说具有不同的含义，新质生产力不是沿海、内地搞同一种东西，搞同一种模式。

第三，新质生产力不仅仅是指工业，还应当包括更为广泛的领域，尤其是农业。

因为技术的发展往往发生在工业领域，所以人们容易忽视农业领域的新质生产力。农业产品也要提高单位附加值。所有发达经济体都找到了实现农业现代化的有效途径，尤其在东亚，日本、韩国和中国台湾等经济体的农业都具有新质生产力成分。

第四，新质生产力不是技术决定论。

尽管技术是新质生产力的核心，但不应当局限于科技领域，而应当具有更广泛的内容，包括制度安排和营商环境，因为技术创新都发生在特定的制度安排和营商环境内。

创新与新质生产力

作为经济发展战略概念，新质生产力可以理解为能够辅助国家在技术水平提升的基础上推动产业升级的所有经济活动。那么，一个核心的问题便是如何发展新质生产力。

自工业化发生以来，世界经济的发展就是一个持续创新的过程，这被称为"创新经济"。尽管创新涵盖制度和技术等很多方面，但核心是技术创新。一种新技术的诞生不仅催生新的产业，也促成其他方方面面的制度创新。新技术的产生对现存社会的影响往往是毁灭性的。新技术所产生的新经济利益打击旧经济的既得利益，改变现有的社会结构，迫使现存制度体系进行改革。因此，经济学家熊彼特把这个过程称为"创造性毁灭"。

从经验来看，根据近代以来世界经济发展经验和我国的实际情况，实现"创造性"需要具备三个核心生产要素和一个有效的支持环境。

概括来说，一个国家要发展新质生产力，必须具备三个核心要素。

一是必须具有一大批有能力进行基础科学研究的大学与科研机构。

二是必须具有一大批有能力把基础科研转化成应用技术的企业或者机构。

三是必须具有一个开放的金融系统。无论是基础科研还是应用技术的转化都需要大量的金融支持。

这三个条件必须互相配合，缺一不可。缺失任何一个条件，技术创新都不仅很难进入一个良性循环，实现持续的进步，更会在某个节点戛然而止。正是因为这三者之间的紧密关联，在西方，人们把技术创新过程称为"国家、市场和金融"三者之间的一场持续"游戏"。也就是说，国家负责基础研究，市场负责应用技术，而金融负责基础研究到应用技术的转化。

支持要素是一个复合系统。就中国目前的形势而言，我们认为需要做好如下三方面的事情。

第一，在内外形势变化下，扩大制度型高水平开放是发展新质生产力的战略保障。

扩大制度型开放的有效方法是精准的单边开放。需要根据自身发展需要，瞄准单边开放的重点领域和重点对象。单边开放的重点领域和优先领域是人才、服务贸易、数字、金融等对发展新质生产力具有全局性影响的领域。精准的单边开放应该是循序渐进的，由点带面，推进制度型开放试点，成熟后在全国层面修法修规、全面推广。

在粤港澳大湾区、长三角等开放基础好的地区试点人才、数字领域的单边制度型开放，下放一揽子权力。

在海南自由贸易港加快服务贸易领域单边制度型开放进程。

鼓励和支持全国的自贸试验区进行合理分工，结合自身产业优势和特点，推进单边制度型开放的差异化试点。

鼓励经济特区利用特区立法权加快单边制度型开放的探索。

及时评估和总结各个试点的经验，条件成熟时启动全国层面修法修规进程，运用国内立法形式建立单边制度型开放的"冻结机制"和"棘轮机制"。

第二，国际化、法治化、市场化的营商环境是发展新质生产力的环境保障。

从国际经验来看，在当前新科创时代，民营企业成了发展新质生产力的主体。以生成式人工智能技术的发展为例，大模型的高昂成本正在让传统的创新主体从高校和科研院所转向大企业。Meta（元宇宙）、谷歌和微软等公司向人工智能领域投入数十亿美元，即使是美国最富有的大学也面临巨大的资源差距。所以，国内发展新质生产力也要鼓励民营企业和平台企业的大力参与。考虑到过去几年国内对民营经济的大规模整顿，如何让这些民营企业不要"躺平"，而要鼓足干劲与美国竞争发展新质生产力？关键的一点是为民营企业打造一个国际化、法治化和市场化的营商环境。营商环境涵盖了企业由"生"到"死"全生命周期的环境要素，主要包括市场准入、获得生产要素、竞争政策、产权保护、税负水平、市场监管、争端解决、基础设施、法治环境。特别要重视权利、空间、手段，解决企业家关心的营商环境的三个核心问题。就权利而言，民营企业家和企业的权利核心在于生命安全和财产安全，资本的原始积累、政商关系中的官员牵连等问题都影响这些权利的实现。就空间而言，在规制型市场经济中，企业的空间会受到诸多限制，国家会限定企业参与部分被认为不可接受的经济活动。而中国企业的空间更具有特殊的背景，需要梳理好国有企业、国有资本与民营企业、民营资本之间的关系。就手段而言，主要指向金融，应主要通过金融体制改革来为企业"松绑"。

第三，开放的国际化人才体系是发展新质生产力的人才保障。

大国竞争的核心是人才竞争，打造开放的人才体系是赢得人才竞争的关键。对诺贝尔奖中的自然科学奖（物理学奖、化学奖、生理学或医学奖）获得者进行画像分析后，我们发现，其中近1/3是移民，诺贝尔经济学奖获得者中的移民比例也超过30%。开放的人才体系对科学技术发展的作用可见一斑。美国、德国、英国和日本开放的人才移民制度值得中国借鉴。从实际看，与美国等发达国家相比，我国尚未建立起系统的移民制度体系，现行的外国人才政策仍存在碎片化、高成本、不便利等问题，在吸引国际人才尤其是海外高技术人才方面处于竞争劣势。我们建议在大湾区内地9市试点吸引全球顶尖科技人才的"湾区技术移民计划"，为大湾区探索发展新质生产力的人才路径。2019年出台的《粤港澳大湾区发展规划纲要》明确提出，"在技术移民等方面先行先试，开展外籍创新人才创办科技型企业享受国民待遇试点"，但目前进展不大。"湾区技术移民计划"针对的是高新技术领域的顶尖人才,探索类似技术移民的长期居留签证,持卡者可在三地享受一卡通行、一卡通办、一卡优惠,以加强对全球顶尖科技人才的吸引。大湾区内地9市还应当加强与港澳人才开发的协同,积极推广"生活在港澳,工作在内地""受雇于港澳,智力发挥面向大湾区"等柔性引才方式。

因地制宜发展新质生产力，
以高质量发展实现民族复兴[①]

林毅夫

（北京大学博雅讲席教授、新结构经济学研究院院长、
国家发展研究院名誉院长、南南合作与发展学院名誉院长）

新质生产力是以创新为主导、以产业为载体，具有高科技、高效能、高质量的特征，符合新发展理念的先进生产力质态。发展新质生产力需要有符合新的生产力特性要求的生产关系和制度安排。党的二十届三中全会通过《中共中央关于进一步全面深化改革　推进中国式现代化的决定》（以下简称《决定》），发展新质生产力的举措被写进了中央文件，这为深化我国体制机制改革、抓住第四次工业革命的机遇提供了根本遵循。完整准确全面落实全会有关发展新质生产力的要求，将为以高质量发展推进社会主义现代化强国建设、实现中华民族伟大复兴提供坚实的物质基础。

---

① 原文发表于《经济日报》2024年10月28日刊第1版。

发展新质生产力与民族复兴

发展新质生产力的重要性可以从近代以来我国以及世界经济格局的跌宕起伏中看出。18世纪工业革命以前，中国的发展成就领先于世界，那时人类社会处于农耕时代。工业革命以后，少数西方国家的科学技术日新月异，与传统农业生产有质的差异的新技术、新产业不断涌现，新的生产力发展促进了这些国家物质的丰富和经济的快速发展。一些经济史学家研究发现，在工业革命之前，西欧国家每年人均GDP增速只有0.05%，人均GDP要1400年才能翻一番。工业革命之后，这些国家的人均GDP增速突然跃升至原来的20倍，从每年0.05%增加到1%，人均GDP翻倍的时间从1400年减少到70年。当时，我国和世界其他地区的国家没有抓住这个机遇，生产力的落后导致我国和非洲、中南美洲、亚洲地区的许多国家成了西方工业化国家的殖民地、半殖民地，出现了李鸿章所说的"三千年未有之大变局"。

发端于18世纪60年代的第一次工业革命以蒸汽机的发明和运用为代表，接着在19世纪70年代开始了以电气化为代表的第二次工业革命，其后在20世纪四五十年代开始了以计算机和信息技术为代表的第三次工业革命。实现第一次工业革命的国家引领了第二次和第三次工业革命，其人均GDP增长速度再翻了一番，达到2%。

每一次工业革命都带来新的产业和旧产业的新技术改造。人类社会正进入以大数据、人工智能、基因工程、生命科技为代表的第四次工业革命时期。和前几次工业革命一样，会有新兴产业、未来产业的涌现和传统产业的技术换道革新，推动"新质生产力"的大发展。

在第一次工业革命、第二次工业革命中，我国未能及时抓住机遇，生产力发展缓慢使得我国从一个文明鼎盛的大国沦为"人为刀俎，我为鱼肉"的落后国家。在什么地方跌倒，就在什么地方爬起来。在中国共产党的领导下，经过新中国成立以来75年的不懈努力，尤其是在始于1978年的改革开放以来的46年间，我国取得了GDP年均增长8.9%左右的奇迹。我国现在是世界制造业第一大国，不仅补上了第一次工业革命、第二次工业革命所缺之课，而且，第三次工业革命中的许多产业追赶上了发达国家，甚至有些产业已经全球领先，计算机的生产、应用和信息技术的普及发展，4G、5G网络的铺设覆盖面全世界最广、相关专利最多，6G技术的研发也处在全球前列就是例证。这些成就使得我国现在比历史上任何时期都更接近，也更有信心实现中华民族伟大复兴。

当前，世界又逢以人工智能、清洁能源、机器人技术、量子信息技术、虚拟现实、生物技术为特征的第四次工业革命方兴未艾之时。在这轮工业革命中，我国如果未能迎头赶上，可能又会拉开与世界先进国家的差距。党的十九大报告提出，到本世纪中叶把我国建成富强民主文明和谐美丽的社会主义现代化强国。此一宏伟目标的实现有赖于根据发展新质生产力的需要，深化体制机制改革，抓住机遇，引领新兴产业和未来产业的发展。

因地制宜发展新质生产力

如何按照《决定》的要求，贯彻落实习近平总书记重要讲话精神，推动新质生产力发展？

历次工业革命都以全新产业的出现为标志。第四次工业革命的到来催生了新能源汽车、人工智能、机器人、无人机、基因工程等一批新兴产业，同时，也有了量子通信、核聚变等一些在几年后可以产业化的未来产业，随着第四次工业革命向纵深挺进，将来还会有现在不能预见的新产业出现。新质生产力的核心本质是技术变革带来的生产力水平质的提高，传统产业经由数智技术、绿色技术的改造提升，也能体现高科技、高质量、高效能的特征，而成为新质生产力的载体，同样为新质生产力的发展做出贡献，并且经由制造业生态的完善为新兴产业、未来产业的发展提供支撑。

各地要落实习近平总书记关于发展新质生产力的重要论述，不能忽视、放弃传统产业，要防止一哄而上、泡沫化。总的来讲，要根据各地现有的产业基础，实事求是、因地制宜、发挥比较优势，宜发展新产业则发展新产业，宜改造提升传统产业则改造提升传统产业。

新结构经济学根据一个地方的产业与世界前沿的差距、是否符合当地资源禀赋的比较优势、是不是技术革命涌现的新产业等三个标准把各地现有的产业分成五大类型：追赶型产业、领先型产业、转进型产业、新兴型产业和战略型产业。

第一类，追赶型产业。这类产业是指发达的地区、发达的国家有此产业，我国在相同产业的中低端具有比较优势，产业所用的技术、生产产品的质量还在追赶发达地区或国家的相同产业。我国许多地方的芯片制造和光刻机就是这类产业的代表。

第二类，领先型产业。比如我国的家电产业，二战前就有电视机、空调了，这是第二次工业革命电气化时代的产物，现在我国各地的家电产业不仅具有比较优势，而且在产品和技术上大多已经处于世界领先地位。

第三类，转进型产业。这类产业，中国过去具有比较优势并且领先于世界，但随着经济发展以及资本积累、要素禀赋结构的变化失去了比较优势。20世纪八九十年代各地发展起来的劳动密集型加工业，鞋、箱包、成衣、纺织业等就是例子。另外，还有一些地方的产业，由于技术路线换道，原来的产品失掉了市场，例如彩色胶卷受到数码技术的冲击而丧失绝大部分市场，利用其显影技术优势转型到图像信息材料领域就是典型的例子。

第四类，新兴型产业。这类产业有些是第四次工业革命带来的新产业，尤其是研发周期短、以人力资本投入为主的产业，我国人力资本丰富的发达地区在这类产业上具有比较优势；有些则是新的技术给拥有特定自然资源禀赋的地区带来的产业发展新机遇，例如太阳能、风能技术给人烟稀少的西部沙漠、荒漠地区带来发展机遇；有些则是已经成熟的产业，但在一些发展程度较低的地区，过去因为资本短缺，不具有比较优势而未能发展，现在该类产业在发达地区失去比较优势，发展程度较低的地区则由于多年资本积累、要素禀赋结构和比较优势变化得以进入，对这些地区来说这些产业也属于新兴型产业。

第五类，战略型产业。这类产业有些是第三次工业革命中的产业，有些则是第四次工业革命的新兴型产业或未来产业。战略型产业的特点是研发周期特别长，需要 10 年甚至 20 年。由于研发周期长，需要大量的金融和物质资本的投入，发达国家从工业革命以来，资本经过长期积累，在要素禀赋中相对丰富，因此它们在需要大量资本投入的产业和技术上具有比较优势，我国尚不具有比较优势，但是，这类产业关系到我国的国家安全、经济安全，为了避免被"卡脖子"，我们需要自己来发展。

对于追赶型产业，各地的企业除了利用后来者优势来追赶发达地区或国家的企业，以及采用数智技术、绿色技术来提质增效，发展新质生产力，还可以借助革命性新技术来进行换道超车。例如，以内燃机为动力的汽车产业，我国 10 年前还处于追赶阶段，现在汽车行业的主流转为发展基于新能源、人工智能的无人驾驶技术，我国的汽车产业从追赶型产业变成了领先型产业。

对于领先型产业，各地的企业必须不断利用新技术赋能，依靠新质生产力的不断提升来保持产业的领先地位，也要关注技术革命，防止像日本、韩国、德国的汽车产业一样被追赶者换道超车。

对于转进型产业，有能力的企业可以进入附加值高的"微笑曲线"两端，经营品牌、开发新产品、掌握市场渠道，或利用互联网、人工智能等来构建新的业态。生产环节的企业则要考虑利用人工智能、自动化技术来降低生产成本以拉平"微笑曲线"，或转移到工资成本较低的我国中西部地区以及"一带一路"沿线国家来创造第二轮发展。因技术路线转变而使原有产业的产品失去市场的企业，则可以像彩色胶卷行业的传统企业在面临数码技术的冲击而市场萎缩时采取的行动一样，利用显影技术的优势转型到印刷影像材料、高性能膜材料、图像信息材料领域，成为集研发、制造、服务于一体的成功企业。

对于第四次工业革命所催生的研发周期短的新兴型产业，我国的发达地区拥有资本、人才、产业配套的优势，可以在有效市场和有为政府的共同作用下，为企业家创造大有作为的环境，以抓住新技术革命的机遇，发展新兴产业、布局未来产业；还处于相对落后状态的中西部地区，同样要在有效市场和有为政府的共同作用下抓住新技术和产业转移的机遇，发展符合由当地自然资源以及要素禀赋结构决定的比较优势的新产业，并使用数字化、人工智能、绿色技术等来提质增效，使高端化产业成为新质生产力的载体。

战略型产业关系到国家安全和经济安全，我国虽然尚不具备比较优势，但也必须自己发展。这类产业有些属于新兴产业，研发周期长，我国需要和发达国家竞争；有些属于未来产业，我们必须现在就布局；还有一些则属于第三次工业革命的产业，发达国家已经发展了几十年，处于世界领先水平，我们还在追赶。这些产业需要有国家的支持才能发展起来，有些则需要运用新型举国体制来发展，有科研优势和相关产业基础的地方可以配合国家的政策来发展。

总之，新质生产力理论是对马克思主义生产力理论的重大创新发展。习近平总书记明确强调："高质量发展需要新的生产力理论来指导，而新质生产力已经在实践中形成并展示出对高质量发展的强劲推动力、支撑力，需要我们从理论上进行总结、概括，用以指导新的发展实践。"[1]各地在发展作为新质生产力载体的产业时，最重要的是坚持实事求是原则，按照各地现有产业的基础、资本、人力资本和自然资源条件，以比较优势来布局，通过有效市场和有为政府的共同作用，把这些产业做大做强做优，这样各地都能夯实物质基础，为实现高质量发展和中华民族伟大复兴做出贡献。

---

[1] 习近平：《开创我国高质量发展新局面》，《求是》，2024年第12期。

发展新质生产力的几个关键要素[①]

黄益平

(北京大学博雅特聘教授、国家发展研究院院长、
南南合作与发展学院院长、数字金融研究中心主任)

我国已经进入经济发展新阶段,从现在到 2049 年,即从第一个百年奋斗目标完成之后走向第二个百年奋斗目标之间的这段时间,我国经济发展的环境、状态、挑战和应对之策将会发生什么样的变化?

如何认识新阶段的重要变化?

根据中美两国智库专家的共同研究,中国在新的经济发展阶段有三方面的变化非常值得重视。

第一,成本优势变化。中国的成本水平提高,低成本优势不再,产业想要继续依靠低成本优势发展会变得越来越困难。

第二,国际市场环境变化。过去 40 多年,我国经济发展很大程度

---

① 本文根据作者于 2024 年 6 月 12 日在 "2024 中国企业竞争力年会" 系列论坛上的主题演讲整理。

上是依托全球化的世界经济环境。出口和直接对华投资对中国经济的增长发挥了极大的作用，但现在这两方面的拉动面临越来越大的困难。

第三，人口结构变化。人口老龄化带来巨大挑战。

除了这三方面，数字技术、绿色发展等也是我们正在经历的重要变化。这些重要变化意味着我国当前经济发展已经进入新阶段。

未来增长模式要转变，过去40多年支持中国增长的这一套我们习以为常的做法，将来已经很难持续。那么，要做出怎样的改变才能保持增长？

要转变增长模式，必须更多地靠创新、靠国内市场、靠数字技术、靠改变现有政策。增长模式转变的核心是，要从过去基于低成本优势的粗放式增长，走向创新驱动式增长。

因此，创新变得越来越重要。这样的提法与新质生产力的关联度也很高，因为新质生产力的核心要素就是科技创新。

如何提升创新能力？

对于创新驱动型发展，如果要落实到一个简单的指标上，从经济学的角度看，就是要提升总要素生产率。对经济学者而言，发展新质生产力要关注总要素生产率，想要提高总要素生产率，一个很重要的手段就是创新。

过去几十年，我国在国际上最有竞争力的是低附加值的劳动密集型制造品。然而近年来，因为低成本优势不再，我国在这方面的竞争力已经慢慢褪去。国际上有很多知名经济学家对此十分关注，比如美国前财长劳伦斯·亨利·萨默斯曾提出一个疑问，在劳动密集型制造业和房地产拉动经济增长的时代过去后，中国能否形成新的推动经济增长的产业？

对于中国的创新能力，国际上也存在一些质疑声音。哈佛大学商学院教授迈克尔·波特是研究国家创新能力问题的权威专家。波特教授认为，一个国家的创新能力由两大类因素决定：第一类是对研发活动的投入，包括科研人员的配备和研发资金的投入等；第二类是研发投入产出比。

波特教授列出了一些影响创新效率的因素，其中跟我国当前面临的挑战高度相关的是下面两个。

第一个因素是国家开放度。

当前我国正面临百年未有之大变局，国际市场和国际环境与过去已有很大不同。在诸如美国建"小院高墙"这种复杂的国际环境中，保持开放度对创新而言格外重要，故步自封则难以保持高水平的创新。

举个简单的例子，过去不管出口多少产品，没人觉得有太大的问题，但现在刚刚开始出口一些"新三样"（电动汽车、锂电池、光伏产品），某些国家就很敏感。

在这样的背景下，要培养创新能力，必须深刻认识到保持开放的重要性。毕竟美西方国家仍然掌握着世界上大部分的先进知识和科技，如果因为对方出台一些限制措施就从此拒绝与之打交道，可能引发更大的问题，影响甚至阻碍我国科学技术的进步。我国当然可以集中国内的力量攻关重大科研问题，但客观地说，当今世界，没有任何一个国家可以完全依靠自身的力量攻克所有的科学难题，也没有任何一个国家可以宣称掌握所有的前沿技术。所以，开放度是一个十分关键的变量，在地缘政治矛盾日益突出的今天，充分认识到这一点至关重要。

第二个因素是民营部门的活力。

对于民营企业的创新能力，大家都非常清楚。目前，提升并保持企业家的信心，尤其是民营企业家的信心，确实是一项重要挑战。

2022年，伦敦政治经济学院的两位学者曾专门总结和比较了欧洲、日本、美国及中国知识产权在前沿技术领域里的占比。结论是，如果只看数量，中国的提升速度非常快，在很多领域已经超过日本，甚至超过美国；但如果考虑质量，中国的实力其实没有那么强。尽管如此，仍然可以看到，过去十几年间我国创新能力的赶超，特别是逐渐逼近前沿的态势非常明显。现在的关键问题是能否保持住这样的势头。这方面我们面临的问题和挑战也不小。

美国财长珍妮特·耶伦来访中国时在北大国发院讨论的主题之一是"产能过剩"，她认为中国的"过剩产能"会冲击国际贸易秩序，影响美国的产业结构和就业。但在不到一年以前，美国商务部长吉娜·雷蒙多访华时曾表示，她在欧美媒体上看到的所有关于中国经济的评论，都在说中国经济不行了。雷蒙多的话和耶伦的话前后对比，是非常有意思的变化。

在我看来，这两种观点都不准确。但从积极的方面看，美国官员的态度出现这样的变化，既与不同官员个人的认知和态度有关，也从侧面说明我国在一些领域还是形成了一些竞争力。中国的"新三样"不仅让国人自豪，也吸引了全世界的目光，这至少说明我国还是做对了一些事情。

如何理解新的产能过剩问题？

所谓产能过剩，简单说就是供给超过需求。从学术上看，这确实是一个复杂的概念。假设不考虑出口，只看国内，在一些领域有没有过剩产能？我认为肯定有。长期来看，宏观经济失衡，供给超过需求的可能性一直存在。还有一种情况是，如果投资多消费少，今年投下去的资金，明年形成了产能，倘若最终需求不够多，也会造成产能过剩。所以，产能过剩问题在国内是长期存在的，不是今天才有。

现在我们谈论的过剩产能，和过去的有什么差别？

主要在于，过去我国把过剩的产品出口到国际市场，而且没有引起太大反应。所以，就算每年我们都存在过剩产能，也可以通过出口消化。很多企业家确实也这么认为，只要卖得出去，只要有市场，那就不算过剩。

今天的产能过剩为什么具有复杂性？主要有两个原因。

第一个原因是地缘政治矛盾日益突出。西方一些政客只要认为存在潜在影响，就会拿中国的产能做文章，那么我国所面临的国际市场环境就不会像过去那么友好。而且，我国已经从小国经济转变为大国经济。小国经济和大国经济有什么差别？主要看增加或减少进出口的量时会否影响国际市场的均衡。用老百姓的话说就是，大国"卖什么，什么就变得便宜；买什么，什么就变贵"，这是大国经济的一个典型特征。过去我国的进出口对国际市场的影响不太大，是因为当时我国的经济规模比较小。现在我国已经发展到大国经济阶段，如果还像过去那样大量地向国际市场出口产品，确实会影响国际市场的均衡。一些国家对此深感忧虑，我也认为这个问题值得引起重视。

这也正是为什么我国一直以来想尽一切办法要实现宏观经济总体平衡，减少失衡。这既是一个很重要的宏观经济目标，也是我们一直努力的方向，但未来可能还有一段路要走。

第二个原因是，尽管我国今天做成了"新三样"，是一件好事，但同时引出了一个疑问：中国如此大的一个国家，为什么只有"新三样"？既然已经进入创新时代，理应涌现出新的三百样、三千样、三万样才对，现在大家却都一股脑儿地到这三个领域去，对于这个问题，也需要反思。

从企业家的角度来看这个问题，可能比较容易理解。有些产业需要升级换代，成本提高后，老本行难以为继，需要寻找新出路。有些领域本来做得还算红火，但这几年受到新的监管政策影响，看起来前途不太明朗，所以企业家希望寻找一些新的出路，这很容易理解。最后大家殊途同归，在"新三样"领域看到了几大突破与政策支持，于是一拥而上。

在政策层面应该进行一些反思和改进。国家为支持大家多做新能源产品，给予了一些产业政策层面的支持。政策对创新大力支持肯定没问题，但是从理论上来说，支持的重点应该放在克服技术瓶颈方面。只要能克服技术瓶颈，相信市场和企业家有能力自己解决其他的问题。然而目前的情况是，很多地方政府都想为支持新能源产品出力，有些工厂即便做得不算好，在中国大地上也总能找到愿意接受并支持它的地方政府。这是有问题的。

总而言之，中央政府和地方政府应该把支持产业发展的重点放在克服技术瓶颈上，而不是简单地支持大家用已有的技术做产能复制。产业政策很重要，但关键是要支持技术创新，而不是同类产业的简单复制。

消费和投资孰轻孰重？

宏观经济失衡的问题如果不解决，产能过剩会一直存在。过去是劳动密集型制造业的产能过剩，比如服装、玩具等，后来发展到一些家电行业，再后来是钢铁、氧化铝、水泥等很多行业。

总体来看，这些出现过剩的行业是投资多、消费少。这个问题需要解决。

过去很长一段时间，经济增长靠投资驱动，后来有学者提出要从投资驱动型增长转变为消费驱动型增长。对于这个观点，经济学界的看法很不一致，有的经济学家认为应转向消费驱动的增长，有的则坚持认为，真正能驱动增长的还是投资。

增长究竟是由投资驱动还是由消费驱动可能并没那么重要，重要的是投资和消费之间要有一个相对合理的比例。因为，如果大家只消费不投资，增长很难持续，过去美国其实就存在这个问题；同样，如果只投资不消费，也会引发很大问题。投资最终要转化为产能，形成了产能但产品卖不出去，投资就无法收回，那么这既可能造成产能过剩，也会影响持续增长。

因此，提振消费是一个很清晰的思路，不必花太多的时间去争论消费和投资到底孰轻孰重，最关键的是部门之间要形成相对合理的比例。过去比例失衡，靠国际市场来实现平衡，现在变得很困难，因为我们已经变成大国经济。

消费的重要性是不言自明的。毕竟发展经济的最终目的是提高人民群众的生活水平。增加人民群众的消费，才能消费掉那些生产环节产生的产品。如果老百姓没钱，只是一味地消费，这恐怕谁也做不到。因此，在投资和消费之间追求一个合理的比例，是从今天开始就必须努力做到的。

目前来看，我国的政策似乎更擅长支持投资和供给，在支持消费方面不那么擅长。2024年出台了一些新政策，比如消费品以旧换新，这些都是好政策，也发挥了很大作用。但以旧换新这样的政策有时候管用，有时候不太管用，如果老百姓本来就在削减消费开支，效果可能就会大打折扣。另外，政府对于给老百姓发钱这件事，保留态度还是非常明显的。倒不是建议现在政府就大范围地发钱，但这件事情值得进一步思考。

许多官员不太赞成给老百姓发钱，无非担心养懒汉，不知道通过什么渠道发，疑虑老百姓拿了钱不花，以及不知道对不同的人群各发多少，等等。但实际上这都是技术性问题，是可以克服的。而且即便有些微观层面不是很完美，也不是大问题，毕竟发钱的目的，一方面是改变老百姓的生活，另一方面是增强总需求，企业有了订单，就可以扩大生产、雇用工人、增加投资，经济增长就有了加速的可能性。

只有消费崛起了，经济增长才可以持续。倘若消费一直低迷，老百姓生活水平改善不明显，经济发展何来澎湃且持续的动能？消费者、生产者、投资者反而容易落入一个预期的恶性循环。

也许可以考虑改变政策思路，大张旗鼓、理直气壮地支持消费的提升，提升消费就是提升供给，也是促进新质生产力发展的重要推动力量。当然，"刺激"消费不能只是给老百姓开空头支票，作为宏观政策的一部分，政府应该实实在在地把真金白银开支出去，无论是提高社保水平，还是做实城市常住居民的福利待遇，或者就直接给老百姓发钱，这样宏观经济势头才有可能真正止跌回升。

关于未来的建议

在可预见的未来，完全消灭宏观失衡的可能性也不是很大。宏观经济平衡，失衡，再平衡，总是需要一个过程。这可能意味着贸易顺差和经常性项目顺差会维持一段时间。过去40多年一直存在顺差，很多东亚国家也是如此，这似乎没什么问题。

然而，我国现在已经是大国经济，还有这么多顺差，这可能会慢慢成为一个问题。在贸易对手看来，贸易顺差意味着我国总是卖给他东西，但又不买他的东西。美国人认为中国"抢了美国的就业机会"。这些想法相当偏颇，但从一个侧面反映出大国经济的持续顺差会面临更大的困难和挑战。我国在历史上曾经有过教训，鸦片战争前，我国对英国的出口非常强劲，主要是茶叶、丝绸和瓷器，但进口很少，这样就导致英国大量的白银和黄金源源不断地流向中国。英国人很不开心，就试图通过向中国输出鸦片来平衡贸易，最后爆发了鸦片战争。同样，20世纪八九十年代，日本出口非常强劲，引发了美国的不满，最后也触发了严重的贸易冲突。

当前我们对170多个国家和地区都有贸易顺差，长期来看，我们需要认真对待这个问题。虽然短期内很难解决顺差问题，但我国可以和贸易伙伴开展经济合作，比如做一些投资和援助，开发一些联合经济发展的机会。

我国当前的新质生产力发展集中体现在"新三样"上，这是一件值得自豪的事，但也确实遇到了很大的困难。怎么办？除了积极支持国内需求增长，在国际经济政策方面有三方面的策略可以考虑：一是坚决维持多边、开放的国际贸易与投资体制；二是鼓励国内的一些企业"走出去"，到国外市场去投资，减少国内产品出口的压力；三是与"一带一路"沿线国家合作，考虑实施"全球南方绿色发展计划"。

我提出"全球南方绿色发展计划"是受到二战结束时美国实施的马歇尔计划的启发，美国斥巨资支持欧洲国家重建、复兴，最后达到了利人利己的效果。目前看，我国"新三样"的主要市场是欧美，但在欧美市场面临的困难越来越多，不确定性越来越大。在这样的情况下，建议把目光更多地放到全球南方国家，也就是发展中国家。新能源产品对发展中国家而言极具价值，发展中国家都面临着绿色转型的任务，需要新能源产品。这些国家没有技术，缺乏资金，凭借自己的力量很难生产出新能源产品。"全球南方国家绿色发展计划"可以使用商业性工具、政策性工具，甚至直接援助，支持全球南方国家的绿色转型和经济发展。这样做的好处是多方面的，作为一个发展中大国，长期贸易顺差对我国的发展不利，短期看也需要海外市场消化产能。

除此之外，我认为这样做还可以达到以下三方面目的：

第一，在资本项目还没有完全放开的情况下，帮助一些金融工具"走出去"。这可以包括利用数字人民币让人民币走出国门，提升其国际化的程度。国内的一些金融机构也可以积极发展相应的跨境金融业务。

第二，帮助发展中国家推动绿色转型，这是全世界公认的站在道德制高点的事情。虽然发达国家整天把绿色发展挂在嘴上，但并没有多少发达国家真正掏钱帮助发展中国家实现绿色转型。如果我国能够这么做，将是具有世界意义的，同时还能帮助消化一部分国内的过剩产能，让我国的"新三样"产业持续走在全球行业发展的前列。

第三，成为促进经济发展的一项重要的宏观政策。比如我们通过财政和金融的手段增加需求，这个需求既可以在国内，也可以在国外，这样也就有利于实现国内宏观经济的平稳运行。这一点如果能够做好，对于我国一向倡导的构建人类命运共同体的使命将会非常有利。在地缘政治矛盾非常突出的今天，中国在国际上多交一些朋友，多找一些伙伴，这本身就是一件非常有意义的事情。

新质生产力的战略内涵与关键原则

王勇

（北京大学新结构经济学研究院副院长、长聘副教授）

习近平总书记于 2023 年 9 月在黑龙江考察时提出了"新质生产力"[1]，如今"新质生产力"已经成为一个热词，也是一个值得深入探索的新理论。

理解新质生产力提出的背景

习近平总书记为什么在这个时点上提出"新质生产力"？有些人可能觉得是地缘政治的紧张所致，尤其是美国对中国前沿技术的限制和打压起到了催化作用，其实并非全然如此。我们并不否认外部压力的传导使我们不得不加快转型发展，但从学术视角来看，地缘政治的变化只是外因，发挥主导作用的还是内因，也就是中国自身经济转型升级的内在要求。中央在几年前就已经提出高质量发展，新质生产力本质上是高质量发展的关键着力点。

---

[1] 《镜观·回响丨加快形成新质生产力 增强东北发展新动能》，参见：https://www.news.cn/20240822/8692dca5aadc48a5a1769aa2e3367ac0/c.html。

对于这一逻辑的梳理，我们可以做这样一个假设，如果没有俄乌冲突，没有中美贸易摩擦和美国的"小院高墙"，我们会不会转向高质量发展？会不会大力推进新质生产力？答案显然是肯定的，因为原来粗放型、高投入型的发展模式已经不再符合我们发展阶段的要求。

这可以从两方面来加深理解。

一是供给侧。旧模式、旧生产力所生产的产品大多是劳动密集型、资源密集型、技术门槛比较低的，在国际竞争中已经逐渐失去比较优势，我们的人口已经转向负增长，劳动力、土地等生产要素带来的低成本优势已经不再，中国自己的矿产资源、水资源，包括国际贸易环境，都已经无法持续支撑粗放低效的经济增长模式。

二是需求侧。中国已经从物质短缺走向了"产能过剩"，发展的主要矛盾已经不是人民日益增长的物质文化需要同落后的社会生产之间的矛盾，而是人民日益增长的美好生活需要和不平衡不充分的发展之间的矛盾。换句话说，过去要着力解决从无到有、从少到多的问题，如今要解决从多到好、从粗到精的问题。人们已经无法接受严重的环境污染。海外需求也一样，欧盟已经启动碳边境调节机制（碳关税），全世界都已经开始面临极端天气，对于过度的碳排放容忍度越来越低，我们已经不可能再走欧美那种先污染后治理的老路。尤其是中国可能很快就要从年度碳排放第一大国变成累计碳排放第一大国，碳减排的国际压力会更大。与其等到国际上倒逼我们转型，不如自己主动转型，这也能更好地体现中央在战略上的主动性、前瞻性。因此，逆全球化、地缘政治趋紧、国际友好氛围的褪色只是我们向高质量发展和新质生产力转型的一个加速器，关键还是我们自己发展的内在要求、底层逻辑。

新质生产力的内涵与战略价值

新质生产力是由国家领导人率先提出的新词语、新概念，不是学术界的创新，这也给大家留出了解读和创新发展的空间。但是作为新概念，它还是需要基本的界定。对此，中共中央政治局在 2024 年 1 月 31 日就扎实推进高质量发展进行了第十一次集体学习，重点就是新质生产力。通过官方报道，中央给出了一个比较清晰的界定："概括地说，新质生产力是创新起主导作用，摆脱传统经济增长方式、生产力发展路径，具有高科技、高效能、高质量特征，符合新发展理念的先进生产力质态。它由技术革命性突破、生产要素创新性配置、产业深度转型升级而催生，以劳动者、劳动资料、劳动对象及其优化组合的跃升为基本内涵，以全要素生产率大幅提升为核心标志，特点是创新，关键在质优，本质是先进生产力。"

这里面有几个点很关键，值得我们深入理解。

首先，新质生产力必须由"三高"（高科技、高效能、高质量）的创新打底。新质生产力明确以创新为主导。这一点与我们近几年一直讲的高质量发展、新发展理念、以创新引领现代化产业体系等一脉相承，同时又突出了新的关键点：高科技、高效能、高质量。这里既结合了马克思主义中的生产力概念，又结合了改革开放几十年取得的经验共识，即科技是第一生产力，同时还有一定的发展。它不仅是先进的生产力，不仅要有较高的科技含量，还要具备高效能、高质量，也就是生产资料的投入要更集约，生产方式要高效能，而且产出也必须是高质量的、环境友好的。

其次，新质生产力有明确的产业支撑。新质生产力不是一个务虚的理念，而是一个务实的发展策略，应有坚实的产业支撑。习近平总书记在黑龙江首次提出这个概念时就强调了产业界定，即战略性新兴产业和未来产业。①因此，新质生产力相比原来的战略性新兴产业并不是简单的重复，更不是简单等同于从劳动密集型向资本密集型调整的产业升级，不是农业升级为工业、工业升级为服务业的结构转型。新质生产力更加强调的是质态，而不是业态。即使是最传统的农业，如果能通过革命性的技术进行生产要素的创新型组合，也能形成新质生产力。比如在农业方面采用大数据与人工智能技术的选种育种，数字技术支撑的自动化种植、收割、深加工等，同样可以构成新质生产力的质态。

关于战略性新兴产业与未来产业，必须说明的一点是，战略性新兴产业不是一个宽泛的概念，而是有明确的产业分类，以及专业分类认定，不是随便一个采用了新技术的产业都能叫战略性新兴产业。战略性新兴产业必须同时满足两点：一是产业先进且意义重大，未来甚至可能会成为影响整体经济潜在增长率的重要产业；二是相关的业态已经在一些国家形成较大规模，其实践路径已经相对明确，理论上的认知相对已经形成广泛共识。相比于战略性新兴产业，未来产业只满足第一点，也就是产业先进且意义重大，但理论认知、发展路径和业态尚不清晰稳定，仍在探索阶段。

最后，新质生产力还能满足战略上的攻防两用。我与魏尚进老师在研究中等收入经济体的"三明治困境"。对中国而言，"三明治困境"就是经过几十年的改革开放，经济底部压力大增，各种要素成本高企，相对于后起的越南、泰国等已经没有成本上的优势。除了底部的压力，顶部也有压力，相对于美国等发达国家，我们的产品与服务的技术含量尚不足，还处于微笑曲线的底部，在国际竞争中缺乏独特优势。因此，中国经济像三明治一样，底部和顶部都有压力，需要双线作战，谋求突围。

---

① 《习近平总书记强调的"新质生产力"》，参见：http://theory.people.com.cn/n1/2024/03 18/c40531-40197632.html。

怎么突围？答案是只能往上走。即便抛开地缘政治因素不谈，向上攀登也是我们最好的选择，因为我们已经不可能再继续压低劳动力和土地等要素成本，也不可能再牺牲环境，还要面对老龄化。如果再叠加地缘政治趋紧，加大力度、加快速度发展新质生产力就成了不二之选，因为新质生产力除了能提升国际竞争力，还能提升经济安全与国防安全水平，这已经成为中国以攻为守的必要战略配置，与"以进促稳"的内在逻辑高度一致。

放眼全球，美国虽然没有强调过"新质生产力"这个名词，但实践上一直是强力发展新质生产力的典型。美国一直有产业政策支持新质生产力，而且不少产业都是在国防部名下做技术研发和规模化应用的探索，并与商业资本一起推动技术路线的军民两用及互相的转化。无论是通信技术还是新能源、新材料、生物技术，这些战略性新兴产业都离不开国防部的支持。

还有一点要强调，中国是一个大国，不像新加坡、越南等小国，中国除了发展 GDP，还需要建立相对完整的国防工业体系。新加坡人均 GDP 超过 8 万美元，比美国的人均 GDP 还高，但它无法建立独立的国防产业体系。而国防产业与民用产业在技术上是可以相辅相成的，对中国这样的大国来说，对国防产业的合理有效投入，也是实现产业升级并提高新质生产力的不可或缺的途径。这是大国与小国之不同。

即便只是从经济发展的角度看，如今的世界也正处于第四次工业革命的窗口期。中国如果错失这次机会，未必还能像前三次工业革命一样有再学习、再追赶的机会。人工智能的威力可能远远超过蒸汽机、电力、互联网。这也是中国加大力度、加快速度发展新质生产力的战略意义所在。

新质生产力还远远不是中国经济的基本盘

新质生产力的意义已经不言而喻，但它究竟是需要我们再造一艘全新的巨轮，把原来的巨轮废掉，还是沿用原来的巨轮，只是换几个关键的发动机？

我的理解会更接近于后者。新质生产力是一个新概念，现在还无法精确统计其经济规模，但从战略性新兴产业的产值与其在GDP总量中的占比来看，恐怕很难超过20%，因此，"旧质生产力"依然是我们的基本盘。中央特别强调"先立后破"，就是强调我们不能因为要发展新质生产力，就把"旧质生产力"一下子停掉，那样的话，经济会严重失速，反而欲速则不达。

当然，"旧质生产力"也不是原封不动，也要转向新发展理念（创新、协调、绿色、开放、共享），转向高质量发展。

中国是一个大国，很多地区已经达到发达经济体的水平，具备了加速发展新质生产力的条件，但更广大的中西部地区依然比较落后，传统产业的比重依旧较高。中国人均GDP还不足美国的1/5，中西部的平均生产率水平更低，人均GDP水平就代表着生产率水平。所以，千万不要因为我们已经出现了一些新质生产力的产业和企业就误认为我们的整体生产率水平已经很高。

数字经济就是一个典型，大家关注的字节跳动、阿里、腾讯、美团、百度等，属于数字产业化，但中国更多的产业和企业属于产业数字化，也就是"旧质生产力"，传统产业要进行数字化转型，因此产业数字化才是我们的基本盘。

我在上海调研时，发现上海市经济和信息化委员会（简称"经信委"）专门有一个部门叫都市产业处。刚开始，我没搞明白这个部门的作用，后来才明白是因为上海原来有一段时间过于强调发展高新产业，而对传统产业转型升级和传统品牌的保护都不够重视，导致城市烟火气大降，很多老品牌和传统产业受损，甚至消失，非常可惜。所以上海意识到这个问题以后，在经信委单独成立一个都市产业处，专门推进传统产业的发展，恢复城市的烟火气。只是相比于"旧质生产力"，新的部门又增加了创新的概念，提出"FBI策略"，FBI即fashion、brand、ideas（时尚、品牌、创意）。

因此，我国作为大国，两个优势都要充分发挥才是正道：一个优势是大国人多、人才多、创新资源多，而且能集中力量办大事，可以多集中一些资源推进新质生产力的发展；另一个优势是大国地域广，不同地区之间的经济落差大，自己内部就能形成一个雁阵，实现产业的梯度承接，先进产业逐步由东部向中部、西部转移。新加坡、日本等就不具备这个条件，产业过时之后只能向海外转移或放弃。

所以，站在当前的时点上，我们既要警惕错过大力发展新质生产力的机遇，避免错过新一轮国际竞争和产业革命的窗口期，也要警惕各地一窝蜂地大干快上新质生产力，造成资源的错误配置、重复配置，这样反而会损害我们经济的基本盘。此时，各地政府清醒的自我认知能力和中央对地方政府考核的科学性就变得尤为重要。

新质生产力的创新原则

发展新质生产力的关键是创新，但创新的关键又是什么？

关于创新，一直由两股力量推动：一是市场化的创新，就是企业家群体、科学家群体的组合创新；二是政府主导的、举国体制推进的创新。在发展新质生产力的过程中，这个问题也非常值得思考。林毅夫老师与张维迎老师关于产业政策的争论，以及历史上很多经济学大师之间的分歧，本质上都与这个问题有关。

在传统的经济学教科书中，通常讲的是以市场化创新为主，只有当市场失灵的时候才需要政府干预。现在至少要加上一点，那就是市场失灵已经不限于国内市场，还要考虑地缘政治带来的国际市场失灵问题。比如，对于芯片，中国本来没有必要由政府大力推动创新，靠市场换技术一步步引进消化吸收再创新也可以，但美国"卡脖子"，中国马上就面临需要政府采取措施加以应对的问题。不仅如此，美国已经对中国的人才引进、学生留学等都进行不同程度的限制，也就是说我国从产品市场到要素流动都面临市场失灵问题，很多东西不再是我们愿意花钱就能买到的。

当然，我们也不能因为地缘政治趋紧而改变创新的基本原则。关于创新，经济学上的基本原则还是政府着力于营造和维护创新的制度与文化环境，比如产权保护，尤其是知识产权保护，给企业家一个基于法治的、稳定的预期等，创新的主力棒还要交给市场、交给企业家。政府非必要不亲自下场创新。即便有些产业有必要通过举国体制创新，也一定是通过新型举国体制，比如以母基金投资的方式，或者支持基础科研的方式，调动市场化的力量，绝不是政府亲自入场、从头做起。

新结构经济学把产业分成五大类，分别是追赶型、领先型、转进型、新兴型和战略型。这五大类中，其他四类产业都需要按照比较优势的原则去发展，以市场为主，政府发挥的主要是因势利导的次要作用。只有战略型产业，即涉及国防安全或者经济安全的产业，即使不符合当前要素禀赋的比较优势，政府也要重点扶持发展，亲力亲为。其他四类产业的主力棒都应该交给市场。比如高端芯片就是战略型产业，它不同于服装鞋帽，一旦断供，不仅仅是我们的高科技产业链容易瘫痪，还可能造成我们错失第四次工业革命的窗口期。因此在面临"卡脖子"风险的情况下，政府必须下场干预，比如持续投资中芯国际，再比如加强理工科人才的培养。但要谨防把新型举国体制等同于计划经济的回潮。

计划经济搞创新已经被全世界实践证明是低效的，是错的，很难相信借助大数据或高科技的力量就能逆转这个基本规律。此外，我们也需要充分平衡好国有企业与民营企业的关系，尽量发挥好各自的优势。一方面，在关系国计民生的基础设施、准基础设施或安全领域让国有企业发挥其独特的经济稳定器作用，另外也要充分相信市场的力量与民营企业的创新活力，积极松绑，使之能够涌现更多像华为、小米、阿里、字节跳动这样的创新标杆与先锋。

接下来，我们还要思考一步：如何让市场和企业家在"三高"的创新上发挥更多的主观能动性？需要什么样的制度和文化？

北大国发院曾经和美国著名的智库布鲁金斯学会一起做过一个课题，叫"中国2049"，我有幸参与撰写《中国2049》报告中的一章，题目就叫《产业政策和国家的角色》，当时黄益平老师提出每一章都要在研究之后给出明确的政策建议，我当时提的一个建议就是改善中国的资本市场，打造一个能深度支撑民营企业家创新的金融环境，包括更加适合创新型产业的股权融资生态，不应该过度依赖政府产业引导基金以及银行间接融资。这个建议对于我们今天发展新质生产力依旧适用。

新质生产力的核心是创新，创新就意味着巨大的不确定性。新质生产力中的战略性新兴产业本身就需要大量的、持续的投资，技术方向还有很大的不确定性，未来产业更是连技术方向都不清楚，比不确定性还多了一层不可知性。面对高度的不确定性、不可知性，最好的办法就是让市场和企业家去试错和创新，政府只能做相对确定且容易考核的工作，否则政府的创新资金很容易被套利。

市场和企业家又怎么去创新？最关键的就是金融市场和法治环境。金融市场的关键是资本市场，只有通过健康发达的资本市场，企业家才有可能调动全社会的资本进行创新，投资者既分担创新的风险，也共享创新的收益。过去，中国主要是以银行为主的间接融资市场，在银行借债有利息，到期要还本付息，不利于支持高风险的创新创业项目。因此，大力发展新质生产力，就必须配套建设金融强国，尤其是健康友好的资本市场，这是中国目前一个巨大的短板，必须补齐。当然，资本市场不仅仅是指股市，还有天使投资、创业投资和私募股权投资，是一个完整的生态。

　　法治环境的关键是稳定预期和可信承诺。创新需要长期的试错，需要长期主义的投资，如果政策上朝令夕改，法治上任性执法，企业家就无法形成稳定、可持续的预期，不敢做长期、高风险的投入。法治环境最关键的就是产权保护，包括知识产权保护。以生物制药为例，一个新产品的研发投入高达10亿美元，如果知识产权保护不力，仿冒产品频出，创新的企业就无法收回成本，更谈不上创新的超额收益带来的激励。同时，如果企业家的人身权和财产权得不到保证，企业家对政府的公信力信心不足，就不会全身心地去创新，而是去挣快钱和进行投机式经营。发展改革委已经在推进民营经济促进法的制定，如果能做到良法善治，将对民营企业家构成一个可信承诺，对恢复和提升其信心极有帮助。

　　中国的创新还要遵循一个原则，就是从0到1的原创新和从1到N的再创新都要大力发展。新质生产力既有从0到1的突破性创新，也有从1到N的改进性创新。美国过于注重从0到1的创新，对从1到N的改进性创新不够重视，造成一定程度的产业空心化，硅谷与传统工业转移之后的"锈带"两极分化，社会因此撕裂。日本与德国注重从1到N的再创新，尤其是德国，高端制造业基本盘强大，但相对缺少从0到

1的原始创新，影响国家发展的后劲儿。日本、德国没有经济安全与国防安全的巨大压力，我国则不同，我们的创新要尽可能兼顾美国与德国的两种创新模式。

发展新质生产力要用掰手腕思维代替反垄断思维

国家对于央企和地方国企的管理在不断改善，提出了市值管理要求，但不可否认，创新的主力还是要由市场担当，尤其是民营企业。对于民营企业的管理，我们在战略上要做一个必要的调整，那就是从反垄断思维转变为掰手腕思维。因为反垄断的核心思维是国内市场的竞争有序，不能让一家企业过大过强，否则会影响更多企业的创新和整个社会的效率，这也是我们过去几年治理平台经济的一个理论基础。传统的反垄断思维偏向于认为企业过大过强就会官僚化，会为了保护自己的既得利益而阻碍创新。

但传统的反垄断思维今天遇到两个挑战。

第一个是技术的底层穿透性不断增加，跨界竞争越来越容易和普遍，就像我们过去担心淘宝的市场份额太大，想不到京东和拼多多有能力抢出很大的市场份额，更想不到今天抖音成了第一卖货平台。因此，企业技术创新和跨界竞争本身就是反垄断的力量。在美国也是如此，英特尔早已被英伟达超越。

第二个是地缘政治环境已经今非昔比，尤其是中国面临的地缘政治环境日益复杂，我们已经越来越难以从外部获得先进技术，只能更多地依赖自主创新和开放集成创新，前沿的创新必须依赖华为、字节跳动等超大型企业，也包括独角兽企业。因此，我们不能只看企业在中国市场的份额是不是超过了50%，甚至80%，还要看企业是不是属于新质生产力，能不能代表中国与国际巨头"掰手腕"。

在国际竞争中，尤其是在新质生产力领域，第一性原理不是人多力量大，而是千军不如一帅，要敢于鼓励强人，善于激发能人，允许、鼓励甚至帮助有实力的企业家和企业做大做强。当然，资本不能干政，企业不能无序扩张。

政府还要在监管方面努力创新，跟上时代。面对已经闯入无人区的企业，政府能在多大程度上给予企业先行先试的空间很关键。过去中国在监管方面可以参考国际经验。但是当中国企业进入无人区，而且是世界级的无人区，没有美国等发达国家的成熟监管制度可以借鉴时，我们的监管该怎么做？这时候，我们恐怕不仅要允许企业试错，还要改进监管模式。只要不是与经济安全、国防安全、伦理安全密切相关的领域，都应该先"让子弹飞一会儿"，再观察如何监管为宜。因为这些产业往往迭代很快，我们一旦管得过严过死，就可能管死一家领军企业，甚至永远地错过一个产业的机会。习近平总书记在中共中央政治局第十一次集体学习时特别强调要"营造鼓励创新、宽容失败的良好氛围"[1]，意味深长。

新质生产力仍然需要 GDP 这个"牛鼻子"

过去几年因为新冠疫情，我们的经济政策与非经济政策呈现出密集的叠加。这带来的一个问题就是我们的经济减速不容易归因，甚至对我们还是不是以经济发展为核心目标都有了不同的理解，部门之间的协调一致性已经明显下降。

---

[1]《发展新质生产力是推动高质量发展的内在要求和重要着力点》,《求是》, 2024 年第 11 期。

中央虽然明确提出高质量发展，但高质量发展并未细化为具体的考核目标。虽然新发展理念有五个，即创新、协调、绿色、开放、共享，但其实还有一个很重要，那就是安全，这六个都是重要的新理念。在中国的经济发展中，部委的政策和地方政府的积极性都极其重要。一旦中央不再牢牢抓住GDP这个"牛鼻子"，不同的部委和地方政府就会失去共同的第一目标，各自为政，动作不协调。比如有的部门第一要务是控制疫情，不会考虑一旦政策过头对经济有什么伤害；有的部门要冲击双碳目标，拉闸限电在所不惜，顾不上民生和经济；有的部门要控制系统性金融风险，不惜重拳整治房地产，顾不上就业和GDP增速；有的部门要治理教培或资本无序扩张，不细想会不会伤害民营企业家产权和企业家精神。大家都是出于好心，但造成了"神仙打架""九龙治水"的局面，导致政策"合成谬误"。

因此，加快、加大力度发展新质生产力是对的，但不能因此放弃GDP这个"牛鼻子"。在新发展阶段，我们不仅需要财政和货币政策的协调，还需要经济政策与非经济政策的协调。非经济政策一定也要考虑可能带来的经济影响，否则政策的一致性有问题，"合成谬误"还会一而再、再而三地出现。我们一定要厘清一个基本逻辑，那就是高质量发展的前提一定是想尽办法发展，只是在各种办法中优选高质量的模式。新质生产力的前提也一定是想尽办法保护和激发生产力，在不同的生产力中优选高科技、高效能、高质量的生产力。否则，经济通缩、企业家"躺平"，大家节衣缩食过日子，优先裁掉的一定是研发部门。这时大家会选择先保命再说，怎么可能再把大量的利润投入高度不确定的研发创新？

GDP增速目标当然不完美，但它不可替代的好处就是可以作为发展的"牛鼻子"。在总量快速增长的过程中，自然会伴随产业结构的升级，就会孕育出新质生产力。因为新质生产力不是一两种尖端技术的争夺，而是一个又一个产业的创新、发展、升级迭代。不像过去我们以举国力量研发出原子弹即可，新质生产力需要一批又一批本身就有自生能力的产业，而不是依靠国家补贴突破一两项技术。

因此，继续抓住GDP这个"牛鼻子"，把蛋糕快速做大、把经济持续搞活是发展新质生产力的必要条件。一旦做蛋糕的速度放慢，分蛋糕的问题就会显得特别突出，各种社会矛盾涌现，地缘政治的压力也会加大，因为我们没有更多的经济资源支撑外交。因此，只有把经济建设作为首要任务，作为最大的政治，我们才能从根本性战略上让大家重视创新、重视民营经济和民营企业家、重视市场的力量，新质生产力才能成规模地被激发出来。

当然，这并不是说GDP目标一定要保持在高水平，我们要为经济转型和应对地缘政治，包括为深度改革留一些斡旋的空间，比如在潜在增长率为6%的情况下，我们可以制定4.5%~5%的目标。但不能没有GDP目标或制定一个"躺平"也能达到的目标，那样就会使新质生产力的发展失去"牛鼻子"和指挥棒。

新质生产力需要正确的产业政策

我们不仅要发展新质生产力，还要加大力度、加快速度。所谓加大力度、加快速度，就是相对按部就班的自然演化，要增加一些主动干预。通过政府这个"有形之手"推进一些改革、出台一些产业政策就是比较常见的干预方式。

产业政策是经济学家经常争论的话题，关键在于对产业政策的界定不同。其实美国也有产业政策，很多欧洲国家也不例外，只是各国的产业政策实施方式和力度不同。

产业政策的关键不是有与无、大与小，而是科学不科学。对于产业政策，从新结构经济学的研究来看，重点是要注意把握好五个原则。

一是免税或减税胜过直接补贴。很多地方政府和中央部委制定产业政策时的习惯方式就是先收上来一大笔钱，本身造成一道扭曲，然后再重点补贴给一些目标企业。政府的注意力往往放在补给哪家企业、补多少、补多久，这个过程容易引诱很多企业套利，滋生腐败等等，形成第二道扭曲，譬如有些企业为了套取补贴，每年换一个注册地，地方政府和部委补进去很多钱，但这些钱并没有被用在研发上。相比于这种补贴，我认为更科学的方式是免税或减税，从而减少产生扭曲的政策环节与程序。

二是如果一定要补贴，应该提高补贴质量，尽可能补给新质生产力的技术和终端用户，而不是盲目地直接补贴给企业。中国在新能源汽车方面的产业政策比较好，但早期也是采用直接补贴企业的粗放模式，导致多起骗补案，后来才改变了模式，堵上了漏洞。堵住漏洞的办法就是改变补贴的形式和对象。在补贴对象方面，政府不再补贴具体的企业，而是补贴能达到指定新技术标准（高科技、高效能、高质量）的产品。另一个补贴对象是消费者，即补贴终端。在形式上，政府不是简单地给消费者发钱，而是代之以不限车牌、不限行，推进充电桩建设等，使消费者的购车、用车成本下降，这比直补企业的效果要好很多，并且降低了寻租空间。

三是产业政策要与时俱进，动态调整。我们对新能源汽车和光伏产业的政策做过研究，发现最突出的特点是动态化。以新能源汽车为例，其补贴分为四个阶段，第一阶段主要是补贴电池研发，因为新能源汽车的关键是电池技术。第二阶段是补贴生产，要帮助厂家先把汽车造出来，造出来才能发现问题,然后快速迭代。但这个阶段的补贴出了错,见车就补,造成大量骗补,后来很快修正为补贴满足特定技术标准的汽车。第三阶段是补贴消费者,其科学性不再赘述。第四阶段是政策有序退坡,也就是在整个产业的自生能力起来之后,产业政策逐步退出。

新结构经济学讲的有为政府,关键是既有担当又有智慧的政府,始终以市场的有效为依归。市场永远在演化,政府的有为也要与时俱进,产业政策要动态调整,不是出台一个固定不变的政策就一劳永逸、万事大吉。产业政策最好对应有严格的情境和时间窗口期,就像炒菜一样,要非常注意用料和火候。

四是产业政策最忌朝令夕改,对于限制性(尤其是取缔性)的产业政策,政府要慎之又慎。不管对于之前的新能源汽车、光伏,还是今后对于新质生产力,一定是以鼓励性的产业政策为主,但鼓励最重要的不是钱,而是政府坚定的信心。新能源汽车从最初补贴到今天已经十几年,政府最出彩的地方就是态度从未动摇,尽管力度上一直在动态调整。产业政策最忌讳朝令夕改,对于战略性新兴产业和未来产业尤其如此,这些产业投入大、周期长,不确定性甚至不可知性很高,如果政府的态度不坚定,意志不坚韧,企业家就难以"咬定青山不放松"。美国的芯片产业就是因为政府一直坚定地支持才发展成今天的局面,不仅仅是几家企业的努力,政府的决心、长期资本的力量都发挥了极其关键的作用。相比于激励性的产业政策,政府对于限制性,尤其是取缔性的产业政策一定要慎之又慎。有些新质生产力的领域可能涉及经济安全、国防安全、伦理底线,一旦有超出预期的事情出现,我们要不要"婴儿与洗澡水一起倒掉"?即便在新质生产力的领域足够包容,对"旧质生产力"出台限制性、取缔性的产业政策也要慎之又慎,在政策出台之后要有充分的产业沟通和公众沟通,要留有一定的退出时间,不能一夜之间变天。

五是产业政策要做好国际沟通。中国是一个大国，已经走到国际舞台的中央，走在全球的聚光灯下。因此，中国提出发展新质生产力也好，出台鼓励性或限制性的产业政策也好，一定要想到这些政策不仅仅是针对某个特定的产业，它还有很强的外部性，杀鸡会造成猴子外逃或"躺平"。中国已经是房间里的大象，中国的企业也必然要面对全球市场，尤其是今天的世界已经进入卫星互联时代，信息不对称的空间越来越小，欧美议会的辩论全球直播，大国的内政就是外交，不能再持有内政归内政、外交归外交的想法。产业政策同样如此。

产业政策是政府的有力工具，但政府一定要记得，"有形之手"最重要的不是权力，而是公信力。只要政府坚定大力发展新质生产力的决心，建设和维护好对人民、市场及国际社会的公信力，新质生产力就一定能得到良好的发展，中国式现代化也一定能够实现。

第三章

新发展理念

中国经济增长模式的新挑战与创新发展的逻辑[①]

杨汝岱

(北京大学博雅青年学者、经济学院副教授)

经济增长的基本理论与中国经验

首先简要回顾一下宏观经济框架,即宏观增长模型中的 $Y = Af(K, L)$。在这个模型中,Y 代表总产出,K 和 L 分别代表资本和劳动,A 代表全要素生产率水平。

数字经济时代和新经济时代对这个宏观经济框架有哪些影响呢?

根据现有框架,经济增长有三种模式。

一是传统要素投入型增长,即强调资本和劳动力等传统要素的投入。在过去几十年中,我们更加依赖这种模式,特别是劳动力资源的投入优势。

二是效率增进型增长。效率指资源的有效利用程度。在区域维度

[①] 本文根据作者 2023 年 10 月 21 日在"北大承泽-蔚来 seeds 讲堂"第 4 期上的主题演讲整理。

上，不同地方拥有不同的资本和劳动力资源。如果这些要素能够自由流动于全国各地，人均产出更高水平的均衡就能实现，从而达到效率增进。

三是创新驱动型增长。现在经常提到的创新驱动型发展，即最终实现由技术创新来驱动经济增长。

过去几十年，中国的经济增长模式可以概括为以下三方面。首先是高储蓄率。这是对比世界各国发展，总结中国过去40多年的增长经验得出的结论。为什么会有高储蓄率？这是一个值得研究的问题。从文化上看，中国"家文化"很盛，人们普遍喜欢储蓄，比如，经济学的生命周期理论在中国就不太适用。从制度上看，我们的社保体系不够完善，人们必须通过私人储蓄来弥补。

其次，中国的高储蓄能够转化为高投资和高产能。这和城乡二元体制有很大关系，这个制度安排使得发达地区可以不用承担外来务工者的教育、医疗等社会保障性支出，从而有大量财政结余用于基础设施建设等公共品提供。

最后，高产能能够被消化，可能消化于中国市场，也可能消化于全球市场，也就是高产能没有变成全面的产能过剩。

改革开放之前的30年，中国经济的特点是总体上处于封闭状态、实行城乡二元体制与计划经济制度。经济的封闭导致中国的进出口贸易始终在低水平徘徊，为了实现重工业产品的生产，就必须将人们分成城市居民和农村居民两个群体，让一部分劳动力与资本结合生产产出。这种情况就人为压低了投入要素价格，也压低了产出品价格，因此必然得选择价格管制，这在经济体制安排上也与计划经济比较适配，可以人为控制资源的流动、控制价格。但问题在于，即便短期的高储蓄能够转化为高投资和高产能，人民的消费能力不足，产能也无法实现外销，经济不能正常循环，因此只有新中国工业化初期才有相对好看的经济增速，但很快不可持续。

改革开放后，中国实行对外开放，外需旺盛，收入增加后中国内部的消费能力也有明显提升，这意味着产能可以被消化。一旦产能得到消化，高储蓄就能转化为高投资和高产能。

总结来说，在这个框架下，就是以外需为基础，逐步推进要素市场一体化，以低生产要素价格形成核心竞争力，持续地实现储蓄转化为产能，产能带来新储蓄和外汇，如此循环多年。

经济增长新阶段的困境

在过去40多年里，以劳动力市场一体化带来的低生产要素成本为基础，高外需结合高储蓄、高投资，我国的经济发展取得了巨大的成就。但随着经济规模扩大，经济发展开始面临很多问题。现在，我们的制造业增加值已接近全球的30%，进出口总额也在全球占比很高，外需维持和扩张的难度非常大，而高储蓄率、高投资率使得内需也严重不足。

这种要素投入型发展模式会引发不同维度的失衡问题。例如，国际分工带来的各国之间的贸易利得分配问题；各国内部不同群体之间从全球化中获益程度的差异问题；中国各地区之间发展不均衡问题和不同群体收入不均等问题；等等。这些失衡现象在不同程度上对我们现有的模式构成了挑战。

如今，我们都更明显感受到了过去的发展模式形成的一些压力。

一是要素成本上升。过去我们依靠低廉的要素成本来推动发展，但现在这种方式已经不再可行。

二是需求不足。过去我们主要依靠外需拉动经济增长，但随着市场的相对饱和，外需的拉动作用减弱。现在，我们正在努力通过供给侧改革推动市场一体化以降低成本。一体化可以降低生产成本，因为生产规模和技术水平的不同会影响产品的成本。特别想提的一点是，我们宏观上可能过度关注供给侧，而忽略需求侧了。供给侧的成本降得再低，也需要需求方有消费能力和消费环境，扩大内需应该从这些方面着手。

三是创新不足。在经济学中，我更倾向于将创新理解为一种内生行为。如果要素市场一体化、产品市场一体化且法制健全，企业就有动力进行创新。如果政策频繁变动，没有长期稳定向好的预期，企业自然不会投入创新。因此，为解决创新不足的问题，我们需要确保政策的稳定性和可预期性，为企业提供良好的创新环境。

走出困境的思考

面对当前的问题，我们应该如何应对？未来的发展依靠什么？按照经济学的分析框架，一个产品或产业的竞争力源于三方面：生产要素成本、生产销售规模、技术水平。低生产要素成本是过去的核心竞争力，如果创新是企业内生的长期行为，那发挥中国超大规模经济优势就成为我们现阶段最重要的战略选择。

当传统要素积累的边际收益不断递减，当企业内生的创新在短期内难言突破，数字经济、数据要素的发展，也许是未来降低交易成本、发挥超大规模经济优势的希望所在。

数字经济是什么？

首先，数字经济是一场交易成本的革命。如果交易成本大幅降低，就会产生统一大市场效应——扩大市场范围并实现更有效的分工。

其次，数字经济是一场外部性革命。我们在消费的同时，产生的信息也可以为生产赋能。比如我们在美团上点外卖，这个消费行为对生产也具有积极影响。这种情况下就会出现外部性效应。陆铭老师曾说过一句话："消费产生数据，数据赋能生产。"这句话很好地解释了数字经济的外部性。数字经济不仅为经济增长提供了新的生产要素，而且改变了生产组织模式。如果消费同时也是一种生产行为，那未来经济增长的空间当然就无限打开了。

未来，我们还需要对数字经济、数据要素的发展做更深入的理论探讨。我非常赞同陆铭老师提过的一句话，尽管我们不断强调"大国经济学"，但经济学的普遍原理是不变的，我们不要过度追求所谓"中国模式"。我们的理论创新是在现有理论体系的基础上进行的，只是我们需要结合中国的特点来解释现有的理论体系。实际上，数字经济并没有超越现有的经济学理论体系，其相关理论只是交易成本理论和外部性理论的继承和发展。

创新的底层：法治基础上的统一大市场建设

中国经济未来必须走向以创新为主要驱动力的高质量发展。要实现这种转型，在法治和良好营商环境的前提下，要素和产品市场的一体化建设是基础，数字经济将为这种统一大市场建设提供基础。

因为数字经济天生就能穿越传统市场的边界，没有太多的省际约束和地域层面的物理约束。从理论上来说，数字经济通过改变交易成本和外部性，推动统一大市场建设进程。

从交易成本角度看，许多研究结果都表明我国存在较高的贸易壁垒。在大航海时代，运输成本的降低是第一次划时代的交易成本革命。这种成本下降使得市场范围迅速扩大，促进了分工和技术扩散，大幅度提升了全球福利水平。中国同样受益于这种全球化的分工，过去40多年的成功就是因为融入了全球分工体系。但值得深思的是，这种深度的全球化参与并没有带来中国国内市场的大统一。我们还有一项研究结果指出，在过去几十年，我国实际上形成了一个东部地区独立外循环的体系。例如，上海生产的产品可能更容易卖到美国，而不是卖到国内其他省份。这是一个需要反思的问题，说明国内贸易成本还很高。

这其实是一个很有意思的现象。我们看工业革命时期，很多发达国家都是先有一个大体上统一的国内市场，形成了较强的竞争力，再发展国际市场。例如，美国的南北战争，德意志的统一，日本中央集权后的明治维新，通常是先实现国内市场的统一和竞争力提升，再对外开放参与全球化，对外扩张。然而，中国却是先对外开放，再逐步推动国内市场的一体化。可以想象，在20世纪七八十年代，中国的城乡、地区等分际之严格，如果要推动国内市场的一体化，所面临的难度巨大。一体化市场是技术、法治、政府组织架构等诸多因素共同决定的。现阶段，我们要推进全国一体化市场建设，难度也是非常大的。

现在，数字经济的发展能大幅度降低交易成本，这对推动国内大市场建设会有好处。如今外需不足，要素成本不断上升，这种情况也会倒逼国内大市场一体化。

为什么国内形成了如此高的贸易壁垒？我认为这确实与经济转型速度和路径有关。渐进式改革模式会导致不同地区之间产生贸易壁垒。改革开放前期，在不断摸索的过程中，试点、包干制、承包制、双轨制、试验区等政策不断得到尝试，很容易导致地方政府采取本地保护的政策。当年，财政联邦制[①]的实践和研究非常火爆，也是这种地方政府竞争现象的一个缩影。在这种情况下，人们通常都会想办法设置壁垒来保护自

---

① 又称财政联邦主义，是学术界研究政府间财政关系的主流理论，其实质是财政关系的"多中心""多极化"的财政联邦。

己的既得利益。

地方保护这个问题非常复杂，渐进式改革如何产生影响需要我们深入思考。竞争是市场的核心理念，地方政府竞争对中国过去取得的成绩有很大贡献，但过度的竞争容易造成地方保护，不利于统一大市场的形成。对于地方过度竞争，很早之前我就强调过我们需要从"块块竞争"走向"条条打通"，但这并不容易实现。在没有相应的产业规制来规范"条条打通"时，省省竞争甚至县县竞争仍然是最好的选择，至少它是最不糟糕的选择。尽管竞争带来了许多问题，如产能过剩、重复建设，以及要素和产品无法自由流动等，但在没有更好的解决办法时，保持竞争仍然是必要的。

我认为，对统一大市场本质的理解不应该仅仅局限于产业和税收等方面。统一大市场的本质应该是人的大市场。如果政策能够引导人的流动和相关的价值创造与社会保障流动的统一，只要实现了人这个要素的大市场，其他方面的发展也会随之而来，因为这个时候产业和税收都可以随着人的流动而变化。

过去的发展，我们都是重视物质资本的积累，城乡二元体制其实是在降低一部分人的福利，实现高储蓄、高投资，在国际市场去发挥低劳动力成本优势。在城乡二元体制下，人口流动大进大出，发达地区只需要关注劳动力创造的价值和纳税情况，而不需要负责他们的医疗、教育等社会保障性支出。这样才给先行先试的地区腾出了财政盈余空间去提供基础设施等公共品，进一步促进经济增长。城乡二元体制结合特定的财税制度、政治晋升制度，使得地方政府都在关注产业、关注税收、关注人的价值创造，而忽视人的社会保障与人的发展。这样就造成了壁垒的形成，也没有真正形成人的大市场。

对于地区之间过度竞争和贸易壁垒的问题，我们可以进行一些度量。例如，可以通过计算省际贸易的规模和流量来评估。举个极端的例子，如果全国各地的分工足够专业化，流动也足够自由化，那么每个地方的 GDP 在国家 GDP 总量中的占比应该和本地自给自足的产业比例相同（除去本地化服务业）。然而，我们看到，各省的自给自足率通常在 80% 以上，但怎么可能有哪个省份的 GDP 能占到国家 GDP 总量的 80% 以上呢？因此，我们可以使用这样的指标来衡量统一大市场的建设程度。在这个计算的基础上，我们看到了东部地区的独立外循环。

为什么东部地区能实现独立的外循环？为什么东部地区的国际贸易成本低于其国内贸易成本，因为这就是市场的现实选择，说明国内市场的贸易成本更高。

虽然当前状况正在改变，但推动力并不是全国统一大市场建设取得明显进展，国内贸易成本明显降低，而是国际贸易成本的快速上升使国内交易成本相对变低。

关于后续的统一大市场建设，是多方面制度综合的问题，非常复杂。需要法治，需要中央、地方关系的明确，需要财税制度的配合，等等。最后再提一点，统一大市场包括要素大市场、产品大市场等维度，我认为最核心的还是人的大市场，只有真正以人为本，比如，国家的投资从投"物"到投"人"，地方政府竞争从争"物"到争"人"，物随人走，才能真正实现统一大市场与共享发展的结合。

数字经济与大国效应

无论是降低交易成本还是外部性效应，最自然的结合都是在一个超大规模的经济体中。如果这个经济体规模不够大，即便数字经济有外部性和降低交易成本的作用也无法充分发挥。

为什么我们在讲述经济学时不过度突出中国模式，而是要尊重现有经济学理论？就是因为大国效应不是因为中国大，而是数字经济本身需要的经济体量大。在改革开放之前，中国只是人口大国，不是严格意义上的经济大国。

从经济理论上来说，产业链的集聚和溢出效应的出现与经济体的规模密切相关，这也很好地解释了大国经济与小国经济的根本不同。为什么在中国卖农夫山泉能成为亚洲首富，而在新加坡卖农夫山泉却无法成为亚洲首富？市场规模就是如此重要。

因此，我们接下来要做的事情就是结合这一特点，充分发挥大国背景下的溢出效应。

当然，我们必须强调一点，大国经济和统一大市场并不能解决所有问题。过去我们的发展模式是高储蓄，高储蓄转换成高投资、高产能，高产能能够被消化。我们现在面临的问题是高产能难以被消化。统一大市场可以降低生产要素成本，但并不能解决需求不足的问题。而且，统一大市场在产生强大的增长效应的同时，还会有很强的分配效应，技术进步并不会天然促进市场整合，这也是现在地方保护还较多、地方化的电商平台还较多的重要原因。如果没有足够的机制来调节这种分配，地方政府可能会对此持反对或不太热情的态度。因此，我们需要思考统一大市场能否解决问题。

过去，我国的政策一直偏向供给侧。未来，我们应该转向需求侧，关注人的需求，尤其是人口大市场的发展，同时做好分配效应和增长效应的再平衡。

创新驱动型增长[①]

黄益平

（北京大学博雅特聘教授、国家发展研究院院长、
南南合作与发展学院院长、数字金融研究中心主任）

2024年4月，美国财政部长耶伦认为中国通过政府补贴或其他一些支持政策，已经在新能源汽车这个领域形成规模巨大的过剩产能。这些过剩产能会冲击国际贸易秩序，会影响美国的产业结构和就业。随后，美国政府在5月把中国电动汽车关税税率从25%提升到100%。

在耶伦或一些美国人看来，中国将新能源产品做成了一个庞大产业，这可能会对世界上其他国家的一些产业造成冲击，电动汽车、锂电池和光伏产品这"新三样"尤其如此。

萨默斯是美国一位非常有影响力的意见领袖，他看到中国过去的经济增长主要靠低端的劳动密集型制造业产品来拉动，比如服装、旅游纪念品、鞋帽玩具等。后来家电业接棒，再后来就是房地产，它们相继为中国经济增长起到了巨大的支撑作用。不过萨默斯提出了一个问题，即

[①] 本文根据作者于2024年9月10日在北大国发院EMBA论坛第94期活动上的主题演讲整理并修订。

未来中国经济要保持可持续的增长，继房地产业之后，下一个支柱产业可能是什么？

如果把萨默斯和耶伦的观点对比来看，可以发现中国经济已经在发生变化：从萨默斯的不确定中国能否形成新的支柱产业来支撑经济增长，到耶伦担心中国的新兴产业会冲击美国产业和就业。

今天，我国经济已经进入新的发展阶段，未来中国能否形成一批高科技、高质量的新兴产业支撑经济的长期增长？创新驱动型增长在中国能否实现？在这一过程中，什么是决定性的变量？我们需要做些什么？

如何认识新阶段的重要变化？

我国已经进入经济发展新阶段，北大国发院和美国智库布鲁金斯学会组成联合课题组共同探讨了中国从2021年到2049年，即从第一个百年奋斗目标完成走向第二个百年奋斗目标之间的这段时间，经济发展的环境、状态、挑战和应对之策会发生什么样的变化，可能面对怎样的新挑战和新机遇。

根据中美两国智库专家的共同研究，中国在新的经济发展阶段有三方面的变化值得重视。

第一是成本水平变化。中国的成本水平提高，低成本优势不再，想要继续依靠低成本优势发展的产业会变得越来越困难。

改革开放之初，中国的人均GDP约为156美元，这意味着中国是当时世界上最贫穷的国家之一。在经济学的语境中，贫穷还有另一层含义，就是成本低。在低成本的前提下，产品只要质量还过得去，就容易找到市场，这在经济学中被称为低成本优势。

改革开放之后相当长的一段时间里，利用低成本优势，以及中国人民的聪明智慧和辛勤劳动，我国经济实现快速增长。2023年我国人均GDP已达到12700美元，距离世界银行规定的高收入国家门槛只有一步之遥。这意味着我们的收入水平提高了，生活水平改善了。但与此同时，成本水平也上升了。

当前的低端制造品市场，很多已经被来自孟加拉国、巴基斯坦、印度、越南等国家的产品占领，因为这些国家的生产成本比我国低。在此情况下，我们面临的挑战不言而喻，只有做出更好的、附加值更高的产品，进一步提高效率，才能在国际市场上拥有竞争力。

第二是人口结构变化。人口老龄化带来了巨大挑战。

改革开放后，我国享受了相当长一段时期的人口红利。人口红利指的是在整个人口中，年轻劳动力的人口数量不断增加，在总人口中的占比不断上升，这对经济发展肯定有利。

但这一趋势在约10年前开始逆转，目前我国老龄化人口在人口总量中的占比已达15%。按照联合国的标准，我国社会已经呈现出中度老龄化的特征。劳动人口不断减少，老龄人口不断增加，老龄化会对经济增长带来一定冲击。

第三是国际市场环境变化。国际市场从全球化变为贸易保护主义盛行。

过去40多年，我国经济发展很大程度上是依托全球化的世界经济环境。特别是20世纪80年代，社会主义市场经济刚刚兴起就遇到全球化的好时代，各国都在开放市场，我国的出口和直接对华投资在拉动中国经济增长中发挥了极大的作用。现在这两方面的拉动面临越来越大的困难，全球化市场中的限制越来越多，全球化趋势已经发生逆转。特朗普再次当选美国总统，在大选期间他就声称要对从中国进口的产品征收60%的关税，之后又在社交媒体上扬言当政第一天就要对中国产品加收 10% 的关税。美国国会的一些政客也提出要取消中国的永久性最惠国待遇（PNTR，永久性正常贸易关系）。

为什么要提升创新能力？

在上述三大挑战叠加的背景下，要做出怎样的改变才能保持经济增长？我认为关键是增长模式要发生转变。过去 40 多年支持中国增长的这一套我们习以为常的做法，将来已经很难持续。

要转变增长模式，必须更多地靠创新，从过去建立在低成本优势基础上的粗放式、要素投入式增长，走向创新驱动式增长。

在人口老龄化的背景下，如何在劳动人口减少的情况下实现持续经济增长？这是摆在我们面前的一大挑战。

2023 年，日本央行原行长白川方明曾在国发院"央行行长系列讲座"中担任其中一期的主讲人，其演讲内容是日本经济发展的经验和对中国的启示。从 1990 年到 2020 年，也就是人们常说的日本"失去的三十年"，相比同期的德国、英国、美国、加拿大等七国集团其他成员的经济增速，日本的 GDP 增速很慢。但是，如果把这一时期日本的 GDP 转化为劳均 GDP，再与七国集团其他国家同时期的劳均 GDP 相比，日本反倒是增长最快的那个。因此白川方明得出结论，在"失去的三十年"，日本经济的问题不是缺乏活力，而是缺乏劳动人口。

虽然白川方明的这一结论在学术界存在争议，但他的观点仍具有参考价值。老龄化时代，虽然劳动人口数量减少，但每一个劳动力的劳均 GDP 产出依然有望保持强劲。那么我国有没有可能避免走日本"失去的三十年"的老路呢？

第四次工业革命提供了一个千载难逢的机会。数字技术中的互联网、区块链、大数据、人工智能、大数据分析、云计算等，可以形成很多新的经济形态，即便在劳动力人口减少的情况下，仍有可能继续提高效率。人工智能技术如果做得好，就可以弥补劳动人口减少对经济的负面影响。怎样才能把人工智能技术做好？这是值得好好回答的问题。

图 3-1 中柱状条代表 1994—2023 年中国 GDP 的增长情况，曲线则代表这些年中美 GDP 的比率。可以看出，从 2001 年开始，曲线开始明显上扬。短短 20 年的时间内，中美 GDP 比率从 12.7% 飙升至最高 75.5%。

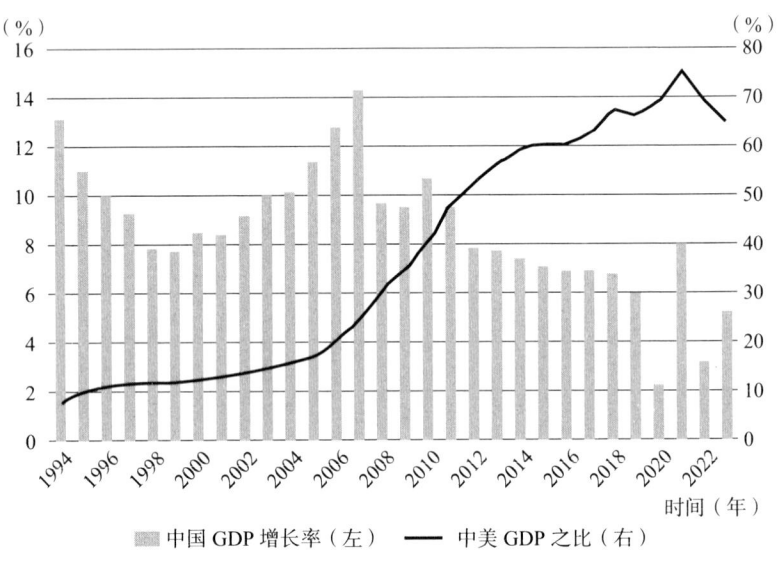

图 3-1　1994—2023 年中国 GDP 增长率与中美 GDP 之比

但这一比率自 2021 年开始下降。尽管这可能与那些年美元升值的背景有关，但若中国经济上扬的势头持续遇阻，未来经济前景是否会受到影响？

对上述疑问，只有一条有效的回应策略，那就是创新。创新已经成为下阶段拉动经济增长的非常重要的驱动力量。创新做不好，我们的经济将来会变得越来越困难。如果说过去的增长模式是低成本基础上的要素投入型，现在需要转向创新驱动型。

创新驱动型增长的决定性因素

对于创新驱动型发展，如果要落实到一个简单的指标，从经济学的角度看，就是要提升全要素生产率。中央提倡加快发展新质生产力，对经济学者而言，最终也是要落到全要素生产率上。什么是全要素生产率？就是在给定投入的情况下，能有多少产出，产出越多意味着全要素生产率越高，经济发展更高效。想要提高全要素生产率，一个很重要的手段就是提升创新能力。

改革开放初期，我国的创新主要是模仿和学习。当前我国人均GDP已经接近高收入国家门槛，我们距离国际经济技术的前沿也越来越近。这时候我们更需要原创式的创新，把自主创造转换为生产力。

我国汽车产业的发展历程就是很好的例子。虽然起步较晚，我国汽车业从刚刚入世时的一穷二白，发展到2023年，已经实现连续15年汽车产销全球第一，连续9年新能源汽车产销全球第一，2023年我国的汽车出口量已经位居全球第一。在第四次科技革命的加持下，我国汽车业成功实现"换道超车"，以传感器、信息通信、大数据、高精度地图等为代表的智能网联汽车与全球技术先进国家并驾齐驱，以动力电池、充换电基础设施等为代表的新能源汽车已经遥遥领先。这足以说明，在创新驱动型增长方面，我国还是大有可为。

对于中国的创新能力，国际上存在一些质疑声音。哈佛大学商学院教授迈克尔·波特是研究国家创新能力问题的权威专家。波特教授认为，一个国家的创新能力由两大类因素决定，第一类是对研发活动的投入，包括科研人员的配备和研发资金的投入等；第二类是研发投入产出比。

我国在科研投入、人员配备等方面实力不俗。每年的大学毕业生里有很多工科的技术人才，英国的《经济学人》杂志甚至认为中国的科研人员总数已经超过美国和欧洲。2022年我国研发经费投入强度（研发经费与GDP之比）为2.54%，研发经费投入强度水平在世界位列第13。然而我国的研发投入产出比相对滞后，人力、物力的投入不少，产出的前沿性、原创性创新成果并不多。

2022年，伦敦政经学院的两位学者发布了一份报告，总结并比较欧洲、日本、美国和中国知识产权在前沿技术领域里的占比。如果只看专利数量，在区块链、计算机视觉、自动驾驶领域，中国的提升速度非常快，但如果考虑技术的质量，我们的实力还没有那么强。

从图3-2可以看出，中国专利的追赶态势已经非常明显，在一些领域我们已经接近欧洲、日本的科研实力，但距离美国还有不小差距。

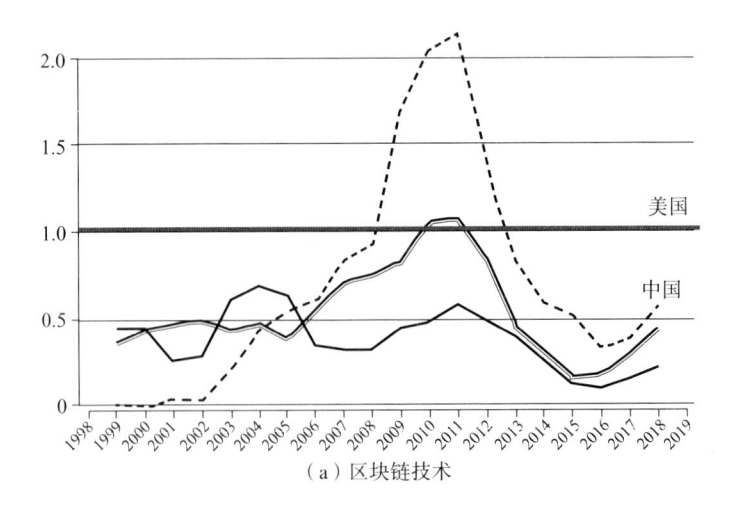

（a）区块链技术

(b）计算机视觉

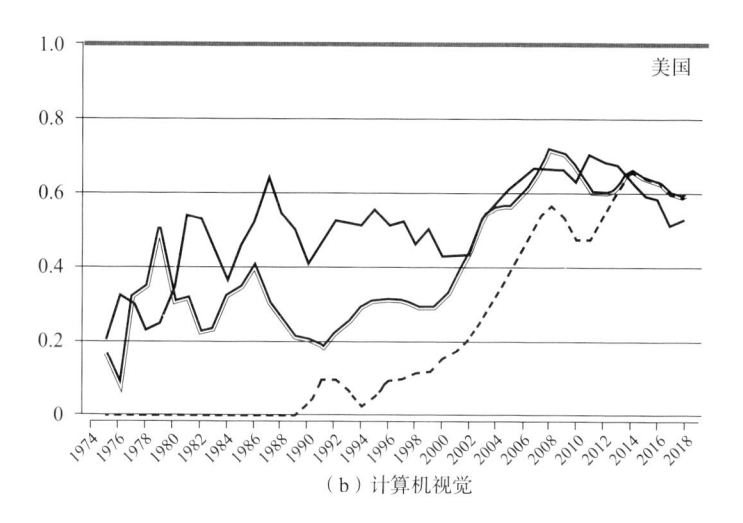

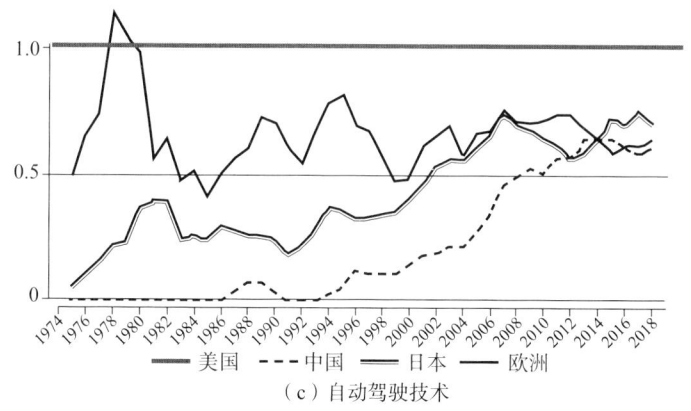

(c）自动驾驶技术

图 3-2　最优 10% 专利的平均引用率

资料来源：Antonin Bergeaud, Cyril Verfuise,"中国技术实力的崛起：前沿技术的视角",POID 工作论文,POIDWP039,伦敦政经学院,2022 年 10 月 14 日。

作为一个发展中国家,我国的科技能力与发达国家仍有差距,这实属正常。这意味着我国在科创领域还有很大的提升空间。

除此之外,迈克尔·波特还列出了一些影响创新效率的因素,例如知识产权保护、经济开放度、科研机构参与、民营部门活跃度、技术专业化程度、知识存量等。

如何实现创新驱动型增长？

人工智能的创新

多数观点认为，就人工智能的发展水平而言，美国和中国居世界第一和第二位。对中国这样的发展中国家而言，这一成绩已经相当了不起。中国和美国的差距有多大？关于这一点，专家们的看法不尽相同。最乐观的观点认为，中国赶超美国只需六个月；悲观的观点认为，随着时间的推移，中美之间的差距会越来越大。

创新不是刻舟求剑。在我看来，即便我们用了六个月时间完成赶超，六个月之后，美国可能又有新的创新问世。人工智能的发展不是算力、算法、数据的简单拼插组合，中美人工智能发展的差距并不仅仅存在于某个单项领域，更多是以上三要素系统组合后，能否顺畅地运转起来。

创新是一个系统性工程，不能用机械的思维进行预估；创新需要土壤，需要精心呵护才能成长。对此，政府需要让市场这只"看不见的手"充分发挥作用。

产业政策的利弊得失

二十届三中全会通过的《中共中央关于进一步全面深化改革 推进中国式现代化的决定》（以下简称"《决定》"）提出，"聚焦构建高水平社会主义市场经济体制，充分发挥市场在资源配置中的决定性作用，更好发挥政府作用"，"既'放得活'又'管得住'"。比如在创新方面，完全依靠市场手段，依靠一家或几家企业实现技术突破，这样的做法存在太多不确定性。这时候政府给予一些适当的产业政策支持，可能起到事半功倍的效果。

产业政策的目的应该是克服市场失灵，在市场没能很好地发挥作用之时，产业政策可以助力企业顺利进入新兴产业。从这个角度而言，产业政策是有必要的。如何发挥产业政策作用，弥补市场的不足，且不对市场的正常运行有明显的副作用，这就非常考验政府的智慧。

比如新能源领域，国家为支持大家多做新能源产品，给予了一些产业政策层面的支持。政策对创新大力支持肯定没问题，但是从理论上来说，无论补贴还是支持，都要在市场这个大框架下进行，支持的重点应该放在克服技术瓶颈方面。

然而目前的情况是，很多地方政府都想为支持新能源产品出力，有些工厂即便做得不算好，在中国大地上也能找到愿意接受并支持它的地方政府；有的企业因经营不善想要退出，地方政府因为担心就业，拒绝企业退出。这些做法是有问题的。

规范地方政府的招商引资

改革开放之初，放权改革曾是最为有效的经济改革举措之一。中央的一些权力下放到地方，激发了各层各级的活力，形成了所谓的"GDP锦标赛"。然而行政放权不等于市场化改革，市场仍然没能在资源配置中发挥决定性作用。当前一些地方政府招商引资的行为甚至拖了创新的后腿，限制了市场的作用。

《决定》提出，"规范地方招商引资法规制度，严禁违法违规给予政策优惠行为"，包括建立全国统一大市场等措施，相信这些都将对未来的创新发挥支撑作用。

民企是创新的主力

民营企业在各国都是创新的主力军，在我国也不例外。对于民营企业的创新能力，大家都非常清楚。今天民营经济已经具有"56789"的特征：民营经济贡献了50%以上的税收，60%以上的国内生产总值，70%以上的技术创新成果，80%以上的城镇劳动就业，90%以上的企业数量。该如何提升并保持企业家的信心，尤其是民营企业家的信心，确保他们有动力参与到创新中，这对于我国未来的经济命运至关重要。

支持民企就是支持创新。在我看来，应该把对民营企业的重视程度提到非常高的地位。民企应该享受公平的待遇，还应从法律层面来确定民营企业在公平准入、公平竞争方面的地位。

《决定》提出，"完善民营企业参与国家重大项目建设长效机制。支持有能力的民营企业牵头承担国家重大技术攻关任务，向民营企业进一步开放国家重大科研基础设施"。这些政策精神非常好，希望能有效落实。只有企业家的信心，特别是民营企业家的信心高涨，我国未来经济可持续增长才有希望。

金融支持创新活动

金融对于创新的支持是必不可少的。除了科技创新，还需要投入大量的资本，技术才能转化成一个新兴的产业。

因此，一方面要支持资本投资创新，另一方面也要提供好的金融服务。正所谓"好的规则让坏人做好事，坏的规则让好人做坏事"。对于金融资本，要尽量多用市场化的监管手段，少用行政性的命令加以规范。比如鼓励和规范发展天使投资、风险投资、私募股权投资，更好发挥政府投资基金的作用，发展耐心资本等。

纠正问题的最好办法就是完善规则，把规则落到实处。

保持开放的重要性

当前我国正面临百年未有之大变局，国际市场和国际环境与过去已有很大不同。在诸如美国建"小院高墙"这种复杂的国际环境中，保持开放度对创新而言格外重要，故步自封则难以保持高水平的创新。

正如耶伦到访国发院时对我国新能源汽车产能的质疑。据我了解，2023年我国出口到美国的电动汽车数量非常有限，大约一万辆。耶伦4月访问中国，5月美国政府就把中国新能源汽车的关税税率从25%提升到100%。在一些美国智库专家看来，这里面的政治考量远远大过经济考量。2024年是美国的大选年，对两党而言，除了传统票仓，争取摇摆州的选民也非常重要。如果一些摇摆州有庞大的汽车产业，加关税就是民主党政府争取摇摆州选民的一种手段。这更多是一种表态，与汽车实际进口量没有太大关系。

但我国不能因此就故步自封。毕竟美西方国家仍然掌握着世界上大部分的先进知识和科技，与这些国家的前沿科技机构保持交流非常重要。所以，开放度是一个十分关键的变量。在地缘政治矛盾日益突出的今天，充分认识到这一点，至关重要。

未来，要在坚持多边框架下，坚持维护开放的国际贸易和国际投资体系。简单说就是要让国际货币基金组织（IMF）、世界银行这些国际组织继续发挥作用。在这些国际组织框架之内，找到立场相近的国家，一起维持相对开放的贸易和投资体系。与此同时，也不排除单边的开放。比如最近我国扩大72/144小时过境免签政策的实施范围，对于提升中外交流大有裨益。同时，对包括33个非洲国家在内的所有同中国建交的不发达国家实行零关税政策，既反映了我国开放的决心，也体现了我国支持全球南方国家的情怀。

关于未来的建议

目前看，我国"新三样"的主要市场在欧美，但欧美市场的困难变得越来越多，不确定性越来越大。在这样的情况下，我建议把目光更多地放到全球南方国家，也就是发展中国家。

新能源产品对发展中国家而言极具价值，发展中国家都面临着绿色转型的任务，需要新能源产品。这些国家没有技术，缺乏资金，凭借自己的力量很难生产出新能源产品。"全球南方国家绿色发展计划"可以使用商业性工具、政策性工具，甚至直接援助，支持全球南方国家的绿色转型和经济发展。这样做的好处是多方面的，作为一个发展中大国，长期贸易顺差对我国的发展不利，短期看也需要海外市场消化产能。

产能过剩问题在国内是长期存在的，不是今天才有。过去我国把过剩的产品出口到国际市场，没有引起太大反应。所以，就算每年都存在过剩产能的问题，也可以通过出口消化。很多企业家也认为，只要能卖出去，只要有市场，就不算过剩。随着地缘政治矛盾日益突出，西方一些政客认为只要存在潜在影响，就会拿中国的产能做文章，这是我们必须清醒认识到的国际新环境。

今天的美国政府依然想把制造业吸引回美国，为本国的小镇蓝领青年创造就业。从经济学角度看，这既不合理也不可行。然而从美国政府的角度看，这是大国经济必须考虑的问题。我国经济既然已经成为大国经济，就要多考虑别国可能的反应，提早加以应对。

美国前国家经济委员会主任布赖恩·迪斯在 2024 年 9—10 月期的 *Foreign Affairs* 上发表文章，倡导"清洁能源马歇尔计划"。他甚至在文章中提到，在中国也有人提出类似的倡议计划。既然美国和我国都在考虑相似的问题，我认为可能有上、中、下三种情形：

一是上策，中美合作带动全世界实现绿色转型。美国有技术、有资金，但没有产品；中国是有资金、有产品。倘若中美能携手合作，这不仅是中美共赢，更是全世界的共赢。

二是下策，即相互拆台，各做各的。

三是中策，假如中美能各自找到自己的合作伙伴，即便是各起炉灶，对整个世界而言也是好事。

但随着特朗普再次上台，美国实施"清洁能源马歇尔计划"的可能性几乎已经不存在。2025年1月20日，特朗普签署行政令，宣布美国再次退出《巴黎协定》。

客观而言，长期存在的贸易顺差可能对我国不利。因为很多公共政策的制定思维不是由经济学分析来主导的。当年特朗普之所以发起贸易战，其思维就是典型的"交易思维"，即买我的东西，就是我的朋友；不买我的东西，就是占我便宜。历史上也有很多政治、军事冲突事件的根源在于贸易严重失衡。

因此，学会和经济伙伴共同发展、共同成长，或许是未来保持高水平对外开放的思路，也是我国经济成长为大国经济的一门必修课。

下一步的经济增长主要靠创新，但是到底能做什么，不能做什么，最终要看各自的能力。过去，企业的竞争优势主要是靠成本低，现在则要靠产品与服务的独到性。希望企业不要盲目追逐地方政府的优惠政策，最终使得创新数量上升但质量下降，要多专注自己擅长的事。

新发展理念：一个关于发展的系统的理论体系[①]

黄群慧

（中国社会科学院经济研究所研究员，中国社会科学院大学经济学院教授、博士生导师，中国企业管理研究会副会长、理事长）

新发展理念在习近平新时代中国特色社会主义思想中具有十分重要的地位，是习近平经济思想的主要内容。习近平总书记指出："党的十八大以来我们对经济社会发展提出了许多重大理论和理念，其中新发展理念是最重要、最主要的。新发展理念是一个系统的理论体系，回答了关于发展的目的、动力、方式、路径等一系列理论和实践问题，阐明了我们党关于发展的政治立场、价值导向、发展模式、发展道路等重大政治问题。"[②] 新发展理念的创造性提出，对社会主义现代化建设和经济社会发展中具有战略性、纲领性及引领性的重大问题做出了全新阐释，系统深化了关于社会主义发展规律的理论认识，丰富发展了马克思主义

[①] 原文刊于《经济学动态》2022 年第 8 期。
[②] 习近平：《把握新发展阶段，贯彻新发展理念，构建新发展格局》，《求是》，2021 年第 9 期。

关于发展观的理论内涵。

新发展理念的提出

经济社会发展一般指长期性的经济要素的成长、经济体系质和量的提升以及由此而引发的社会进步，表现为长期经济增长、经济效率提高和经济结构优化升级，进而推进整个社会进步、整体国家发展和现代化的系统过程。有史以来，人类始终为实现经济发展这个经济社会进步的终极目标而不懈努力，在亚当·斯密等经济学家的理论中，经济发展本质上伴随着经济活动的质和量的提升，经济、社会、文化整体上达到众望所归的理想状态。[1] 但什么是"众望所归的理想状态"？这本质上是一个经济发展观的问题。在更广泛的意义上，经济发展观涉及经济发展的动力、主体、过程、规律，以及由此驱动的社会进步、现代化进程等基本内容，其后面起支撑作用的是人类社会发展的世界观和方法论。

中国共产党以马克思主义唯物史观为指导，十分重视发展问题。从新中国成立之初提出要在一个相当长的时期内逐步实现国家的社会主义工业化，到改革开放后将社会主义的本质概括为"解放生产力，发展生产力，消灭剥削，消除两极分化，最终达到共同富裕"，从十六届三中全会提出以人为本的全面、协调、可持续的科学发展观，到十八届五中全会对创新、协调、绿色、开放、共享的新发展理念的提出，这一点都得到充分体现。党的十九大报告指出："发展是解决我国一切问题的基础和关键。"而要解决发展问题，必须先解决发展观或者明确发展理念。

---

[1] 秋山裕：《发展经济学导论》，刘通译，中国人民大学出版社，2014。

理念是行动的先导，一定的发展实践都是由一定的发展理念来引领的。正如习近平总书记所指出的："发展理念是战略性、纲领性、引领性的东西，是发展思路、发展方向、发展着力点的集中体现。"[1] 发展理念不仅指明了什么是发展的"众望所归的理想状态"，还指明了如何实现这种发展的理想状态。

2015年10月，习近平总书记在党的十八届五中全会上提出了创新、协调、绿色、开放、共享的新发展理念，要求以新发展理念引领发展，引领国民经济和社会发展第十三个五年规划，夺取全面建成小康社会决胜阶段的伟大胜利，并强调坚持这五大发展理念是关系到我国发展全局的一场深刻变革。新发展理念作为一个理论体系，由创新发展理念、协调发展理念、绿色发展理念、开放发展理念和共享发展理念五大理念组成。这五大发展理念集中反映了我们党对经济社会发展规律认识的深化，也是针对我国发展中的突出矛盾和问题提出的。创新发展注重的是解决发展的动力问题，创新发展理念要求崇尚创新，明确创新是引领发展的第一动力；协调发展注重的是解决发展不平衡问题，协调发展理念要求注重协调，强调协调是持续健康发展的内在要求；绿色发展注重的是解决人与自然和谐问题，绿色发展理念要求倡导绿色，认为绿色是永续发展的必要条件和人民对美好生活的向往的重要体现；开放发展注重解决国家发展的内外联动问题，开放发展理念要求厚植开放，坚持开放是国家繁荣发展的必由之路；共享发展注重的是解决社会公平正义问题，共享发展理念要求推进共享，把共享作为社会主义的本质要求和发展的根本目标。这五大发展理念虽然是分开表述的，也分别注重解决不同方面的问题，但从国家发展角度看是一个相互贯通、相互促进、具有内在联

---

[1] 习近平：《在党的十八届五中全会第二次全体会议上的讲话（节选）》（2015年10月29日），《求是》，2016年第1期。

系的系统。五大发展理念是一个整体系统，是一个系统的理论体系，在实践中要统一贯彻，不能顾此失彼，也不能相互替代。

新发展理念不是凭空得来的，其既是在深刻总结国内外发展经验教训基础上形成的对经济社会发展规律认识的深化，也是针对我国发展中的突出矛盾和问题提出来的。新发展理念是在中国特色社会主义事业发展进入新时代的背景下提出的。进入新时代，中国经济社会发展的一系列条件发生了深刻变化，这些深刻变化集中体现在社会主要矛盾已经转化为人民日益增长的美好生活需要和不平衡不充分的发展之间的矛盾，新发展理念是这一主要矛盾转化所提出的历史必然要求。[1] 从经济发展看，中国特色社会主义进入新时代以后，中国经济发展也出现了阶段性变化的特征。从速度、结构和政策三方面的特征化事实看，2013年中国经济发展进入增长速度换档期、结构调整阵痛期、前期刺激政策消化期"三期叠加"阶段；进一步从消费需求、投资需求、出口和国际支出、生产能力和产业组织方式、生产要素相对优势、市场竞争特点、资源环境约束、经济风险积累和化解、资源配置模式和宏观调控等各方面看，我国经济发展具备了增长从高速转向中高速、经济结构持续优化、经济增长动力转换的经济新常态特征，总体上中国经济已从高速增长阶段转向高质量发展阶段。2021年党的十九届五中全会提出，我国社会主义现代化进入了一个新发展阶段，这个新发展阶段即全面建设社会主义现代化国家新征程。从"三期叠加"到"经济新常态"，再到高质量发展阶段和新发展阶段，是一以贯之的，体现了我国进入新时代经济社会发展的主要矛盾发生了深刻变化。发展条件和发展环境发生变化，自然要求发展理念变化。

---

[1] 刘伟：《坚持新发展理念，推动现代化经济体系建设——学习习近平新时代中国特色社会主义思想关于新发展理念的体会》，《管理世界》，2017年第12期。

习近平总书记在 2015 年提出新发展理念之后，多次在重要的会议上，尤其是在每年的中央经济工作会议上强调新发展理念，要求完整、准确、全面、贯彻新发展理念，将新发展理念作为新发展阶段有关经济社会发展全局的最重要的指导理论和理念。2016 年 1 月，习近平总书记在省部级主要领导干部学习贯彻党的十八届五中全会精神专题研讨班上，针对新发展理念，围绕着力实施创新驱动发展战略、着力增强发展的整体性协调性、着力推进人与自然和谐共生、着力形成对外开放新体制、着力践行以人民为中心的发展思想五个方面进行了全面论述，从理论上、宏观上，结合历史与现实，结合重大问题，对新发展理念进行了全面阐释。①

2017 年 10 月，党的十九大报告提出了新时代坚持和发展中国特色社会主义的十四个基本方略，"坚持新发展理念"作为第四个基本方略，涵盖了坚持和完善基本经济制度和分配制度，推动新型工业化、信息化、城镇化、农业现代化同步发展，发展更高层次的开放型经济等内容。习近平总书记在十九大报告中进一步提出我国经济已经由高速增长阶段转向高质量发展阶段，要求"贯彻新发展理念，建设现代化经济体系"②，具体包括深化供给侧结构性改革、加快建设创新型国家、实施乡村振兴战略、实施区域协调发展战略、加快完善社会主义市场经济体制、推动形成全面开放新格局六方面战略。从中可以看出，十九大报告赋予了新发展理念统领经济社会发展全局的地位。2017 年 12 月的中央经济工作会议明确指出了"以新发展理念为主要内容的习近平新时代中国特色社会主义经济思想"这一概念，并且指出这是中国特色社会主义政治经济

---

① 《习近平同志〈论把握新发展阶段、贯彻新发展理念、构建新发展格局〉主要篇目介绍》，《人民日报》，2021 年 08 月 17 日 02 版。

② 同上。

学的最新成果。

2019年的中央经济工作会议指出，坚定不移地贯彻新发展理念，推动高质量发展。[①]新发展理念是整体的、全方位的、多层次的，绝不是只有经济指标这一项，必须紧紧扭住新发展理念推动发展，把注意力集中到解决发展的不平衡不充分问题上来，绝不能再回到简单以国内生产总值增长率论英雄的老路上。

2021年1月，习近平总书记在省部级主要领导干部学习贯彻党的十九届五中全会精神专题研讨班上，要求"准确把握新发展阶段，深入贯彻新发展理念，加快构建新发展格局，推动'十四五'时期高质量发展，确保全面建设社会主义现代化国家开好局、起好步"[②]。针对新发展理念，要求从以人民为中心的根本宗旨把握新发展理念，从新发展阶段新要求的问题导向上把握新发展理念，从忧患意识把握新发展理念。[③]这就系统论述了"三新一高"的发展理论体系。在2021年1月中央政治局第27次集体学习时，习近平总书记围绕完整、准确、全面贯彻新发展理念提出了扎扎实实贯彻新发展理念、落实以人民为中心的发展思想、继续深化改革开放、坚持系统观念、善于从政治上看问题五方面要求。[④]

新发展理念的理论性

理念是上升为理性高度的观念，理论是系统完整的理念。发展理

[①] 《中央经济工作会议在北京举行 习近平李克强作重要讲话》，《人民日报》，2019年12月13日01版。
[②] 《深入学习坚决贯彻党的十九届五中全会精神 确保全面建设社会主义现代化国家开好局》，《人民日报》，2021年01月12日01版。
[③] 同上。
[④] 习近平：《全党必须完整、准确、全面贯彻新发展理念》，《求是》，2022年第16期。

念是有关经济社会发展的理性的观念，需要从观念层面回答什么是发展、如何发展、为谁发展等一系列关于经济社会发展的基本问题。一方面，发展理念用于指导经济社会发展，具有主观选择的特性；另一方面，发展理念绝不是凭空产生的，而应该是建立在对经济社会发展客观规律认识深化的基础上，这也就是发展理念的理论性所在。新发展理念是以马克思主义为指导，在总结概括关于发展的历史经验、吸收借鉴已有发展理论、结合我国新时代发展的实践的基础上，形成的关于发展的理性观念。新发展理念是一个关于新时代中国特色社会主义现代化事业建设的全方位的发展理念体系，其理论性既体现在新发展理念所揭示的关于经济社会发展的总体、系统的规律性认识层面，又体现在新发展理念所揭示的关于经济社会发展的创新、协调、绿色、开放和共享五方面发展领域的具体的规律性认识层面。

从总体上看，新发展理念明确了新时代经济社会发展的发展观和现代化观，从理论上回答了发展的根本立场、总体目的、本质要求等基本问题，深化了对中国式现代化建设中人的全面发展规律的认识。实现社会主义现代化和中华民族伟大复兴，是习近平新时代中国特色社会主义建设的总任务。这意味着中国经济社会发展的目标是实现社会主义现代化和中华民族伟大复兴。围绕着为中国人民谋幸福、为中华民族谋复兴，中国共产党领导中国人民成功开辟了中国式现代化的发展道路。中国式现代化的根本立场是坚持以人民为中心的发展思想，坚定不移地走全体人民共同富裕的道路，这从本质上区分了中国式现代化与西方现代化。中国式现代化是人口规模巨大的现代化，是全体人民共同富裕的现代化，是物质文明和精神文明相协调的现代化，是人与自然和谐共生的现代化，是走和平发展道路的现代化。新发展理念全面体现了以人民为中心的发展思想和中国式现代化的特征。习近平总书记指出："人民是我们党执政的最深厚基础和最大底气。为人民谋幸福、为民族谋复兴，这既是我们党领导现代化建设的出发点和落脚点，也是新发展理念的'根'和'魂'。只有坚持以人民为中心的发展思想，坚持发展为了人民、发展依靠人民、发展成果由人民共享，才会有正确的发展观、现代化观。"[1]因此，新发展理念所体现的发展观、现代化观，将"以人民为中心"作为发展和现代化的根本立场、总体目标和本质要求。新发展理念虽然具体分为五大发展理念，但总体上都是围绕"人民的根本利益"，贯穿"人民的根本利益"[2]。这正是新发展理念指导的中国式现代化与当今世界其他形形色色的现代化理论和模式的根本区别所在。

新发展理念所体现的发展观和现代化观，将马克思主义发展观的基本原理、方法与当代中国发展实践及中国式现代化建设要求进行了有机结合[3]，对马克思、恩格斯关于经济社会发展理论和人的全面发展理论进行了当代阐释与现实应用[4]。新发展理念坚持以人民为中心的发展思想，深化了对人的自由全面发展规律的认识，丰富发展了马克思主义政治经济学关于社会主义本质的理论。新发展理念关于现代化发展规律认识的深化，具有普遍的理论价值，尤其是对于那些既希望加快发展又希望保持自身独立性的发展中国家和民族，对世界各国摆脱传统发展模式的"窠臼"、跨越所谓的"中等收入陷阱"，提供了可资借鉴的中国方案和发展理念。

具体而言，创新发展、协调发展、绿色发展、开放发展和共享发

---

[1] 习近平：《把握新发展阶段，贯彻新发展理念，构建新发展格局》，《求是》，2021年第9期。
[2] 杨根乔：《论习近平以人民为中心的新发展理念》，《当代世界与社会主义》，2019年第2期。
[3] 王仕国：《五大发展理念与马克思主义发展观的新发展》，《求实》，2016年第11期。
[4] 顾海良：《新发展理念的新时代政治经济学意义》，《经济研究》，2017年第11期。

展分别从五方面深化了对中国式现代化过程的规律性认识，系统回答了实现中国式现代化所要求的发展目标、发展动力、发展方式、发展路径等一系列根本问题。新发展理念遵循了现代化进程中的经济规律的创新发展、自然规律的可持续发展、社会规律的包容性发展等重要理论，提出的创新是引领发展的第一动力、协调是持续健康发展的内在要求、绿水青山也是金山银山、开放是国家繁荣发展的必由之路、实现全体人民的共同富裕是社会主义的本质要求等核心观点，进一步深化了对社会主义现代化建设中的经济发展规律、自然科学规律和社会发展规律的认识。[1]

创新发展理念从理论上回答了新时代经济社会发展的根本动力问题，深化了中国式现代化建设中关于创新驱动发展的规律性认识。创新发展是第一位的新发展理念，其基本内涵要求是：充分认识创新是引领发展的第一动力，把创新摆在国家发展和现代化全局的核心位置，坚持创新发展，以创新发展理念引领发展方式转变，推动质量变革、效率变革、动力变革，实现更高质量、更有效率、更加公平、更可持续、更为安全的发展。从理论层面看，创新发展理念是马克思主义政治经济学中国化时代化的新进展，是中国特色社会主义政治经济学的重要篇章。创新是有目的地进行前所未有的创造性的、复杂性的高级实践活动，对应物质生产实践、社会关系实践与科学实验等人类实践活动，具体包括技术创新、制度创新、科学创新等基本形式。创新是一种渗透性的生产要素，可以提高劳动者的能力、促进资本积累，以及改进劳动资料特别是生产工具，可以将科学知识转化为生产力、引发生产工具变革从而推动生产关系的变革，可以把巨大的自然力和自然科学并入生产过程，使生

---

[1] 余立，孙劲松：《"新发展理念"：习近平关于现代化发展理念的检视、重构和开拓》，《理论与改革》，2017年第6期。

产过程科学化，进而对提高生产力、促进经济发展具有巨大的促进作用。创新不仅仅对经济增长具有促进作用，还是推动社会发展的革命性力量，不仅表现在对没落社会制度的摧毁上，而且表现在对先进社会制度的引领和推进上。①

在一定意义上，创新本身就是生产力概念的延伸。② 西方经济学中的新古典增长理论（外生增长理论）、新增长理论（内生增长理论）、演化经济理论等也从不同视角论述了技术进步对经济增长的意义以及内在机理。创新发展理念在继承和发展马克思主义政治经济学生产力理论的基础上，极大地拓展了创新的内涵和外延，深化了有关技术进步促进经济增长、科学技术发展规律等方面理论的认识，指出现代化的发展动力是遵循经济发展规律、科技发展规律的不断创新发展，人类社会现代化只能通过不断创新和提供新的资源以满足不断增长的人类需要的路径实现。

协调发展理念从理论上回答了新时代经济社会发展的方法论问题，深化了中国式现代化建设中关于发展整体性、协调性、平衡性的规律性认识。新发展理念中的协调发展理念给出了解决发展问题的方法论③，要求新时代推进经济社会发展必须注重发展的整体性、协调性、平衡性，发展手段和发展路径都要着眼于解决发展不平衡问题，发展目标和发展标准要体现发展的协调性、平衡性要求。从哲学方法论上看，协调发展理念遵循了事物是普遍联系的唯物辩证法，认为经济社会发展是一

---

① 黄群慧：《论中国特色的社会主义创新发展理念》，《光明日报》，2017年9月5日14版。
② 裴长洪，赵伟洪：《习近平中国特色社会主义经济思想的时代背景与理论创新》，《经济学动态》，2019年第4期。
③ 田鹏颖：《协调：从发展理念到方法论创新》，《中国特色社会主义研究》，2016年第3期。

个各个发展要素相互联系、相互作用的整体性运动，必须从内在联系观点去把握整个发展过程。从经济学角度看，这是社会化大生产条件下经济体系运行的必然要求。无论是马克思主义政治经济学两大类保持合适比例的社会再生产理论，还是毛泽东的《论十大关系》，以及新时代中国特色社会主义事业"五位一体"总体布局和"四个全面"战略布局，都体现了对发展整体性、协调性、平衡性规律的遵循。坚持协调发展理念，就是要求学会"弹钢琴"，增强发展的整体性、协调性、平衡性，就是要注重发展机会平等、资源配置均衡，这是中国式现代化进程中推进经济社会发展必须遵循的方法论原则，也是对中国式现代化的基本特征和整体性、协调性、平衡性规律的认识深化。新时代我国社会主要矛盾是人民日益增长的美好生活需要和不平衡不充分的发展之间的矛盾，更需要处理好局部和全局的关系，着力推进产业协调发展、区域协调发展、城乡协调发展、物质文明和精神文明协调发展，同步推进新型工业化、城镇化、信息化和农业现代化。需要说明的是，协调发展理念不是要求遵循平均主义"大锅饭"方法论原则，而是更加强调发展过程中必须重视努力破解不平衡、不协调、不可持续的突出问题，补齐短板、挖掘潜力、增强后劲。

绿色发展理念从理论上回答了新时代经济社会发展中的人与自然关系问题，深化了中国式现代化建设中关于人与自然和谐共生的规律性认识。新发展理念中的绿色发展理念要求解决好人与自然和谐共生问题，要求人类社会发展活动必须尊重自然、顺应自然、保护自然、遵循自然发展规律。在如何处理经济发展与自然环境保护的关系这个问题上，习近平总书记提出了"绿水青山就是金山银山""保护环境就是保护生产力，改善环境就是发展生产力"等重要的理论论断，要求"一定要树立大局观、长远观、整体观"，"要坚定推进绿色发展，推动自然资本大量增值"。[1] 绿色发展理念蕴含着重大的理论价值,一方面,这是对马克思主义绿色发展观的传承和创新,将生态环境纳入生产力范畴,开辟了马克思主义生态思想和马克思主义政治经济学的新境界,书写了中国特色社会主义政治经济学新篇章;另一方面,这也是对千百年来人与自然关系的规律性认识的科学总结和关于人与自然关系思想认识的理性升华,对人类社会的现代化理论和面临的发展与环境相容性问题的科学反思。[2][3] 在绿色发展理念指导下,我国主动适应社会主要矛盾变化以及构建现代化经济体系的内在要求,坚持节约资源和保护环境的基本国策,努力推动形成绿色发展方式和生活方式,在积极推进中国式现代化进程的同时,为全球环境治理提供了中国智慧与中国方案。

开放发展理念从理论上回答了新时代经济社会发展中的中国与世界关系问题,深化了中国式现代化建设中的关于经济全球化的规律性认识。新发展理念中的开放发展理念所揭示的是:现代化进程中的国家发展本质上是一个国家主动顺应经济全球化潮流,与世界各国合作互利共赢,从而实现国家繁荣发展的过程。开放发展理念为中国式现代化建设指明了提高内外联动性和进一步主动参与、推动、引领经济全球化的基本方向。马克思、恩格斯关于世界贸易、世界市场、世界历史的重要论述,揭示了经济全球化的本质、逻辑和过程,构成了开放发展理念关于认识经济全球化的理论基础。而开放发展理念的提出,又进一步深化了对经济全球化规律的认识,丰富发展了马克思主义政治经济学关于世界经济的理论内涵。改革开放以来我国经济发展所取得的伟大成就,已经证明

---

[1] 习近平:《深入理解新发展理念》,《求是》,2021年第9期。
[2] 黄茂兴、叶琪:《马克思主义绿色发展观与当代中国的绿色发展——兼评环境与发展不相容论》,《经济研究》,2017年第6期。
[3] 朱东波:《习近平绿色发展理念:思想基础、内涵体系与时代价值》,《经济学家》,2020年第3期。

坚持开放发展理念、主动顺应经济全球化潮流，是实现现代化必须遵循的历史规律。"面对经济全球化大势，像鸵鸟一样把头埋在沙里假装视而不见，或像堂吉诃德一样挥舞长矛加以抵制，都违背了历史规律。"[1]

当今世界，中国已经被认为是世界上推动贸易和投资自由化便利化的最大旗手。坚持开放发展理念，推进全方位对外开放战略，实施更大范围、更高水平、更宽领域、更深层次对外开放，建设更高水平开放型新体制，积极参与全球治理体系，推进各国携手打造人类命运共同体，推进构建广泛的利益共同体，既是中国式现代化的必然要求，也是经济全球化潮流的发展方向。

共享发展理念从理论上回答了新时代经济社会发展的根本目的问题，深化了中国式现代化建设中关于共同富裕和包容性发展的规律性认识。新发展理念中的共享发展理念，要求做到促进社会公平正义、让发展成果更多地惠及全体人民，实现发展为了人民、发展依靠人民、发展成果由人民共享。共享发展理念的主要内涵包括四方面：在共享覆盖面上实现人人享有、各得其所的"全民共享"；在共享内容上实现经济、政治、文化、社会、生态各方面建设成果的"全面共享"；在共享实现途径上实现发扬民主、人人参与的"共建共享"；在共享发展过程上实现由低级向高级、从不均衡到均衡的"渐进共享"。共享发展理念的实质就是坚持以人民为中心的发展思想，体现了人民是推动发展的根本力量的唯物史观，体现了逐步实现共同富裕的基本要求。而全体人民共同富裕是社会主义的根本原则，是中国特色社会主义的本质要求，是中国式现代化的重要特征。因此，共享发展理念体现了中国经济社会发展和中国式现代化建设的根本目的、基本要求，是社会主义现代化观、发展

---

[1] 《习近平在第七十五届联合国大会一般性辩论上的讲话》，《人民日报》，2020年09月23日03版。

观在新发展理念中的集中体现，丰富发展了马克思主义关于社会主义建设规律的认识。以共享发展理念为指导，实现全体人民共同富裕，是一个长期的历史过程，我们要稳步朝着这个目标迈进。中国已经打赢脱贫攻坚战，全面建成了小康社会。在新发展阶段，到"十四五"时期末，全体人民共同富裕迈出坚实步伐，居民收入和实际消费水平差距逐步缩小；到 2035 年，全体人民共同富裕取得更为明显的实质性进展，基本公共服务实现均等化；到 21 世纪中叶，全体人民共同富裕基本实现，居民收入和实际消费水平差距缩小到合理区间。实现全体人民共同富裕，首先要通过全国人民共同奋斗把"蛋糕"做大做好，然后通过合理的制度安排把"蛋糕"切好分好。

新发展理念的系统性

新发展理念不仅具有理论性，还具有系统性。虽然新发展理念包括创新发展、协调发展、绿色发展、开放发展、共享发展五大理念，但五大理念是一个有机的整体，五大理念之间是辩证的关系，它们既互相联系、互相作用，又互相区别，辩证统一，构成了完整的理念体系。[1] 习近平总书记的"新发展理念是一个系统的理论体系"[2] 这一重要论述，深刻揭示了新发展理念的系统性，对于我们完整、准确、全面贯彻新发展理念，加快构建新发展格局具有重要意义。因此，只有深刻认识新发展理念的系统性，才能把握新发展理念的科学内涵和重大意义。关于新发展理念的系统性，至少可以从以下几方面认识和把握。

---

[1] 邱海平：《新发展理念的重大理论和实践价值——习近平新时代中国特色社会主义经济思想研究》，《政治经济学评论》，2019 年第 6 期。

[2] 习近平：《全党必须完整、准确、全面贯彻新发展理念》，《求是》，2022 年第 16 期。

第一，新发展理念形成了中国特色"系统化的经济学说"，以创新发展、协调发展、绿色发展、开放发展、共享发展五方面内容体系开拓了当代中国马克思主义政治经济学的新境界。习近平总书记指出："我们要立足我国国情和我们的发展实践，深入研究世界经济和我国经济面临的新情况新问题，揭示新特点新规律，提炼和总结我国经济发展实践的规律性成果，把实践经验上升为系统化的经济学说，不断开拓当代中国马克思主义政治经济学新境界，为马克思主义政治经济学创新发展贡献中国智慧。"[1]新发展理念就是这样一个对经济发展实践规律性成果进行提炼总结、把实践经验进行升华而形成的最主要的"系统化经济学说"[2]，是十八大以来党中央在推动经济发展中获得的感性认识的升华，是对推动经济发展实践的理论总结。新发展理念认为：发展是解决我国一切问题的基础和关键，而发展必须是科学发展，必须坚定不移贯彻创新、协调、绿色、开放、共享的新发展理念。我们知道，经济增长和经济发展问题是经济学、经济理论学说关注的核心问题。新发展理念对经济发展的目的、动力、方式、路径等经济理论学说的核心问题进行了系统回答，对经济现代化规律、人的全面发展规律、创新驱动发展规律、经济结构规律、可持续发展规律、经济全球化规律、共同富裕规律等各方面经济理论学说进行了全面深化。无论是总体上看新发展理念，还是具体地分别看五大发展理念，都蕴含着深厚的马克思主义政治经济学的学理基础——将生产力和生产关系辩证统一起来，将解放、发展和保护生产力系统结合起来，形成系统化的经济学说。因此，新发展理念的提出开辟了中国特色社会主义政治经济学的新境界，其系统化的经济

---

[1] 习近平：《不断开拓当代中国马克思主义政治经济学新境界》，《求是》，2020年第16期。
[2] 顾海良：《习近平新时代中国特色社会主义经济思想与"系统化的经济学说"的开拓》，《马克思主义与现实》，2018年第5期。

学说充分体现了中国特色、中国风格、中国气派。[①] 更进一步地，如果以新发展理念为指导，可以合乎逻辑地形成总论、创新发展篇、协调发展篇、绿色发展篇、开放发展篇和共享发展篇六部分的"中国经济学"内容体系。在总论部分，围绕以人民为中心的发展思想和中国式经济现代化理论，整体分析描述中国经济发展过程和经济增长奇迹；在创新发展篇，全面分析中国的技术进步、资本市场发展、人口红利与人力资本发展、全要素生产率、国有企业改革与社会主义市场经济体制创新等重大问题；在协调发展篇，深入研究中国工业化、城镇化、农业与农村发展、二元经济、区域协调发展、现代产业体系等重大问题；在绿色发展篇，可以深入分析"两山理论"与环境保护、"双碳"目标与气候变化、资源开发利用等重大问题；在开放发展篇，可以围绕中国国际贸易、"一带一路"倡议、产业链与价值链、经济全球化、中国国际收支等重大问题展开论述；在共享发展篇，可以围绕社会主义生产目的、消除贫困、缩小收入差距、基本公共服务体系建设等重大问题展开论述。

第二，坚持以人民为中心的发展思想是贯穿新发展理念的系统性逻辑主线。创新发展、协调发展、绿色发展、开放发展和共享发展五大发展理念，分别从五个方面回答了发展的目的、动力、方式、路径等重大理论和实践问题，也从不同方面很好地体现了坚持以人民为中心的发展思想，体现了发展为了人民、发展依靠人民、发展成果由人民共享。也就是说，贯穿五大发展理念的系统性逻辑主线，是坚持以人民为中心的发展思想。五大发展理念虽然表述和注重的问题不同，但都系统地统一在坚持以人民为中心的发展思想上。共享发展理念作为新发展理念中发展目标层面的理念，要求全民共享、全面共享、共建共享和渐进共享，

[①] 洪银兴：《新发展理念与中国特色社会主义政治经济学的新发展》，《南京政治学院学报》，2017年第1期。

体现了以人民为中心的发展思想和全体人民共同富裕的社会主义本质要求；创新发展理念作为新发展理念中动力层面的理念，也充分体现以人民为中心的发展思想，具体包括要充分尊重群众的首创精神、着眼于解放和发展生产力、创新方向要围绕着满足人民日益增长的美好生活需要、创新成果要由全体人民共享；协调发展理念既是经济健康可持续发展的内在要求，也是缩小区域和城乡差距、不合理的行业收入差距，进而促进全体人民共同富裕的必然需要；绿色发展理念既体现了尊重自然、人与自然和谐共生的发展要求，也是人民追求美好生态环境、实现美好生活的发展需要；开放发展理念要求坚定不移地全面对外开放，这是我国经济发展的重要法宝，是实现现代化的必由之路，也是国家强盛、人民富裕的发展路径和重要保障。

第三，实现高质量发展是贯彻新发展理念的系统性体现。我国经济已由高速增长阶段转向高质量发展阶段，经济建设的主要任务是促进经济高质量发展。在微观层面，质量在经济社会中更广泛地被认为是事物、工作、产品满足要求的优劣程度，包括产品质量、服务质量、工程质量和环境质量等。国际标准化组织在ISO9000质量管理体系中将质量界定为一组固有特性满足相关方要求的程度。而从宏观层面看，所谓经济发展质量可以理解为经济发展特性满足新发展理念要求的程度。满足新发展理念要求程度越高，意味着经济发展质量越高。经济高质量发展就是经济发展能够更高程度体现新发展理念要求、解决发展不平衡不充分问题、满足人民日益增长的美好生活需要的发展。高质量发展应该具有创新是第一动力、协调成为内生需要、绿色成为普遍形态、开放成为必由之路、共享成为根本目的这样一组经济发展特性。这意味着，经济增长质量高低要用是否符合新发展理念来界定和衡量。经济高质量发展表现为经济增长驱动主要来自创新，表现为经济增长具有区域、产业、社会等各方面的内在协调性，表现为绿色增长、人与自然和谐是经济增长的普遍形态，表现为全面开放、内外联动是经济增长的必由路径，表现为经济增长成果由全体人民共享。所以，从这个角度而言，新发展理念的系统性体现在贯彻由五大发展理念系统集成而来的经济高质量发展要求。

第四，新发展理念是立足新发展阶段、构建新发展格局、实现中国式现代化的系统性指导原则。习近平总书记强调指出："进入新发展阶段、贯彻新发展理念、构建新发展格局，是由我国经济社会发展的理论逻辑、历史逻辑、现实逻辑决定的，三者紧密关联。进入新发展阶段明确了我国发展的历史方位，贯彻新发展理念明确了我国现代化建设的指导原则，构建新发展格局明确了我国经济现代化的路径选择。"[①] 这要求我们在认识和把握新发展理念时，要将新发展阶段、新发展理念和新发展格局联系起来看，绝不能割裂开考虑。我们必须认识到，立足新发展阶段是贯彻新发展理念、构建新发展格局的现实依据，贯彻新发展理念为立足新发展阶段、构建新发展格局提供了行动指南，构建新发展格局则是应对新发展阶段机遇和挑战、贯彻新发展理念的战略选择。因此，要从发展阶段、发展理念、发展战略三者相互联系的角度来理解和把握新发展理念的系统指导性。另外，从实现中国式现代化角度看，新发展理念从理念层面回答了现代化的动力、路径、目标等重大问题，也是中国式现代化的系统性理论指南。[②] 其中，创新发展注重的是解决现代化动力的问题，指明了新时代推进现代化进程的第一动力是创新；协调发展注重的是解决现代化进程中的不平衡问题，实现协调发展既是现代化的目标要求，也是现代化的发展方式和路径；绿色发展注重的是解决人

---

① 习近平：《把握新发展阶段，贯彻新发展理念，构建新发展格局》，《求是》，2021年第9期。
② 黄群慧：《新时代中国经济现代化的理论指南》，《经济日报》，2021年10月21日12版。

与自然和谐的问题，在未来现代化社会中，绿色、人与自然和谐一定是一个普遍的发展状态；开放发展注重的是解决现代化进程中内外联动的问题，开放发展是一个国家实现现代化的必由之路；共享发展注重的是解决现代化的社会公平正义问题，推进共享发展、实现共同富裕是中国式现代化道路的本质特征和要求。五大发展理念不是孤立的，而是一套系统的、贯穿新时代社会主义现代化进程的、指导现代化建设的、内在联系紧密的理论体系。

结语：统筹发展与安全

以人民为中心的创新、协调、绿色、开放和共享五大发展理念，是一个关于发展的系统性理论体系，是关于社会主义发展规律理论认识的新飞跃。当今中国已经进入社会主义现代化的新发展阶段，人民对现代化美好生活的向往与发展不平衡不充分的矛盾更加突出；当今世界正处于百年未有之大变局，国际环境日趋复杂，不稳定、不确定性明显增强。面对新征程和大变局下的新矛盾、新挑战，在认识到五大发展理念的重大理论意义和实践价值的同时，需要正确处理经济社会发展与国家安全的关系，进一步增强风险意识和树立底线思维，把国家安全问题放在党和国家事业全局更加突出的位置。

近年来，习近平总书记针对国家安全问题做出了"坚持统筹发展和安全""坚持总体国家安全观""保证国家安全是头等大事"等系列重大论断。[1][2] 关于发展与安全的关系以及如何统筹发展和安全，习近平

---

[1] 《习近平：全面贯彻落实总体国家安全观 开创新时代国家安全工作新局面》，《人民日报》，2018年04月18日01版。

[2] 《〈习近平著作选读〉第一卷主要篇目介绍》，《人民日报》，2023年04月06日01版。

总书记指出,"全面贯彻落实总体国家安全观,必须坚持统筹发展和安全两件大事,既要善于运用发展成果夯实国家安全的实力基础,又要善于塑造有利于经济社会发展的安全环境;坚持人民安全、政治安全、国家利益至上的有机统一,人民安全是国家安全的宗旨,政治安全是国家安全的根本,国家利益至上是国家安全的准则"[①]。实际上,从发展理念上看,安全发展也是一种发展理念,安全发展理念注重的是解决发展中的国家安全问题,要求坚持"统筹发展和安全"及"总体国家安全观"。安全发展理念的提出,在新发展理念基础上又进一步丰富和发展了对社会主义发展规律的认识。

我们必须认识到,国家安全在中国特色社会主义现代化事业中的全局性意义日益凸显。在现代化进程中,越是接近目标,越是会面临更多更大的风险和挑战,各类安全问题就愈发突出。比如,当前中国面临人口老龄化、人工智能等带来的挑战,经济社会发展的不平衡不协调带来的各类矛盾,经济全球化受阻带来的创新乏力风险,重大突发公共事件带来的经济衰退风险,重大国际政治军事冲突带来的极端环境风险,等等。未来的中国现代化新征程,可能是这些风险挑战集中爆发的高危期,这些风险和挑战若应对不好,会引发经济安全、政治安全、社会安全、意识形态安全、文化安全、科技安全、军事安全、国土安全、生物安全、网络安全、生态安全等各类重大国家安全问题,有可能造成中国现代化进程的延滞甚至中断,从而对中国特色社会主义事业造成巨大影响。近几年出现的中美贸易摩擦、新冠疫情冲击、俄乌冲突等百年未有之大变局因素,也使我们更加清醒地认识到必须高度重视现代化进程中的国家安全建设和安全发展问题,必须坚持底线思维、居安思危、未雨绸缪,

---

① 《习近平:全面贯彻落实总体国家安全观 开创新时代国家安全工作新局面》,《人民日报》,2018年04月18日01版。

有效防范和化解重大风险。因此，在现代化新征程中，需要将国家安全建设放到统筹推进中国特色社会主义事业的一体化总体布局中，将安全发展理念放在统领经济社会发展的新发展理念这个整体指导理念中，以有效应对现代化新征程中的各类风险和挑战。

在安全发展理念指导下，围绕统筹发展与安全，着力解决影响我国现代化进程的各种风险，新时代以来已经重点研究部署实施的一系列具体战略包括：国家安全战略，科技兴军战略，改革强军战略，军民融合发展战略，粮食安全战略，藏粮于地、藏粮于技战略，重要农产品保障战略，食品安全战略，能源安全战略，金融安全战略，国家网络空间安全战略，产业链与供应链安全战略，等等。在"十四五"规划中，粮食综合生产能力、能源综合生产能力也被作为安全发展的两个重要约束性指标单独列出。

在新发展理念的基础上，进一步统筹发展和安全，强调安全发展理念，体现出我们党在新形势下对经济社会发展规律有了更加全面、更加深刻、更加系统的认识，也进一步彰显了习近平新时代中国特色社会主义思想的理论创新性，具有重大的理论和实践指导意义。

第四章

新发展格局

双循环的深意与落实中的关键点[①]

林毅夫

(北京大学博雅讲席教授、新结构经济学研究院院长、
国家发展研究院名誉院长、南南合作与发展学院名誉院长)

"以国内大循环为主体、国内国际双循环相互促进的新发展格局"是2020年提出的很重要的国家发展定位。我想对这个新论断谈两点心得:

第一,为什么要提出这个新论断;

第二,如何落实这个新论断。

关于中国经济发展模式的惯常说法是,要"充分利用国内国际两个市场、两种资源"。不少国内国际学者据此把中国的经济发展模式称为出口导向型,在2008年国际金融危机爆发前存在全球贸易不均衡,以及美国与中国发生贸易摩擦时,甚至认为是由于中国推行出口导向的经济,才导致全球贸易失衡以及美国对中国贸易逆差的不断扩大。

2020年是中央首次提出我国经济发展模式要以国内大循环为主体,

[①] 本文为作者于2020年12月在北京大学国家发展研究院第五届国家发展论坛上的演讲。

这是一个重大的转变。由于中国现在已经是世界第一大贸易国，中国发展模式的改变将不只影响中国自身，也将影响全世界。

提出双循环的短期原因与深层考虑

我个人的看法是，中央这个新论断的提出既有短期原因，也有深层考虑。

2020年，新冠疫情在全球暴发，全球经济遭受巨大冲击，不少学者认为，这次冲击是自20世纪30年代大萧条以来规模最大的一次。在这个局面下，国际贸易随之萎缩，世界贸易组织预测，2020年的国际贸易可能萎缩13%~32%。

中国是出口大国，在产品出口减少的情况下，当然要更多地靠国内消化，这就是国内循环。同时，美国对中国高科技产业的不断打压，比如对华为实施断供，也会影响相关企业的出口。这些企业要继续发展，产品就要更多地靠国内市场来消化，在国内循环。

以上是中央提出"以国内大循环为主体"新论断的短期原因。

但从我们研究经济学的角度来看，中央提出这一论断更重要的原因在于："以国内大循环为主体"是经济发展基本规律的反映。

虽然有不少学者把中国经济的发展模式称为出口导向型，但事实是，出口在我国经济总量中的比重最高的年份（2006年）也只有35.4%，略高于1/3。到2019年，这一比重就下降到17.4%，换言之，2019年中国经济总量的82.6%就已经是在国内消化循环，这意味着我国经济已经是以内循环为主体。

出口在GDP中的比重自2006年以来不断下降，反映了两个基本经济规律：

第一，一国的经济体量越大，内循环的比重就越高；

第二，当服务业在整个经济中的比重不断提高时，内循环的比重就会越高，因为服务业中的很大一部分不可贸易。

为什么出口占比与经济体量存在正相关关系？因为现代制造业本身就有很强的规模经济的特征。如果一个小型经济体发展现代制造业，其国内市场容量有限，本土可消化的比重偏小，生产出来的产品绝大多数只能出口。反之，经济体量大的国家如果发展现代制造业，国内市场能就地消费的就多，出口比重就低。以新加坡为例，其2019年的出口占经济总量的比重高达104.9%，明显超过其GDP总量，原因是国内市场规模太小，同时出口中的有些零部件是先从国外进口，成品出口之后可能又会计算一次。我国出口占经济总量比重最高的2006年也不过是35.4%，这个比例就得益于中国是个大经济体。

为什么出口比重与服务业有关？同样是大经济体，美国在2019年的出口占其经济总量的比重只有7.6%，原因在于服务业占美国经济总量的比重达到80%，服务业往往有很大一部分不可贸易。所以一国服务业占经济总量的比重越高，其出口比重也一定越低。而服务业的发展水平与一个国家的经济发展、收入水平有关。

从上述两个角度分析，我国的出口比重从2006年的35.4%下降到2019年的17.4%是因为我国这些年经济总量和人均收入水平都得到极大提高，服务业得到良好的发展。2006年我国人均GDP只有2099美元，2019年提高到10276美元；2006年中国经济规模占全世界的比重只有5.5%左右，服务业在GDP中的占比只有约40%，到2019年，这两个数字分别上升到16.4%和53.9%。中国经济在世界经济总量中的占比提高了约3倍。

展望未来，我国经济还会继续发展，收入水平还会继续提高。随着收入水平的提高，我国经济占世界的比重会不断提高，向20%甚至25%靠近。我国服务业占GDP的比重也会远远超过50%，向60%、70%、80%不断靠近。在这两个因素的叠加之下，我国的出口占经济总量的比重也会下降。也就是说，国内循环占我国经济总量的比重会逐渐向90%逼近。所以，我国经济现在已经是，将来更会是以国内循环为主体。

中央现在提出上述论断其实只是澄清了一个事实：中国是一个大经济体，随着我们收入水平的提高，服务业在经济总量中的比重会越来越高，国内循环的比重会越来越大。

澄清这个事实很重要。

此前，国际国内都有不少人宣称中国是出口导向型经济。2008年的国际金融危机，国外很多人归因于全球贸易不均衡，进而又归因于中国推行了出口导向型经济。国内也有类似说法。这都是因为没有看到中国经济的实际情况。

同时，如果再错误地把中国经济看成出口导向型经济，当中美贸易摩擦或新冠疫情影响出口时，各界就容易判定中国经济要出问题。现在中央出面澄清我国经济是以国内大循环为主体这一事实，也非常有利于我们认清发展的现实和规律，并增强我们自己发展的信心。在这种状况下，只要我们能够把国内经济稳定好，不管国际风云如何变幻，基本上不会改变我们整体发展的格局。

国际循环跟过去一样重要

明确提出中国经济以国内大循环为主体，是不是意味着原先我们关于"充分利用国内国际两个市场、两种资源"的说法就不重要了？我认为，国际循环和过去一样重要。

我倡导的新结构经济学强调，发展经济要充分考虑各个国家、各个地区的比较优势。具有比较优势的产业要想发展得好，不仅要在国内市场流通，也应该进入国际市场。

中国是一个大经济体，按照购买力平价计算是世界第一大经济体，按市场汇率计算是世界第二大经济体。按市场汇率计算，2019年中国的经济总量只不过占世界的16.4%，这意味着国际上还有83.6%的市场值得我们关注和开拓。所以，中国有比较优势的产业除了充分利用国内市场、国内循环，也要充分利用那83.6%的国际市场。

按照比较优势发展，也意味着我们在很多产业还不具备比较优势。中国许多自然资源短缺，一些资本、技术很密集的产业与发达国家相比也还不具有比较优势。另外，随着经济发展、工资水平上升，我国过去很有比较优势的劳动密集型产业的比较优势也会不断消失。

在这种状况下，经济发展要降低成本、提高质量，就应该更多地利用国际市场能够提供的资源。对于我国没有比较优势的产业的产品，我们能进口当然要多进口，要利用好包括自然资源、技术资源和劳动力资源在内的国际资源。只有少数关系到国家安全、经济安全的高科技产品，我们可能会被某些国家"卡脖子"的，才作为例外。对于哪些国家可能会卡我们的脖子，也要认真分析。欧洲在高科技产业有比较优势，但并没有积极地卡我们的脖子，中国是全球最大的单一市场，欧洲有积极性将具有比较优势的产品卖给我们。卡我们脖子积极性相对大的是美国。我国发展很快，体量和影响力越来越逼近美国，美国为打压中国发展才会对我们实施技术封锁。然而美国这样做也会牺牲掉利用我国市场来发展美国经济的机会。

我们还要认识到，对那些我国没有比较优势的大多数高科技产品，并非仅仅美国有，欧洲、日本也有。我们要如华为任正非先生所讲，只要买得到，而且买比自己生产更合算就要继续买。这些国家为自身发展考虑，也乐意把这些产品卖给我们。只有美国独有，欧洲、日本都没有，我们实在买不到的产品才需要发挥举国优势自力更生，但我相信这是极少数情况。

所以我们以国内大循环为主体的同时，一定要坚持国内国际双循环相互促进。

怎样才能真正循环起来？

如何落实这个新论断？怎样才能真正循环起来？

第一，用结构性改革挖掘发展潜力，拉长长板，补足短板。

在我看来，要实现以国内大循环为主体，最重要的是必须让国民收入水平越来越高，让经济体量越来越大。在这种情况下，经济体量在世界的占比以及服务业占经济总量的比重会越来越高，随之而来的必然是出口比重下降，国内循环比重增高。怎样让经济体量越来越大？从经济发展的角度来看，需要不断实施技术创新、产业升级。中国在这方面具有两大优势：

传统产业方面，2019年我国人均国内生产总值刚过1万美元，跟美国的6万多美元、德国的约4.8万美元、日本的4万多美元相比，我们的收入水平较低。人均国内生产总值差距的背后是平均劳动生产率水平、产业技术、产品附加值等方面的差距。但面对差距，传统产业作为成熟产业，意味着我们还有相当大的后来者优势，还能追赶。那些有技术的国家也会乐意把设备卖给中国，否则没办法实现其技术价值。所以，我国仍具有通过引进技术实现技术创新、产业升级的后来者优势。2010

年我国人均国内生产总值按照购买力平价计算是美国的 19.2%，才相当于日本在 1953 年、新加坡在 1970 年、中国台湾在 1971 年、韩国在 1980 年相对于美国的比例水平。利用这种后来者优势，日本实现了 20 年每年 9.3% 的增长，新加坡实现了 20 年每年 8.4% 的增长，中国台湾实现了 20 年每年 8.9% 的增长，韩国实现了 20 年每年 8.4% 的增长。这意味着，到 2030 年，我们还有 8% 的增长潜力。

新产业方面，我国拥有前述东亚经济体在追赶阶段所没有的新经济革命的换道超车优势。

新经济革命的新型产业中，我们跟发达国家在很多方面有条件齐头并进。新经济有的涉及软件，比如互联网、人工智能；有的涉及硬件，比如大疆的无人机、华为的手机。新经济有一个特点，研发周期短，投入以人力资本为主。我国是人口大国，人力资本多。这些新的产业如果属于软件方面，我们国内有最大的应用场景；如果属于硬件方面，我们国内有全世界最大最齐全的产业部门和最好的供应链。所以，中国在新经济革命上具有比较优势。

一个最好的指标是所谓的"独角兽"企业。独角兽企业指的是创业不到 10 年，还未上市，市场估值已超过 10 亿美元的企业。根据胡润研究院发布的全球独角兽榜，2019 年全球 494 家独角兽企业中，中国有 206 家，美国是 203 家。截至 2020 年 3 月 31 日，全球独角兽企业有 586 家，其中中国有 227 家，美国有 233 家。这意味着中国在新经济方面具有和发达国家直接竞争的优势。

在供给侧，可以利用我们的优势拉长长板，补足短板。当然，一方面必须靠有效的市场来配置资源、提供激励，另一方面要靠有为的政府来克服产业发展方面的一些市场失灵。

第二，要深化改革，打通国内循环中的一些堵点。

中国的改革是渐进、双轨的，各方面改革的速度不一样，现在产品市场基本放开，但要素市场还存在很多结构性的障碍或堵点。

在金融市场方面，实体经济中的农户和民营的中小微型企业，其税收占全国的 50%，GDP 占 70%，就业占到 80% 以上，但是，其金融需求在国内以大银行、股票市场、金融债券、风险资本等为主的金融体系中得不到满足。金融要实现服务实体经济的功能，在改革中就需要补上为农户和中小微企业提供金融服务的短板。

在劳动力市场方面，要推动户籍制度改革，以利于人才流动。要解决高房价问题，让房价回归"房子是用来住的，不是用来炒的"的定位。

在土地市场方面，最大的堵点是怎样落实农村集体土地入市的问题，增加土地供给，包括工业用地、商业用地和住房用地。政策已经有了，就看怎么推行。

在产权方面，要落实"两个毫不动摇"：毫不动摇地巩固和发展国有经济，同时毫不动摇地鼓励、支持和引导民营经济的发展。要让民营企业在市场上不受因产权安排不同而形成的准入或运行方面的阻碍。

第三，需要扩大开放，更好地利用国际资源。

在扩大开放方面，过去我们的开放也是双轨制的，有比较优势的产业开放，没有比较优势的产业不开放，现在需要扩大开放来更充分地利用国际资源。

国内要做的是，一方面要降低关税，另一方面要缩小负面清单的范围，让外国投资能够更好地进入中国。这方面先要扩大自贸区的范围，在自贸区试点成功的政策要向全国推行。这样我们可以充分利用外国资源，包括技术资源和金融资源。

在国际上，中国应该更积极地推动世贸组织的改革，参加一些区域性的经济合作协定。比如 2020 年 11 月签署的 RCEP（《区域全面经济伙伴关系协定》），中国跟欧洲达成的中欧投资协定，并且我们已经表示有意愿加入 CPTPP（《全面与进步跨太平洋伙伴关系协定》）。区域性贸易协定让我们能够更好地利用国际资源和国际市场。

同时，中国的开放还有一个好处，国际上其他国家也能更好地利用中国的市场和资源。中国作为世界上发展最快的市场，能够给世界其他国家提供发展的机遇，这些国家就不会轻易参与美国封锁中国的行动。如果美国想孤立中国，被孤立的反而会是美国自己。所以，进一步扩大开放也有利于改变我国目前遭遇的不利国际局面。

总体来讲，面对百年未有之大变局，我们要保持定力，认清形势，做好自己的事。我们要继续深化改革，扩大开放，充分利用我们的发展潜力。那么，不管国际上有多大的不确定性，中国都可以保持稳定和发展，实现到 2035 年把中国建设成社会主义现代化国家，到 2049 年把中国建设成社会主义现代化强国的目标。中国的发展不仅有利于中国，也有利于世界。

中国经济的三个循环[①]

徐高

(中银国际证券总裁助理、首席经济学家)

除了现在热议的内循环和外循环,我认为中国经济还有第三个循环。我想用和市场主流不太一样的视角讲一下这个问题。

书本上的很多经济学理论与现实之间有很大的落差,就像是插头和插座不匹配。我发现,现实有落差实际上是因为理论有问题。后来,我慢慢形成了用理论和现实双视角观察中国经济的习惯。

理解中国经济的两个视角:"水"和"石头"

我所谓的两个视角可以比喻成"水"和"石头"。水是指市场经济,因为市场经济像水一样灵活,会根据形势变化做调整。市场经济的运行很大程度由市场经济面临的约束条件和边界条件决定,而这种边界条件往往是非市场因素,就像石头。尤其在中国这样一个转型经济体中,还

[①] 本文根据作者于2021年9月19日在北大国发院暨南南学院承泽园院区落成启用庆典"新发展格局下的宏观经济与金融市场"分论坛的演讲整理。

有很多计划经济的"石头"约束着市场经济的运行。

这种情况下,如果单单用市场经济运行的逻辑去理解中国经济就会有问题。西方国家的市场经济已经运行很多年,河里原有的很多石头都被冲走了,所以它们只需了解"流体动力学",即西方经济学就能基本上了解这条河的流向。但中国市场经济这条河里还有很多石头,仅仅懂得西方经济学远远不够。你如果看不到河里的那些石头,就不能理解为什么水流到这里会产生浪花甚至旋涡。因此,只有将水和石头两个视角结合起来,才能真正懂得中国经济。

对比内循环和外循环,核心问题在前者。中国经济首先是市场经济自身的循环,从产出、收入到需求,但目前需求不足导致内循环运转不畅。中国经济运行在很大程度上要依靠外循环来带动,如果外循环不好就会导致经济比较差。外循环在过去20年决定了中国经济的大周期。新冠疫情暴发后,中国经济外循环在欧美国家的需求刺激下持续向好,但内需出现了过度冷却。

西方经济学理论与中国现实大不相同

我们描述宏观经济通常有三个方程。

第一个是"$Y=f(K,L)$"生产函数,表示资本与劳动结合得到产出,同时也意味着产出会被资本和劳动瓜分。

第二个是资本的积累方程,意味着资本通过投资而来,投资就是资本扣除资本折旧之后的结果。

第三个是"$Y=C+I+G+NX$"产出的运用方程,如GDP等于"消费+投资+政府支出"。

三个方程中,前两个是在讲生产面(供给面)。其中第一个生产函数是个自然科学问题，第二个是简单的动态方程，二者蕴含的经济学理论都不多。最后一个方程讲需求面，经济学的理论也主要蕴含在这里，它也是三个方程中真正重要的那个。

这第三个方程的等号包含了很多学问。等号连接的是会计恒等式，但同时也可被理解为市场均衡的结果。等号左边是产出 Y；右边是产出的运用方向，即需求（内需+外需）。当产出 Y 变成本国居民、企业和政府的收入（依据生产要素的所有情况，尤其是资本的所有情况），从等号左边到右边就是一个收入分配的过程，涉及一次分配和二次分配。当拿到收入后，各个经济主体要进行决策，比如消费者要考虑分别将多少收入用于消费和储蓄。所以，第三个方程的等号隐藏了收入分配与消费储蓄决策的复杂过程。

进一步分析第三个方程，它包含了西方经济学理论的两个隐含假设：一是经济的总产出都是居民的初次收入，即资本由居民所拥有；二是投资对资本回报率是敏感的，因为产出全部由居民所获得，投资对居民来说有机会成本，只有利率比较高的时候投资才会增多，反之投资会减少。

然而，这两个隐含假设在中国经济现实中并不成立。

在中国经济现实中，居民收入只占全社会总收入的一部分，有相当大部分的收入流向了广义的政府部门（包括国企），这些收入跟老百姓没关系。同时，流向广义政府部门的收入中又有相当大部分（扣除政府消费部分）刚性地变成了投资。由于政府投资没有机会成本，对回报率或利率就缺乏弹性，因此会在投资回报率很低的情况下继续投资。

西方经济学中还有很多宏观经济学理论与中国经济的现实不吻合，因此根据这些理论推导出的结论也就很难应用到中国经济现实中。

第三次全国经济普查显示，国有企业占据整个企业部门资产的54%，外资、港澳台企业占 10%，其他国内企业占 36%。这意味着老百姓真正持有的企业财产只有 1/3 多。同时这些企业财产在居民内部的分配也极不平衡，比如一些大企业家持有的企业股份很多，而老百姓持有的却非常少。这意味着在中国，企业部门和居民部门之间的财富联系被割裂。

再看一组国际比较数据。全球各国居民储蓄与企业储蓄普遍呈负相关，这在宏观经济学里被描述为"刺穿企业帷幕"（pierce the corporate veil），意味着企业只是蒙在居民部门上的一层棉纱，收入在企业与居民部门之间的分配不影响居民对消费和储蓄的决策。如果企业所有制是私有，企业获得的收入最终也会通过居民持股反映在居民的财富中，那么收入到底是流向居民还是流向企业并不重要，当企业储蓄增加、利润增加时，居民就会财富增加、消费增加、储蓄减少。所以，全球各国居民储蓄与企业储蓄普遍是此消彼长的负相关关系。

中国的企业储蓄和居民储蓄都很高，二者之间的负相关关系并不明显。国企的所有制结构导致企业和居民部门的财富联系被割裂，老百姓不会因为国企今年挣钱多就增加消费、减少储蓄。这是中国经济的特点。

中国的投资缺乏对利率的敏感性且投资数额较高。回到三个方程中的前面两个，较高的投资会带来较高的资本积累速度、较高的资本存量和较高的产出，导致产出与需求之间不平衡，最终需求不足成了一个长期问题。

按照西方主流的新古典经济学假设，经济应该是长期运行在潜在产出水平（生产能力）附近。尽管经济运行也会因为一些冲击偏离潜在产出水平，但这种偏离只是暂时的。当经济运行低于潜在产出水平时，可以通过宏观政策短期刺激一下，高于潜在产出水平时则通过宏观政策来短期降温。但宏观政策的刺激不会长期化，因为经济运行不可能长期低于潜在产出水平。这是西方经济学的假设。

中国的经济状况是由储蓄过剩和消费不足导致的产能和生产过剩，因此中国经济长期运行在潜在产出水平之下。哪怕出现波动，也都是低于潜在产出水平。

我认同中国 GDP 有长期实现 8% 增长潜力的说法，但能不能发挥出这个潜力则取决于有没有足够的市场需求。当中国经济长期运行在需求不足的状态下时，运行的逻辑就和西方主流经济学讲的道理不一样。这种情况下，我觉得凯恩斯说得更合理，当需求不足时，只要创造需求就能让经济变得更好，此时外需及国内宏观刺激政策就会表现出"乘数效应"。

事实上，中国经济的动态特征确实表现出了"乘数效应"。国内储蓄有两个用途，一是投资，二是借给外国人变成经常账户盈余。东盟和欧盟国家的经常账户盈余和投资之间存在明显的负相关关系。这表明它们是储蓄约束下的经济运行状态，即投资多了，经常账户盈余就会减少甚至变成逆差。与东盟和欧盟不同，我国的经常账户盈余与投资之间呈现正相关关系，体现出了我国经济运行中的正反馈效应。即在中国是投资越高，储蓄越高，经常账户的盈余越高，可以理解为投资在中国成了储蓄的应用方向，这也说明了中国经济是在需求不足的状况下运行的。

外需对中国经济而言，不是出口 1 元钱就是 1 元钱的事，而是通过这 1 元钱给整个国内带来更多的需求反馈，从而让经济变得更好、储蓄变得更多、投资变得更高。由此可见，中国经济运行的整体状态与西方主流经济学讲的道理大不相同。

中国经济走出困局还需要第三个循环

新冠疫情之后，我提出了"再循环"概念。疫情促使中美之间形成了"互补式复苏"的格局——中国产出复苏快,美国需求复苏快。

美国为了应对新冠疫情大搞财政刺激和货币刺激。新冠疫情之后,中国因为防控得力,工业产出恢复明显好于美国,但美国因为强刺激政策,其商品零售复苏远远好于中国。最后,美国通过消费刺激为中国提供了大量的外需,而中国自疫情前就积累的产能过剩在疫情后对美国出口大幅增加。中国的贸易顺差和美国的贸易逆差同步扩张,这和次贷危机之前的情况类似。

从 2021 年初开始,中国出口进入增长平台期,原因是尽管中国出口集装箱运价指数在高位进一步上扬,但海运运力成了中国出口面临的瓶颈。疫情之后,得益于外需,中国经济复苏处在一个更加有利的位置上。

那为什么经济又面临很强的下行压力呢?2021 年上半年,尽管国内货币政策转弯还不算急,但财政紧缩力度极大,达到进入 21 世纪以来前所未有的强度,甚至超过 2008 年 4 万亿元救市之后的强度。此外,土地财政赤字、政府基金预算赤字、地方政府非正规融资、地方政府专项债都在明显收缩,上半年财政收缩幅度占到同期 GDP 的 7%~8%。

在国内宏观政策的打压下,国内三大投资均低位运行。制造业投资、基础设施投资、房地产投资规模到 2021 年 7 月都呈断崖式滑坡,加上社会消费品零售总额连续数月下滑,中国经济面临着较强的下行风险。

分析国内宏观政策收紧的原因,国内的分析者包括决策者大多还在沿用西方的那套理论,觉得中国基建投资引领的经济增长模式是不可持续的,但我觉得这是对中国经济的误判。

未来经济向好的趋势,我觉得还是很有希望。2021 年 7 月 30 日的政治局会议释放了政策转向的明确信号,包括"合理把握预算内投资和地方政府债券发行进度，推动今年底明年初形成实物工作量"，"纠正运动式'减碳'，先立后破"等内容，但后续政策的力度仍需观察。

中国经济的内循环和外循环都重要，只是当从收入到需求的内循环运行不畅时，中国经济对外循环的依赖还会持续较长时间。如果从经济长周期来看，中国经济的好坏一方面受外需影响，另外一方面则受国内宏观政策影响。

如果想走出现在的困局，关键在于通过改善第三个循环来扩大内需。具体而言，通过收入分配改革，实现企业与居民之间的收入循环，尤其是国有企业与居民之间的循环，进而增加居民收入和消费。

只有当更多的收入流向居民部门，变成消费者的收入和消费，中国经济的内循环才能通畅，对于外需和国内刺激政策的依赖才会减少，中国经济才能从此走上更具内生性、可持续性增长的模式。因此，三个循环都要做好才行。

金融如何助力新发展格局[1]

黄益平

(北京大学博雅特聘教授、国家发展研究院院长、
南南合作与发展学院院长、数字金融研究中心主任)

过去几十年,我国经济发展取得了巨大成就,但当下又处在一个非常关键的转折点——从第一个百年奋斗目标"全面建成小康社会"向第二个百年奋斗目标"建成社会主义现代化强国"迈进。

与改革开放早期的40年相比,未来30年的中国经济还将有三大变化。

第一,成本优势不再。中国经济发展曾经长时间得益于低成本优势,但如今成本已明显上升。经济增长模式将不得不从过去的粗放式、要素投入型增长走向创新驱动型增长。

第二,人口红利消失。过去中国的发展得益于劳动力人口在总人口中的占比不断提高,但如今中国已是老龄化社会,劳动力人口开始减少,这最终会影响经济增长格局。

---

[1] 本文根据作者于2022年10月28日在2022中国金融发展论坛上的主题演讲整理。

第三，"逆全球化"趋势出现。全球化浪潮对中国过去的经济发展有明显的推动作用，中国得以参与全球劳动分工，出口大幅度增长，大量外国直接投资提升了国内经济的活跃度。如今全球化正遭遇波动，中国经济自身的体量也明显增加，增长动力不得不更多聚焦于国内。因此，中央提出以"双循环"构建新发展格局——以国内大循环为主体、国内国际双循环相互促进。

金融要给予实体经济更多支持

在新发展格局下，金融如何作为？

过去40年，金融对于经济增长功不可没，有效支持了年均超过9%的GDP增速，金融体系也相对稳定。虽然很多学者认为改革可以再深入一些，体制中的扭曲可以再多消除一些，但总体而言，中国这套金融体系的确有效地支持了经济高速且相对稳定的发展。

最近几年，针对金融行业的抱怨增多，尤其是"金融支持实体经济的力度在不断减弱"。对此，最直观的反映是"边际资本产出率"下降。所谓边际资本产出率，指增加一单位产量时需要增加的资本量。全球金融危机以前的2007年，我国边际资本产出率约为3.5，但目前几乎翻倍，说明我们的金融效率已经打折。如果金融效率持续下降，即便经济建设中投入的金融资源不断提升，带来的经济产出却不高，甚至下降，最终也会影响经济增长的可持续性。

中国过去的金融体系也相对稳定，但近几年有多个金融领域的风险开始冒头。我们维持金融稳定有两大"法宝"，一是通过持续高增长化解风险；二是政府兜底，以保证投资者、消费者等市场多方的信心。但这两大法宝的效力明显在下降，下一步必须花大力气构建金融安全网络，这一网络既要具备市场化监管框架，又要央行和财政部门共同参与建设。

金融要更有力地支持实体经济，可做的工作很多，尤其是基于"双循环"的新发展格局，金融应该努力推动国内大循环，在做法上可以从"供"与"求"两方面联动。

我国过去的经济增长受益于"两头在外"——原材料、技术、资本从国外引进，产品在国内生产加工，然后又卖到国外。但这一模式的持续在未来日益困难。一方面，中国经济体量越来越大，正如一些市场人士所言，中国企业在国际市场上"买什么，什么贵；卖什么，什么便宜"。另一方面，体量大也有明显的好处，国内市场未来就有可能不断减轻"两头在外"的压力，供与求都在国内市场解决。所以关键问题是，金融如何把供与求联动起来支持经济创新增长。

供给侧：金融要有力支持经济创新

从供给侧来看，核心问题在于转变增长模式，让创新成为增长的主要动力，创新对于提升我们经济在国内国际市场的竞争力越来越重要。虽然未来要以国内市场为主，但我们对国际市场仍然要保持开放，产业必须具备国际竞争力才能可持续发展。

我们的金融体系过去有效地支持粗放式、要素投入型经济增长。但这种增长模式下的经济活动所面临的不确定性相对少，产品在国外可能已经有几十年甚至上百年的历史，我们在技术、市场、管理、营销渠道等众多环节面临的不确定性都很低，金融服务做起来也相对容易，尤其是风险管理压力不大。

金融未来要想有力地支持经济创新，管理风险的难度就会激增。因为创新必定会面临诸多不确定性，不确定性必定会增加对金融服务的要求。

经济增长模式要转变，金融发展模式也必然要跟着转变。金融要支持经济创新，有两方面工作要做，一是金融创新，二是市场化改革。

金融创新包括三方面。

第一，发展资本市场，提高直接融资比重。中国金融体系的显著特征是银行主导。金融体系中最大的市场参与者是商业银行。商业银行之前为大规模的制造业扩张提供资金，有效地支持了经济快速增长。一般而言，资本市场在支持创新时具有先天优势，比如在识别风险、耐心陪伴创业者成长等方面更擅长。因此，金融创新的首要任务是要发展资本市场，提高直接融资比重。从国际经验来看，美国、英国等国领先的金融体系都以资本市场为主导。我们目前也已经在做此类工作，将来还需要持续且加大力度。

第二，创新商业银行的业务模式。在可预见的未来，商业银行仍是我们最主要的金融渠道，因此需要创新商业银行的业务模式，以便承担支持经济创新的任务。银行主导的金融体系创新在国际上也不乏成功先例，德国、日本都是银行主导的金融体系，都有效地帮助企业掌握了国际前沿的经济技术。当前，中国的银行业务模式创新之路任重道远。

第三，发展数字金融。借力数字技术，金融可以更好地服务中小企业、民营企业，尤其是"专精特新"企业的融资需求。针对这些企业，传统金融机构通常缺乏有效的风控手段，但现在大数据可以帮助解决部分问题。目前比较成功的例子是一些新型互联网银行——微众银行、网商银行、新网银行等，这些机构做风控主要看数据，而非抵押品，能成功地把平均不良率控制在较低水平。如果把这套方法普及到传统银行，帮助它们对上市公司直接融资做风险分析，意味着我们在这方面有可能探索出一条新路。实际上，我国利用大数据做信用风险管理已经处于国际前沿水平。

除了金融创新，金融支持经济创新还离不开市场化改革，其中之一就是市场化风险定价。

中国政府已经花很大力气降低中小企业的融资成本，但风险和成本终究要匹配才可持续。支持中小企业融资，帮助他们获得贷款很重要，但同时也要注重基于市场化的风险定价。唯有如此，商业银行才能持续开展业务。

因此，从供给侧来看，只有进行一系列的改革，金融才有可能更好地支持经济创新。

需求侧：金融要有力支持消费

从需求侧来看，所谓三驾马车——投资、消费和出口，投资和出口一直很强劲，消费相对较疲软。全球金融危机以后，消费有所回升，但目前仍在拖后腿，尤其是疫情期间的经济复苏不力，关键消费起不来，对于国内大循环构成严重制约。

消费不振，即便投资很多也容易变成产能过剩。同时，消费萎靡也与第二个百年奋斗目标相违背。经济建设的根本目的在于不断满足人民群众对美好生活的需要，只有让老百姓的消费增长才能达标。

目前，我国消费占GDP的比重大概为55%，比世界平均水平大约低20个百分点，比英国、美国低25~30个百分点。

消费为什么不振或者不及预期？原因有三：

首先，我们的居民收入占GDP的比重不高，老百姓过于依赖劳动收入，缺少资产性收入；

其次，社会收入分配不平等程度较高，有钱人的消费倾向较低，该买的大多买过；穷人的消费倾向较高，但没钱消费；因此，收入分配不平等对社会消费总需求构成压制；

最后，社会保障体系需进一步完善，如果缺少社会保障，居民对未来的信心不足，大家有钱也不敢多消费。

如果这些问题得以解决，中国未来的消费依然可期。中国目前的社会零售总额从全球来看非常可观，今后如果能进一步释放14亿人口的消费潜力，同时保持可持续的经济增长，中国有望成为全世界最令人向往的消费大市场。

当前，消费方面有很多工作要做，我们不仅仅需要政府改善收入分配和完善社保体系等必要的改革，金融同样也有巨大的空间可为。比如，金融体系可以提高效率，进而提高社会总收入，让老百姓获得除劳动工资以外的资产性收入，从而有更多钱可用于消费；再比如，我们可以大力发展普惠金融，让处于弱势地位的中小微企业、低收入家庭和务农务工人员获得相应的金融服务，让整个社会的收入分配变得更加平等；还有，我们可以发展金融业尤其是保险业，让社会保障体系更完善。

综上所述，无论从供给侧还是需求侧，金融对于支持实体经济发展，对于支持创新型增长，对于支持消费升级和美好生活都大有可为。只要我们很好地把握金融发力的方向，提升金融体系的效率，并成功地控制风险，金融对于"双循环"新发展格局就能发挥更大的作用，从而助力我们第二个百年奋斗目标的顺利实现。

第五章

高质量发展

新结构视角下的高质量发展[①]

林毅夫

（北京大学博雅讲席教授、新结构经济学研究院院长、
国家发展研究院名誉院长、南南合作与发展学院名誉院长）

    发展是第一要务，发展是硬道理。这一点，我想每一个中国人都有非常深刻的体会。40多年前，刚刚改革开放的时候，深圳是一个小渔村，中国是世界上最贫穷的国家之一。按照世界银行的指标，当年我们的人均GDP只有156美元；而一般人印象中最贫困的地区——撒哈拉沙漠以南非洲国家，人均GDP是490美元。中国连这些国家的1/3都没有。但是，从1978年到2019年，我国的GDP取得了连续41年，平均每年9.4%的高速增长。以这么快的增长速度持续这么长的时间在人类历史上不曾有过，尤其是在人口这么多、底子这么薄的地方。中国在2010年的时候，经济规模超过日本，变成世界第二大经济体。2019年，中国的人均GDP达到10276美元，深圳地区的已经达到大约3万美元。过去40多年，我们有8亿人摆脱绝对贫困，对世界减贫事业的贡献超

[①] 本文根据作者于2020年11月22日在哈工大（深圳）深圳高质量发展与新结构研究院成立仪式暨深圳高质量发展与结构创新研讨会上的主题演讲整理。

过 70%。2020 年底，我们所有人口都消除了贫困，这也是人类历史上不曾有过的。也正是因为有了这么快速的发展，我们才能看到深圳从小渔村发展成一个引领世界的大型工业城市。

党的十九届五中全会提到，"十四五"期间，我们要以高质量发展为主题。我想从新结构经济学的视角来谈谈，为什么现在要提出高质量发展，高质量发展的主要内涵是什么，再来谈谈怎么实现高质量发展。

为什么要提出高质量发展

我想主要原因就是我们现在面临的主要矛盾发生了变化。过去的主要矛盾是人民日益增长的物质文化需求和落后生产力之间的不匹配。当时我们的收入水平低，发展以解决温饱为主要目的。经过 40 多年的发展，社会主要矛盾已经转化为人民日益增长的美好生活需要和不平衡不充分的发展之间的矛盾。对美好生活的需要就不只是量的问题了，还关系到质的问题。量还是需要增加，但是更重视质的提高。我想就是在这样一个背景之下，中央提出在"十四五"期间，必须以高质量发展为主题。而且我相信不只是"十四五"，因为主要矛盾的变化，中国未来的发展也必须以高质量发展为主题。

什么是高质量发展

习近平总书记在这方面有不少论述。我自己的体会是，最重要的是必须按照新发展理念来推动我们的发展。新发展理念有五个主要内涵：创新、协调、绿色、开放、共享。

创新发展与过去一个最大的差异在于，过去的发展主要依赖要素投入的增长，而创新发展必须靠效率、质量的不断提高。这要求在技术、生产、营销等各方面不断创新。在发展过程中，我们也必须解决城乡之间的差距、地区之间的差距问题，同时，实体经济和虚拟经济之间必须有所协调。发展必须做到环境越来越好，必须是可持续的，需要走绿色的道路。这样的发展，一方面，需要利用国内国际两个市场、两种资源；另一方面，这种开放式的发展，也可以把中国发展带来的好处、经验与世界上其他国家共享。最后，发展必须让全体人民共享好处，缩小城乡差距、贫富差距。所以，高质量发展必须同时做到这五个方面。

如何实现高质量发展

高质量的发展有上述五个维度，如何做才能不顾此失彼呢？从新结构经济学角度来看，最重要的是，一方面要按照比较优势来发展经济，另一方面要发挥有效市场和有为政府这两只手的作用。

首先，发挥比较优势的发展就需要有开放的经济。对于我们有比较优势的产业，我们可以多发展，并且将其出口到国外；对于我们没有比较优势的产业，可以利用国际资源（包括自然资源、技术资源等）。其次，由于比较优势是竞争优势的基础，发挥比较优势的发展效率最高、最可持续，因此可以创造更多就业机会，可以使最多的人共享发展成果。同时，因为有效率，整个社会的资源也会增加得最快，政府在经济发展过程中也就有更多的税收，有更大的能力来解决区域之间、城乡之间的差距，协调区域、城乡的发展。

怎样才能按照比较优势发展呢？尤其在创新时，如何按照比较优势来创新呢？新结构经济学根据三方面的标准来区分产业：第一，比较一个产业和世界前沿技术的差距；第二，看该产业是不是符合比较优势；

第三，看新产品、新技术研发周期的长短。

类似中国这样已经处于中等发达水平、很快会进入高收入水平的国家的产业，可以分成五大类。

第一类是追赶型产业。这类产业我们国内有，更为发达的国家也有。对于这样的产业，中国的比较优势在中低端，发达国家则在中高端具有比较优势；中国的附加价值比较低，它们的附加价值比较高。

第二类是领先型产业。这类产业我们的技术水平是世界上最领先的，这也是我们的比较优势。深圳有不少世界领先型的产业，例如华为在手机、5G领域，大疆在无人机领域，华大在生物基因和智能技术领域，等等。

第三类是转进型产业。例如劳动力密集型产业，尤其是劳动力密集型的加工业，过去我们有比较优势，但随着要素的积累、资本越来越丰富、工资水平越来越高，我们失去了比较优势。失去比较优势的产业必须转型。转型有两种方式：一部分可以向这个产业"微笑曲线"的两端发展，经营品牌、产品研发和市场渠道，这些附加值比较高；还有一部分在"微笑曲线"底端，比如低附加值的加工业，就必须转移或者退出。

第四类是换道超车型产业，亦称新兴型产业。这类产业的产品技术研发周期比较短，可能是12个月，顶多18个月。较短的研发周期会使得它以人力资本为主要投入，对金融资本需求相对较少。这类产业很多是20世纪80年代信息产业蓬勃发展以后产生的。和发达国家相比，我们的资本积累比不上发达国家两三百年的积累，但是我们在人力资本上并不处于劣势，同样有比较优势。这方面的典型就是所谓独角兽企业——新创的，成立不到10年，还没上市，市场估值已经超过10亿美元的企业。这样的企业，2019年全世界有494家，中国206家，美国203家，中国的数量与美国相比还略有领先；2020年，全世界有586家，美国 233 家，中国 227 家，中国的数量与美国不相上下。在这样的换道超车型、短研发周期产业上，我们同样有比较优势。

第五类是战略型产业。与第四类产业正好相反，它的产品和技术研发周期特别长，有的 10 年、20 年，甚至 30 年。产品和技术的研发当然需要人力资本，但是因为研发周期特别长，它所需的金融资本投入会非常大。这样的产业，按理说我们没有比较优势，但这个产业的产品有些与国防军工有关，没有它们就没有国防安全；有些是与经济安全有关，没有它们就可能被"卡脖子"，这一类我们也要发展。

怎样进行产业的创新

对于追赶型企业，发达国家在这个产业的中高端，技术水平比我们高，我们则在中低端。怎么朝着中高端追赶呢？必须有技术创新，技术创新的含义是在生产时所用的技术比现在好。这一类产业存在后来者优势，和发达国家同一产业的技术差距，让我们有可能以引进消化吸收的方式取得技术创新。怎么引进消化吸收呢？其实绝大多数的引进就是购买更好的设备，更好的设备包含了更好的技术。除了买进更好的设备，也可以用购买专利的方式，或者与国外先进企业合资生产。这是我们在追赶型产业中取得技术创新的方式，它主要以引进消化吸收为主。当然不代表不需要做一些自主研发。自主研发是在实用技术上的研发，是把引进的技术结合当地情况进行改进的研发。

对于领先型、换道超车型，以及战略型产业，要有新技术，基本上不可能从国外取得，只能靠自己的研究和发明获得。转进型产业的研发需要聚焦新产品，所以可以根据不同产业在各个地方的情形，按照比较优势进行技术创新。

要把按照比较优势创新的概念变成企业家的自主选择，必须有有效市场。通过市场竞争，能提供一个准确的价格信号，来看哪些产业有比较优势，哪些产业可能会失去比较优势，以及同样有比较优势的产业中，哪些有较好的市场前景，哪些市场前景比较暗淡。靠这种你追我赶的市场竞争，来促使企业改进技术、改进营销方式。企业获得更大利润的动力必须来自一个有效市场。这样才能按照比较优势进行技术创新、产业创新。

有效市场是外部环境。在有效市场中，还要发挥有为政府的作用。因为在经济发展、技术创新的过程中，存在市场失灵是必然的。必须给创新者一定激励。尤其是已经处于世界最前沿的领先型、弯道超车型以及战略型产业，它们的创新很多属于原始创新，如果没有知识产权的保护，企业进行创新的激励就会削弱。除了要有激励，最前沿的技术创新还包含基础科研的研究和新产品新技术的开发。企业愿意做的主要是开发，因为开发出来的产品和技术有专利的保护，基础科研的产出为公共知识。可是如果没有基础科研的突破，新产品、新技术的开发就会变成无源之水。由于这样的特性，不管在哪个发达国家，基础科研都主要是由政府来提供。这也是有为政府的一个重要内涵。

除了基础科研，随着经济的发展和产业的升级，对软硬件基础设施的新需求会不断产生，必须根据新产业、新技术的需要不断完善。软的基础设施包括人力资本、技术人才，硬的基础设施包括电力、交通网络、通信等。因为外部性，一般企业不太愿意做基础设施的投资，这容易变成发展的瓶颈，所以这方面也主要由政府承担。

对创新来讲，政府要发挥有为的作用，在一个竞争性的市场中，根据前文讲的五大类型产业的特性，来提供企业创新的外部环境和激励。同时在任何国家，尤其是中国这么大的国家，地区之间、城乡之间的差距必然存在。在发展的过程中，也需要政府改善落后地区的基础设施，提高当地公共服务的水平，这样的发展才会是协调的发展。

在发展的过程中要实现绿色可持续，必须有绿色技术。在全球气候变暖以后，大家才逐渐重视绿色技术，这是新的技术领域。中国作为一个大国，气候变化的很多影响会直接在国内呈现。所以要实现绿色可持续发展，就需要政府提供激励来鼓励绿色技术创新，同时用绿色技术带动传统产业的绿色转型。这些绿色技术的使用是有成本的。政府必须设置环境规则，开展环境监督，企业才会有积极性去进行绿色改造。

综上，从新结构经济学的角度来讲，高质量发展的最好方式是有效市场和有为政府这两只手共同发挥作用，引导企业，支持企业，按照各个地区、各个产业的特性，按照比较优势的基本原则来选择产业，发展经济。到2035年，我国完全有可能在2020年的基础上，GDP总量和城乡居民收入翻一番；到2049年，实现把我国建成富强民主文明和谐美丽的社会主义现代化强国的目标。

体制机制改革为高质量发展提供强大动力[1]

黄群慧

(中国社会科学院经济研究所研究员,中国社会科学院大学经济学院教授、博士生导师,中国企业管理研究会副会长、理事长)

高质量发展是全面建设社会主义现代化国家的首要任务,坚持高质量发展是新时代的硬道理。围绕党的中心任务谋划和部署改革,是党领导改革开放的成功经验。党的二十届三中全会通过的《中共中央关于进一步全面深化改革 推进中国式现代化的决定》(以下简称《决定》),把改革摆在更加突出的位置,聚焦构建高水平社会主义市场经济体制,以新发展理念为指引,立足新发展阶段,从进一步全面深化改革角度进行了系统部署和谋划,为以高质量发展全面推进中国式现代化提供了重要的体制机制保障。

进一步全面深化改革需更加突出问题导向,围绕高质量发展面临的突出问题,破除各方面体制机制弊端,构建更加成熟更加定型的制度体系。中国特色社会主义进入新时代,我国社会主要矛盾已经转化为人

---

[1] 本文原刊于《中国社会科学报》2024年8月29日A01版。

民日益增长的美好生活需要和不平衡不充分的发展之间的矛盾。习近平总书记指出,"推动高质量发展面临的突出问题依然是发展不平衡不充分"[1]。从高质量发展动力方面看,当前高质量发展面临的突出问题包括:支撑经济高质量发展的市场经济基础制度和市场体系还不健全,还需进一步激发各类经营主体的内生动力和创新活力,创新能力尚不适应高质量发展是我国经济发展的"阿喀琉斯之踵"[2],亟待加快塑造发展新动能优势,产业体系现代化水平有待提高,以开放促改革、促发展的体制机制还需进一步完善,等等。因此,针对发展的不平衡不充分问题,健全经济高质量发展的体制机制是进一步全面深化改革、推进中国式现代化的重大要求。

一是坚持和落实"两个毫不动摇",进一步激发各类经营主体共同发展的市场活力。《决定》提出,坚持和落实"两个毫不动摇",促进各种所有制经济优势互补、共同发展,加快建设更多世界一流企业。从深化国资国企改革看,要强化国有企业实现中国式现代化的使命导向,细化分类改革,着眼增强国有经济核心功能、提高核心竞争力,提出建立国有企业履行战略使命评价制度,推动国有资本向关系国家安全、国民经济命脉的重要行业和关键领域集中,推进重点行业自然垄断环节独立运营和竞争性环节市场化改革,持续推动国有资本和国有企业做强做优做大。从促进非公有制经济发展看,要加快推动民营经济专门立法,聚焦民营经济面临的市场准入、融资、拖欠账款等突出问题,保证各种所有制经济依法平等使用生产要素、公平参与市场竞争、同等受到法律保

---

[1] 《关于〈中共中央关于进一步全面深化改革、推进中国式现代化的决定〉的说明》,《人民日报》,2024 年 07 月 22 日 01 版。
[2] 阿喀琉斯之踵原指阿喀琉斯的脚后跟,因是其身体唯一一处没有浸泡到冥河水的地方,成为他唯一的弱点。现引申为致命的弱点、要害。

护，持续优化民营经济发展的法治环境、政策环境、市场环境。

二是加快建设高标准市场体系和健全宏观经济治理体系，进一步畅通国民经济循环。高水平社会主义市场经济体制是经济高质量发展的重要体制保障。《决定》要求构建高水平社会主义市场经济体制，构建全国统一大市场、完善市场经济基础制度以更好地发挥市场机制作用；要求健全宏观经济治理体系，实现科学的宏观调控、有效的政府治理，最终形成既"放得活"又"管得住"的体制机制，从而进一步畅通国民经济循环。构建全国统一大市场，要着力破除地方保护和市场分割，规范地方招商引资法规制度，推动地方探索招商引资新路径、新模式。同时要完善要素市场制度和规则，持续推动要素市场化配置改革，健全要素市场体系。完善市场经济基础制度，要持续完善产权保护、信息披露、市场准入、信用监管等制度，夯实市场经济的法治保障，依法平等保护各种所有制经济产权，加强知识产权保护。健全宏观经济治理体系，要健全国家经济社会发展规划制度体系，统筹推进财税、金融等重点领域改革，持续提升宏观政策取向一致性评估的质效。

三是健全推动产业体系现代化体制机制，进一步塑造高质量发展新动能新优势。首先，《决定》创造性地提出健全因地制宜发展新质生产力体制机制。以技术成熟度为维度，要求加强新领域新赛道制度供给，建立未来产业投入增长机制，完善推动新一代信息技术、人工智能、航空航天、新能源、新材料、高端装备、生物医药、量子科技等战略性产业发展政策和治理体系，以国家标准提升引领传统产业优化升级。其次，《决定》明确要求健全促进实体经济和数字经济深度融合制度。加快推进新型工业化，培育壮大先进制造业集群，加快产业模式和企业组织形态变革，以及加快构建促进数字经济发展体制机制，完善促进数字产业化和产业数字化政策体系。再次，《决定》提出要完善发展服务业、健全现代化基础设施建设的体制机制。构建新型基础设施规划和标准体系，健全新型基础设施融合利用机制，推进传统基础设施数字化改造，拓宽多元化投融资渠道，健全重大基础设施建设协调机制。最后，《决定》还强调要健全提升产业链供应链韧性和安全水平制度。针对能力缺失型、能力破坏型和能力响应型的产业安全问题，健全强化集成电路、工业母机、医疗装备、仪器仪表、基础软件、工业软件、先进材料等重点产业链发展体制机制，完善产业在国内梯度有序转移的协作机制，建设国家战略腹地和关键产业备份。

四是构建支持全面创新体制机制，进一步为高质量发展提供内生动力。推动经济高质量发展，习近平总书记强调，"发展是第一要务，人才是第一资源，创新是第一动力"[1]。《决定》明确提出，要统筹推进教育科技人才体制一体改革，健全新型举国体制，提升国家创新体系整体效能。在深化教育综合改革方面，加快建设高质量教育体系，分类推进高校改革，建立科技发展、国家战略需求牵引的学科设置调整机制和人才培育模式，形成同人口变化相协调的基本公共教育服务供给机制。在深化科研体制改革方面，坚持面向世界科技前沿、面向经济主战场、面向国家重大需求、面向人民生命健康，优化重大科技创新组织机制，统筹强化关键核心技术攻关，推动科技创新力量、要素配置、人才队伍体系化、建制化、协同化。加强国家战略科技力量建设，改进科技计划管理，强化企业科技创新主体地位，完善中央财政科技经费分配和管理使用机制，深化科技成果转化机制改革，允许科技人员在科技成果转化收益分配上有更大自主权，构建同科技创新相适应的科技金融体制。在深化人才发展体制机制改革方面，实施更加积极、更加开放、更加有效的

---

[1]《习近平李克强栗战书汪洋王沪宁赵乐际韩正分别参加全国人大会议一些代表团审议》，《人民日报》，2018年03月08日01版。

人才政策，加快建设国家战略人才力量，着力培养造就战略科学家、一流科技领军人才和创新团队、卓越工程师、大国工匠、高技能人才、一流产业技术工人队伍，完善人才有序流动机制，强化人才激励机制。

五是完善高水平对外开放体制机制，进一步培育以开放促改革的高质量发展新动力。当前，世界百年未有之大变局加速演进，要求我国统筹高质量发展和高水平安全，推动改革与开放互促互进，进一步以开放促改革、促发展。这需要进一步完善高水平对外开放体制机制，依托我国超大规模市场优势，在扩大国际合作中提升开放能力，塑造更高水平开放型经济新优势，形成推动高质量发展的新动力。《决定》围绕增强国内国际两个市场、两种资源的联动效应，提出稳步扩大制度型开放，主动对接国际高标准经贸规则，在产权保护、产业补贴等重点领域实现规则、规制、管理、标准相通相容，积极参与全球经济治理体系改革，提供更多全球公共产品；深化外贸体制、外商投资和对外投资管理体制改革，强化贸易政策和财税、金融、产业政策协同，打造贸易强国制度支撑和政策支持体系，营造市场化、法治化、国际化一流营商环境；优化区域开放布局，发挥"一国两制"制度优势，完善推进高质量共建"一带一路"机制，推动高质量共建"一带一路"走深走实。

中国经济高质量增长与新质生产力[①]

赵波

（北京大学国家发展研究院经济学长聘副教授）

众所周知，中国经济在 1978 年十一届三中全会之后经历了 40 多年的快速增长。未来中国的经济增长能否维持高速，进而成就新一轮增长奇迹，是本文探讨的主要内容。

中国经济增长阶段

通过梳理学界的分析，以及党和政府的有关文件，中国经济发展阶段有如下几个显著的时间节点划分。

1978—2016 年：高速增长阶段。从十一届三中全会到 2016 年，中国经历了很多事，例如双轨制改革、国有企业改革、加入 WTO、广泛参与国际贸易；也经历了全球金融危机、中美贸易战等挑战。这期间尽管有很多风险和不确定性，但是我们仍然实现了 GDP 年均 9.2% 的增

[①] 本文根据作者 2024 年 7 月 27 日在北大国发院 MBA 讲坛第 75 讲上的主题演讲整理。

长率。一个人口如此众多的大国能有如此超长时间的高速增长，这在经济发展史上是绝无仅有的。

2017—2049年：高质量发展阶段。2017年，党的十九大提出了高质量发展重要论述，要构建以国内大循环为主体、国内国际双循环相互促进的新发展格局。从2017年的十九大召开到新中国成立100年的2049年，是高质量发展阶段。

按照国家的部署和发展，这个阶段又可以分为两步。

2017—2035年：全面建成小康社会和高水平社会主义市场经济体制。从2017年到2035年，我们处于一个关键的发展阶段，这与二十大、二十届三中全会所提出的新目标紧密相连。这些目标与2035年的几个重要节点相吻合，届时我们要全面建成高水平的社会主义市场经济体制。在这个阶段，我们已经取得了一些显著成就，如通过多年的脱贫攻坚工作，在2021年全面实现了小康社会的建设目标，目前我们正在积极推动乡村振兴。将这些任务置于整个发展阶段考察，可以发现现在处于承前启后的重要节点，具有许多特殊性。这也与当前所面临的国内外复杂形势直接相关。

2035—2049年：全面建成社会主义现代化强国，基本实现全体人民共同富裕。如果能够在2035年前成功完成所有预计的基本任务，那么我们将进入另一个新阶段，向2049年全面建成社会主义现代化强国的目标迈进。

高质量增长的必要性

在当前发展阶段，最重要的问题是如何实现高质量发展。

从1978年开始，我们的经济增速虽然有所波动，但平均增速非常高，特别是在改革开放后的前 40 年，年均增速在 9.2% 左右。然而近些年来，尤其是从 2012 年以来，我国的经济增速不断下降。这既有全球次贷危机的冲击，也有新冠疫情和全球新一轮衰退的影响。经济潜在增速也从 2012 年前后的近 8.5% 降至现在的约 5%。

面对这样的数据，很多人感到悲观，担心中国经济是否出了问题，是否还能按照过去的高增长进一步改革下去。经济增速放缓不仅仅是数字的变化，更重要的是其背后的大量人口失业、老百姓的收入增长放缓、投资回报降低，关系到千千万万家庭的福祉。

因此，我们迫切需要搞清楚如何才能提升经济增速，或者避免它进一步下降。

总结过去的成功经验，不同的学者有不同的观点，但绝大多数人会认同的是：中国在改革开放头 40 年的成功主要得益于市场化的改革、投资驱动的发展战略、扩大开放与国际贸易、经济上财政分权等。

为什么那些成功经验在当前遭遇了挑战，无法维持过去的高增长呢？部分原因是经济内在规律的作用。当经济发展到一定阶段时，再增加资本投入对经济的促进作用会逐渐降低。例如，美国和"亚洲四小龙"等经济体都经历过快速增长阶段，但在增长后期都出现了增速逐渐下降的现象。

除此之外，我们面临着一些特殊的国内国际环境，包括产能过剩、内需不足、外部不确定性增加等。例如，房地产业过去是我国经济的支柱，但由于 2019 年之后国家推行"三条红线"政策，旨在遏制房地产企业过高的债务增长，导致房地产企业融资困难，投资大幅下降，进而影响了土地市场的拍卖，加剧了地方政府本就严峻的债务危机。同时，由于过去的房地产投资在我国整体投资中占有重要地位，因此经济中的投资需求下降得非常快，经济开始出现大幅度的增速放缓。

与此同时，我们所处的国际环境变得日益复杂，从中美贸易战到世界各地的局部冲突，各种不确定性因素影响了消费者和投资者对未来经济的信心。当信心不足时，他们会减少消费和投资，这带来了一系列急需解决的挑战。

我认为，发展新质生产力是应对上述挑战的重要手段，而发展新质生产力的核心是提高全要素生产率。

生产率可以简单理解为一种生产效率，它衡量了企业在相同要素投入下的产出能力，体现在宏观层面，就是一个国家整体的生产效率。为了衡量一个国家的生产效率，经济学家们采用了一系列生产计量方法在宏观层面进行估算。生产效率的变化不仅反映了技术进步，还体现了创新能力和要素资源配置的效率。

回顾历史，中国在改革开放头40年的平均经济增速约为9.5%，生产效率的提升在这一过程中发挥了至关重要的作用，贡献了5个百分点的经济增长率。特别是改革开放初期，计划经济向市场经济转变，极大地调动了劳动者的积极性，同时进行的国有企业改革释放了大量活力，淘汰了落后产能，保留了优秀企业。然而，自2010年以后，受全球金融危机的影响，中国经济增速开始下滑，全要素生产率增速也呈现下降趋势，目前维持在1%左右，即仅仅贡献1个百分点的经济增长。

可以发现，技术进步或创新对经济增长的贡献已大幅减少，从过去贡献了中国经济增速的超过一半降为现在的20%。这一现象提醒我们，生产效率和创新速度的放缓成为当前中国经济增长面临的突出问题，未来经济发展需要更加注重提升生产效率，以应对国内外环境的复杂变化。

因此，国家提出发展新质生产力，其核心在于提高全要素生产率，这一概念源自经济学理论，具有深刻的内在逻辑。

发展"新质生产力"的三个重要手段

针对当前增速下滑的挑战，我认为可从三方面着手提升国家的全要素生产率：一是科技创新，二是经济结构的持续转型与升级，三是构建全国统一大市场。

科技创新

科技创新作为提升全要素生产率的关键因素之一，重要性不言而喻。尽管并非全要素生产率的全部，但科技创新能力确实与国家的整体竞争力紧密相连。回顾中国过去的创新历程，我们在很大程度上采取了模仿式创新策略，即通过观察并模仿发达国家的技术成果来推动自身发展。例如，当看到发达国家成功制造了优质汽车或手机时，我们也迅速跟进，利用成本优势、快速学习能力、政府提供的招商引资优惠政策，以及庞大的市场规模，逐步掌握了这些技术的生产能力。

然而，这种模仿式创新模式在发展过程中逐渐显露出其局限性。随着我国越来越接近技术前沿，可学习的先进技术日益减少，加之专利保护制度的严格化以及发达国家出于国家安全考虑的技术出口限制，我们面临着前所未有的挑战和阻力。

因此，转向自主创新，加大自主研发和投入力度，成为我们突破瓶颈、实现可持续发展的必然选择。

事实上，中国在研发投入方面已经取得了显著成就。从第十个五年计划开始，我们就设定了明确的研发投入目标，并逐步实现了这些目标。2023 年，我国的研发投入占 GDP 的比重已有 2.6% 左右，不仅超过了"十五"期间设定的 2.5% 的目标，而且在全球高收入国家中处于相对较高的水平。尽管与美国、德国和日本等国的研发投入相比仍有一定差距，但已经超过了法国、加拿大和意大利等国家，展现出了强大的研发实力。中国还将继续加大研发投入力度，以期在未来达到3%左右的水平。

然而，需要指出的是，单纯增加研发投入并不能保证高质量的科研产出。高质量的研发需要深厚的基础学科积累作为支撑，而真正的原创性、自主性科研成果更是需要长期的积累和不懈的努力。因此，在加大研发投入的同时，我们还需要注重基础学科建设和人才培养，为科技创新提供坚实的支撑。

美国、德国等发达国家之所以研发质量卓越，主要得益于其强大的基础学科优势。从诺贝尔经济学奖、物理学奖、化学奖等自然科学奖项的密集程度来看，这些发达国家在基础学科具备显著优势。我国也已深刻认识到基础学科创新的重要性，二十届三中全会明确提出了要突破关键核心技术的目标。被媒体频繁报道的芯片制造领域的"卡脖子"技术难题，正是我们在基础学科支持上仍需加强的例证之一。目前，中国的基础研究经费占研发投入经费比重仅为8%左右，法国、加拿大、意大利等国家的整体研发强度未必高于中国，但它们在基础研究上的投入却是我们的2倍以上。

创新不能单纯依赖政府补贴。事实上，我国70%以上的创新活动是由企业（包括国企和私企）通过市场机制完成的。因此，一个健全的金融体系对于支持创新至关重要。中国的金融体系与西方发达国家有所不同，以银行为主导的融资结构使得企业资金主要源于银行贷款而非直接融资，如股票市场或天使投资、风险投资等。这种情况下，私营企业尤其是那些在金融体系中不占优势的企业，往往难以获得外部资金支持，只能依赖自有资金进行资本积累和创新，承受着巨大的压力。

为了应对这一挑战，二十届三中全会提出了"构建同科技创新相适应的科技金融体制，加强对国家重大科技任务和科技型中小企业的金融支持"的目标。

为实现这一目标，完善长期资本投入机制尤为关键。创新是一个长期且充满风险的过程，需要耐心和持续的资金支持。银行等传统金融机构往往更倾向于规避风险，不愿为高风险的创新项目提供资金。因此，我们需要建立一种能够支持早期创新项目的长期资本投入机制，确保创新活动在初期就能获得必要的金融支持。

此外，政府还应完善市场制度，帮助企业分散创新风险。虽然企业家天生具备承担风险的精神，但创新不仅关乎企业利益，更关乎全社会的发展。政府应通过政策引导和制度保障，为企业创造一个更加稳定、可预期的创新环境，降低其创新风险。

除金融市场之外，产权保护也是促进创新的重要因素。例如，清华大学某团队 AI 算法被美国大学生创业团队抄袭的事件，凸显了产权保护在技术创新中的重要作用。产权保护不仅是对创新者劳动成果的尊重，更是激励全社会创新活力的重要机制。通过专利等产权保护手段，为创新者提供一定期限的市场垄断权，从而激发其创新动力。这种制度安排虽然看似与垄断相关，实则是为了促进创新而设计的有效激励机制。

在探讨创新环境的构建时，制药行业提供了一个经典的例证。该行业以其极长的研发周期著称，一款新药的推出往往需要经历多轮严格的药物测试和临床试验，且最终仍有失败的风险。若对新药的产权保护不力，任由侵权行为泛滥，无疑会严重挫伤药品制造企业的创新积极性。这一逻辑同样适用于其他领域。

因此，中国在推动创新的过程中，必须从金融制度安排和产权保护机制两方面入手，进行全面配套，而非仅仅关注某个单一的数字指标。

此外，需要特别强调的是，创新行业必须保持其可竞争性。这意味着政府应避免通过行政手段赋予特定企业以排他性优势，如通过行政许可或行政垄断的方式指定少数企业承担创新任务。这种做法不仅可能损害市场效率，还可能抑制整体创新活力。我们应努力营造一个公平竞争的市场环境，鼓励更多企业参与创新活动，通过市场竞争来推动技术创新和产业升级。同时，也要警惕自然垄断的形成，确保市场的开放性和多样性。

经济结构的持续转型与升级

经济结构的持续转型与新质生产力提升之间的关联可能不如创新直接提升生产力那般显而易见，但也非常重要。从宏观层面看，产业结构主要由农业、工业和服务业三大部门构成，它们的占比及演变遵循一定的经济规律。自1978年以来，中国经历了显著的产业结构变迁。最初，农业是就业的主要领域，占据了70%的就业人口。随着时间推移，农业就业比例已降至30%以下，大量劳动力从农业转移到其他行业。特别是在20世纪90年代，制造业成为吸纳劳动力的主要部门，东南沿海城市的工厂如富士康等吸引了大量务工人员。这种从农业到制造业的转变，是产业结构转型的一个典型阶段。

随着经济进一步发展，产业结构继续优化升级。美国当前制造业和农业劳动力都不再占据主导地位，取而代之的是服务业的蓬勃发展，涵盖了教育、法律、医疗健康、金融等多个领域。这一转变表明，随着国家收入水平的提高，服务业占比相应增加是产业结构升级的内在规律。

中国同样遵循了这一规律。从1978年至2012年，制造业一直是中国经济的支柱产业，其增加值占比维持在48%左右。2012年是一个重要的转折点，此后服务业逐渐取代制造业，成为GDP的最大贡献者。2024年，制造业的GDP占比已降至33%，而服务业则占据了主导地位。

强调这一点的原因在于，中国经济增速的放缓与制造业占比的下降在时间上呈现出一定的重合性。这引发了学术界的广泛讨论，探讨二者之间是否存在相关性甚至因果关系。研究指出，制造业占比与经济增长速度，特别是全要素生产率的增速有着密切的联系。制造业因其技术创新活跃、生产效率提升迅速，对经济增长具有显著的拉动作用。因此，当制造业占比下降时，其对经济增长的拉动力也会相应减弱。

然而，这并不意味着我们应该放任制造业萎缩。尽管不同国家在发展过程中都会经历制造业先增后减，但相比低收入国家，高收入国家的制造业发展更为充分。这表明，在市场机制作用下，保持一定的制造业占比对于国家经济的长期稳定增长至关重要。

通过对比不同收入水平国家在不同发展阶段的制造业占比，可以进一步印证这一点。对低收入国家而言，随着收入水平的提升，制造业占比通常经历一个先增后减的过程。相比之下，即便在相同收入水平下，相比低收入国家，高收入国家的制造业占比也系统性地高出十多个百分点。这一现象揭示了发达国家制造业的强大优势，而低收入国家则往往因过早的去工业化，即制造业占比过早下降，而面临挑战，容易陷入中等收入陷阱，难以跨越至高收入国家行列。

中国当前正处于这一转型过程中的特定阶段。我们的制造业占比在改革开放初期就已接近高收入国家的平均水平，得益于早期对工业尤其是重工业的大量投资。大约自2012年起，制造业占比开始呈现下降趋势。在此背景下，中国能否延续发达国家的工业化路径，维持制造业占比在一定水平，成为亟待关注的重要议题。

制造业相较于服务业，具有产业链长、可贸易性强的传统优势。当前，中国出口的新三样——新能源汽车、太阳能光伏和锂电池均为制造业产品，其可贸易性直接促进了出口与经济增长。此外，制造业涉及较高的研发投入，而服务业相对较低。

"十四五"规划明确提出保持制造业比重稳定，并未进一步强调服务业的扩张，这已释放出明确信号，与以往发展规划有所不同。为支持实体经济，特别是制造业的发展，国家金融体系正加大资金投入力度。从贷款流向来看，工业贷款增速远超服务业，长期贷款增速更是达到服务业的两倍之多，显示出国家对制造业，尤其是高端制造业和装备制造领域的强大支持。这一趋势不仅体现了国家发展战略的导向，也为制造业的持续升级与转型提供了坚实的资金保障。

在接下来的时期，我们的产业发展导向将保持不变，新三样将继续作为我们独具特色的增长点。数字经济作为当前生产力的重要组成部分，重要性日益凸显。随着人工智能和数字化创新的深入发展，我们正经历第四次工业革命，而数字技术的广泛应用正是其显著特征。得益于庞大的国内市场和广阔的应用前景，中国在此方面拥有显著优势，无论是政府数字化还是企业数字化，都展现出巨大的潜力。目前，中国在数字化进程中的各项指标表现优异，推进速度快，相对于其他中高收入国家实现了"弯道超车"。这一成就与中国独特的国情和优势密不可分。

具体而言，中国在数字基础设施方面展现出明显优势，包括移动通信的高普及率、固定宽带的广泛接入、移动互联网的深入应用以及移动网络的全面覆盖。此外，较低的移动通信费用使更多人能够负担得起这些服务，进一步促进了数字经济的普及和发展。与巴西、印度、韩国和日本等国相比，中国的移动带宽费用最低，这充分体现了我们在数字基础设施建设上的投入与成效。

未来，我们应继续利用这些优势，推动制造业的数字化进程，并促进服务业的升级。需要强调，服务业并非不重要，而是需要细分和区分。服务业大致可分为消费性服务业和生产性服务业两类。消费性服务业直接面向消费者，如线上购物平台等。而生产性服务业则主要服务于企业，特别是制造业企业，如金融服务、审计服务、会计服务和法律服务等，这些服务的技术进步迅速，与制造业紧密相连。

观察高收入国家和低收入国家的产业结构可以发现，尽管某些低收入国家的服务业占比也不低，但其主要集中于消费性服务业，如尼泊尔等国，服务业占比高达百分之七八十，但其中多为消费性服务。而高收入国家的服务业中，生产性服务业占据重要地位，这反映了其产业结构的先进性和高效性。因此，在推动服务业发展的过程中，我们应注重提升生产性服务业的比重和质量，以更好地服务于制造业和整体经济的发展。

在未来，与推动制造业升级同等重要的是，我们应充分发挥生产性服务业的优势，以更有效地促进传统制造业的转型升级。实现这一目标的重要前提在于，我们的服务业必须达到足够高的水平。回顾中国加入WTO以来的历程，尽管我们曾承诺开放服务业，但时至今日，开放的步伐仍显有限。即便是在允许外资进入中国城市市场，如外资银行开展人民币业务等方面，实际进展也并未如预期般显著，服务业的整体发展速度依然偏缓。

要加速服务业的发展，单纯依靠政府的行政命令推动效率提升并非最佳途径。更为有效的策略是利用市场机制，其中扩大服务业开放是核心手段之一。通过引入竞争，服务业企业将面临更大的市场压力，从而激发其改进服务、提升效率的内在动力。这种竞争环境的营造，对于推动金融、健康、养老、教育等民生相关领域的深化改革与开放至关重要。

除金融领域之外，健康、养老、教育等民生服务业同样拥有广阔的开放空间。例如，党的二十届三中全会已明确提出教育领域的开放政策，鼓励国外理工类大学与中国大学合作办学，这不仅是教育开放的具体实践，也是服务业开放的重要方向之一。通过这些措施，我们有望进一步激活服务业市场活力，为制造业的转型升级提供更加坚实的支撑。

构建全国统一大市场

统一大市场对于经济发展的重要性不言而喻，尽管这一概念听起来较为抽象，但其核心在于实现市场资源的优化配置与高效整合。在中国市场经济体制下，市场在资源配置中应发挥基础性作用。然而，当前市场体系尚不完善，存在两个典型的问题，一是市场不充分问题，商品市场已经相对成熟，但资本、劳动力、产品及土地等关键要素在市场上仍十分欠缺；二是市场分割问题，这个问题尤为突出。

以资本市场为例，市场分割现象显著。在间接融资占主导地位的金融环境中，并非所有类型的企业都能获得平等对待，私营企业在融资方面相较于国有企业面临更大困难。数据显示，国有企业约60%的投资资金源于银行贷款，而私营企业的这一比例仅为30%左右。这一现象的背后，是国有企业与国有银行之间更为紧密的关系，以及政府在其中的隐性担保作用，这也导致私营企业在融资过程中处于不利地位。

此外，劳动力市场同样存在分割现象。以北京为例，户籍制度成为影响劳动力流动和资源配置的重要因素。北京户口的稀缺性不仅关乎个人身份认同，更直接关系到子女教育、购房、车牌使用等切身利益。这种与户籍挂钩的资源配置方式，限制了劳动力的自由流动和市场的统一发展。

自1958年实施的户籍制度，至今已显著滞后于劳动力流动的实际需求。当前，我们急需构建一个机制，以吸引并留住最优秀的人才于大城市，而非通过人为设置的壁垒将优秀人才拒之门外。应促进户口的自由流动，减少当前中国的户籍制度与诸多社会保障措施如医疗、养老等福利的关联度。值得欣慰的是，除特大城市外，许多地区已显著改善，且外地户籍人员在北京等地就医也能享受较高的报销比例。

然而，城乡差距依然显著。自改革开放初期至今，城乡收入差距始终维持在3倍左右。尽管部分归因于教育水平的差异，但即便在控制教育水平后，城市户籍人口的收入仍高于农村同等教育水平人口约30%。这一现象背后是城市进入壁垒的存在，迫使许多优秀劳动力留在农村，甚至接受低于其价值的薪资，这正是劳动力市场分割的体现。

为提高生产效率，我们既要追求技术进步，也要确保资源要素得到充分利用。若市场处于割裂状态，则意味着资源未能充分发挥其潜力，从而制约了生产效率的提升。

要打破这种分割，需政府层面付出巨大努力，且非中央政府一己之力所能及。地方政府的保护主义是形成市场分割的重要因素之一，因其目标与中央政府的目标不尽相同。因此，推动统一大市场建设，需中央与地方协同制订并执行配套方案。地方政府出于保护本地税收和发展的考虑，往往对外地企业设置门槛，倾向于将招投标机会留给本地企业，从而限制了市场的整体效能。若各地均持此心态，中国即使拥有庞大的市场规模，也难以形成统一的整体，无法充分发挥资源要素的潜力，自然也无法实现高效的生产力。

国家提出的统一大市场战略，核心在于消除这些壁垒。当前，许多显性壁垒已减少，但隐性壁垒依然存在。过去，对外地企业的限制往往明文规定，如今虽不再如此直接，但民营企业在实际经营中仍受到不公平待遇，这需引起高度重视并采取措施加以解决。在现实中常有一种现象，可形象地称为"玻璃门"效应：地方政府表面上热情洋溢，表示欢迎外来企业参与本地经济活动，如招投标等，但当企业试图深入参与时，却往往遭遇无形的阻碍，仿佛被一道透明的门阻挡在外。此外，还存在

"弹簧门"和"旋转门"现象，政策朝令夕改，初时承诺满满，不久便以各种理由收回承诺，企业难以捉摸，难以真正触及核心经济活动。这些现象深刻反映了当前在推进市场统一化过程中亟待解决的问题。

未来展望

展望未来，挑战尤为严峻。基于过去 40 余年的经验，我们需要转变思路，以应对迫在眉睫的挑战。中国经济的长期增长关键在于供给端的创新与发展，即如何寻找新的增长点或增长动力。从 2024 年上半年的数据来看，房地产对经济的拖累依然存在，尽管失业率有所下降，但居民消费恢复的速度远不及生产恢复的速度，中小微企业的复苏也滞后于大型企业。这种恢复的不平衡导致民众对经济复苏的感受与统计数据之间存在差距，进而产生"体感不佳"的现象。

因此，我认为，当前应着重从供给端发力，同时辅以需求端的刺激政策，以实现经济的稳步增长。具体而言，科技创新、产业结构升级以及构建全国统一大市场，是提升中国新质生产力的三大关键领域。

第六章

高水平开放

不要让贸易战动摇中国开放创新的基本原则[1]

姚洋

（北京大学博雅特聘教授、国家发展研究院经济学教授、
中国经济研究中心主任）

美国发动对中国的贸易战以来，国际形势变得更加错综复杂。我们国内也出现了新的思潮，一种是"脱钩论"，认为美国对中国的态度有了非常大的改变，美国未来的目标就是阻止中国崛起；一种是"自主创新"论，认为我们应该像以前那样不靠别人，完全靠自己来搞，坚持所谓自主创新。

我认为这两个判断都非常值得商榷。

要对中美脱钩论保持清醒

我们要保持清醒，真正想阻止中国崛起的美国人是极少数，大概也就是共和党中的强硬派，还有一些美国所谓的"Deep state"（深层政

---

[1] 本文根据作者于 2019 年 11 月 5 日在由《中国经营报》举办的"中国企业竞争力年会"上的演讲整理。

府），主要是军界和安全部门。这些人的数量很少，但他们的极端言论被过度放大了。像彼得·纳瓦罗这种人，在美国应该也是少数。

同时我们也要认识到，竞争不等于敌视，把中国当作竞争对手并不等于美国想阻止中国崛起。在某种程度上来说，竞争意味着平等。举个例子来说，以前美国就说中国是小老弟，我拍拍你，给你几颗糖吃，现在说我不给你糖吃了，因为你已经是成年人，要平等对待，这不是挺好的一件事吗？

我本人是不看好"脱钩论"的。

首先，美国的绝大多数人，特别是商界人士，并不愿意和中国脱钩。中国是一个巨大的市场，离开中国市场，很多美国高科技企业活不下去，至少很艰难。比如芯片产业，美国芯片产量的40%~60%销往中国，脱钩就意味着这个巨大的市场与他们无关。

其次，美国商界的本意是搭上特朗普的贸易战便车，真正的目标是让中国进一步向美国企业开放市场和让利。

中美贸易谈判的内容有很多涉及中国的国内政策。美国这么做的目标主要是两个：一是减少他们的贸易赤字；二是让美国企业都尽可能回到美国，增加本土税收和就业。中国如果继续深化改革，扩大开放，无疑会进一步优化营商环境，对国外企业的吸引力更大。如果美国企业更多地选择留在中国，这和特朗普的目标相矛盾。因此，我们要积极争取美国企业界的支持，加速国内的改革。

开放式创新是中国发展的必由之路

美国商界的本意不是脱钩，中国更要珍惜我们的开放环境，尤其是开放创新所带来的技术进步。

新中国成立后的头30年，我们用两代人的积累和牺牲换来了难得的技术进步，引爆了自己的原子弹，同时在空间技术、航天技术、导弹技术上取得了长足的进步，今天这些方面已经是世界一流水平，都和那30年的积累有关。

但这种闭门式的自主创新不可持续，代价过于昂贵。现在的年轻人，试问谁还愿意像邓稼先那样隐姓埋名28年，不告诉家人自己在哪里工作，最后因受辐射过重和过度辛劳而英年早逝？那样的时代已经过去了。我们不可能再付出那么高昂的代价去搞科研创新。

改革开放以来，我们的技术进步更快，但与那30年不同，我们并没有付出更高昂的代价，因为这些技术创新都是开放式的。高铁就是很好的例子。在没有技术基础的情况下，我们首先购买了日本、加拿大、法国和德国4个国家的技术，然后将其进行国产化。短短十几年，高铁基本实现国产化，这是一个非常成功的案例。如果没有开放整合，恐怕关起门来再干20年也干不出来。

面向未来，开放仍然是我们国家技术进步的主要方向和原则。当然，这并不是说开放创新就完全放弃了自主创新，两者完全不矛盾，只是说自主创新也应该以开放为基础。

必要的技术追赶和创新才适用产业政策

不管是开放式创新，还是自主创新，产业政策都是无法回避的话题，我本人不主张一概地肯定或否定产业政策。

大家都知道，北大国发院的两位学术带头人林毅夫老师和张维迎老师有过一个关于产业政策的争论。很多人问我：你作为院长，同意谁的？我的回答是：我是阶段论者、区域论者、项目论者。什么意思呢？

产业政策要不要搞，一定要看发展阶段、区域状况，也要看具体项目。项目的关键点就在于技术路线是不是明确。如果技术路线明确，只是缺人缺钱，那么产业政策就可以搞。

前文讲的高铁是一个例子，芯片也是一个例子。投资一个芯片工厂，起步就是300亿、400亿美元，不是哪个企业，甚至哪个地方政府轻易就能做的。所以国家集中投资武汉光谷的长江存储做存储器芯片是可行的，因为芯片的技术路径非常明确，缺的就是资本、经验和成品率。台积电的成品率能做到80%以上，我们的成品率可能只有70%。成品率低，成本就高，定价也下不来，自然无法参与竞争。所以，芯片行业就需要高举高打，头几年一定要多投入，把成品率做到80%以后就可以参与市场竞争。

必须坚持以市场创新为主

但是，多数创新的路径是不清楚的，特别是到达技术前沿之后，就像马化腾和任正非，他们的企业已经进入无人地带，他们的创新是高风险行为，必须有相匹配的市场结构才能分担风险和鼓励冒险。这种技术路线不明确的创新，风险一定要由分散的个体来承担，而不是由国家来承担。

我们通常看到的，都是创新极其成功的人，我们为之欢呼，为他们的投资回报率感叹。比如说孙正义投资马云，回报率大约2900倍。但实际上孙正义赚的是那些创新失败者的钱。因为马云和阿里巴巴这个级别的创新，成功概率大概也就是1/3000，如果回报率达不到3000倍，社会作为一个整体都没有人投资这样的创新了。政府不可能知道谁成谁败，也担不起这样的风险，这只能由市场来做。

中国走到今天，越来越接近世界技术的前沿，可以引进、模仿和整合的技术越来越少，未来的路径无人知晓，必须更多地依靠自主研发投入。这种情况下，就要依靠分散在市场上的创新者，而不是政府。比如在互联网、人工智能、区块链等很多领域，全球都在探索，这是很前沿的领域，政府不应该站出来主导创新，因为方向是极不确定的，这和芯片、高铁等技术方向已经确定的产业不同。政府在这方面的产业政策要把握好度。很多创新不用政府鼓励，真正的企业家自己就会去做，我接触的很多企业都在创新，自己一步一个脚印地往前走。这是中国未来的希望所在。

中国经济的外部挑战与应对思考[1]

查道炯

(北京大学南南合作与发展学院教授、国际关系学院教授)

如何理解中国经济的外部环境挑战

虽然国外舆论中提及与中国"脱钩""去风险"的频率在下降,但中国经济发展仍旧面临复杂的外部环境。一些高收入经济体似乎是完成了与中国在经贸、高科技领域减少互动的舆论动员而进入执行阶段。这是阶段性调整还是长期性趋势还有待观察。但是,我们有必要注意到,特别是在一些高收入国家,对全球经济互动的底层逻辑出现了越来越深刻的质疑。从中我们有必要看到未来中外经济互动的脆弱存在结构性。

第一,经贸往来是否能换得和平?十多年来,"去全球化""反思全球化"的呼声在欧洲和美国的决策精英、学术精英中一直具有吸引力。在他们的视野中,从20世纪80年代开始推动经济全球化,是期望推动出现一个不同国家和社会相互开放的世界,从而能给跨大西洋世界带来

---

[1] 本文根据作者于2024年接受网易财经智库专访的内容整理。

和平与稳定。虽然 2014 年的克里米亚事件和 2022 年开始的俄乌之争演变成军事冲突的原因众多，从欧洲和北约的立场看，欧洲一度力求通过与俄罗斯建立网格化的能源贸易基础设施等措施来换取持久性的和平环境，但未能如愿。俄乌冲突背景下，欧美的精英人士把经贸与和平之间关系的底层逻辑向包括台海、南海乃至东亚在内的其他地区延伸，推导出控制经贸往来反而有利于其自身和平。

第二，如何把握产品链和生产链的跨国关联度？新冠疫情对全球生产链造成了严重的冲击，之前产品贸易全球化的采购便利反而成为一种掣肘。用通俗的语言表达，"把饭碗端在自己手里"、"能自己造就自己造"的想法在增加。虽然类似的想法并不新颖，但疫情前对于跨国交易不确定性的压力并不明显，也没有持续数年的时间。疫情结束后，美国维持其对中国产品的高关税，理由便是追求其自身供应链的安全可控。

对中国而言，还有众多的境外市场可开拓，但历史上，我国与世界的经济联系主要在加工业和产品贸易领域，而维系市场间贸易往来还有大量中间环节，包括融资、保险、运输等。中国一直缺乏类似日本的综合商社（全球采购、全球销售），这也降低了在因政治外交而被制裁情形下，中国在市场实力层面的对冲实力。

第三，特别是对中国而言，如何应对日用消费品生产技术水平的扁平化？高科技、尖端科技领域的大国竞争往往受到极高关注，但容易被忽视的是，特别是在刚需性的日用消费品领域，生产技术已经开始扁平化。这个视角有利于理解为什么近年外资从中国转移出去似乎易如反掌。其实，多数日常生活用品的生产并不需要高科技，不少中低收入国家吸收新技术的能力很强，在全球技术链条中上升的速度也很快。所以，一些外资把在中国的生产环节撤走换到其他的国家照样能够生产质量和价格有竞争力的产品。这种跨国投资转移的效应可能是长期性的。

第四，还是对中国而言，应更加重视国际环境变化中的人的因素。人在外交中是一个极其重要的因素，这里所说的"人"不仅包括外交官，更包括普通人。在中国的生产性企业里，外国的工人、技工和管理人员比例一直偏低。增加这部分人员的数量，对维系中国和外部市场之间互动的韧性会起到积极作用。其实，过去20多年来，义乌、广州等城市的外贸具有活力，其中一个利好因素就是外国人常驻方面的政策。这样的做法值得更多城市借鉴。近年，对于一些国家的持普通护照的人员来华经商、旅游观光、过境等，中国恢复并扩大单方面免签政策，这有利于应对被"脱钩断链"。

如何应对新的国际环境挑战

面对外部环境的挑战，中国应该怎么办？

第一，要努力维持国家全局性的产业生态和活力。中国幅员辽阔，不同地区之间存在较大的发展差距，要努力避免国内的产业空心化，特别是中西部地区。

其实，特别是美国，维系其"去全球化"的社会性因素便是它没有做好国内的梯度转移。在中国，一些舆论认为，近年美国将其产业政策中推动制造业"回岸"归咎为来自中国的进口冲击是一种不友好行为。但是，这种做法不无道理。毕竟，在任何一个国家，欠发达地区的产业工人也同时是消费者，若是就业不足或失去工作机会，该国家对廉价消费品的支付能力会随之下降，社会问题也会恶化。

所以，中国要注意吸取美国、日本等高收入国家的经验教训，进一步做好梯度转移，把在国内比较发达的地区缺乏竞争力的产业转去国内不太发达的地区，以增强发达地区在国内和国际经济循环中的自我造血功能。其实，中国的铁路网、公路网等交通基础设施为梯度转移提供了良好的条件。

在当下和未来，国际经济循环中的竞争压力都不会减小，但不能因为一些产业被看成"低端产能"就将整个生产链转移到其他发展中国家。

第二，发挥产品集成能力强的优势。近年来，西方一些跨国公司开始将部分生产从中国转移到其他国家，这种转变一开始被称为"中国+1"，后来逐渐发展成"中国+n"。实际上，这种做法至少在10年前就开始了。

转移过程中，中国在整体上没能被替代，核心竞争力就是产品集成能力。在这点上，与其他中低收入国家相比，中国的优势是多方面的，包括国内的能源供应系统、交通运输系统，更重要的还有地方政策配套，也包括零部件生产能力的配套。

在继续努力吸引外资的同时，中国应继续整合、提高国内的生产配套能力，特别是大力发展生产性服务业，它跟制造业一样重要，是一个大行业。中国不必追求所有东西都在国内生产，但必须保持高水平的集成能力。

如何理解和推进人民币国际化

我的主要研究领域是国际政治而不是国际金融。从国际政治的角度来看人民币国际化，有三个视角。

第一，人民币已经国际化。国际货币基金组织创造了一种国际储备资产，并分配给成员国，作为其现有资金的补充，这就是特别提款权（SDR）。SDR是一个数字，但借款国拿到的是被纳入的货币。2016年

10月1日，人民币正式加入 IMF 的 SDR 货币篮子，这反映了国际社会对中国综合国力和改革开放成效的肯定与认可，也成为人民币国际化的重要里程碑。

第二，人民币结算稳步提升。2023 年 7 月，人民币在全球支付中的占比突破 3%。从贸易结算用货币看，2023 年 1—7 月，全球货物贸易中的人民币结算占比达 24%。从这组数据可以看出，人民币结算正稳步提升。

第三，人民币国际化的核心因素是用户群和便利度。观察人民币国际化的进度，有必要观察和研究海外用户群体的可选项，其中包括央行、商业银行、企业和个人。其中，每一类用户是否使用人民币、如何使用人民币，都涉及众多因素和各自的利益判断，是一个动态的过程。

我们要相信人民币的继续国际化是水到渠成的，最核心的竞争力还是看以它计价的产品、服务是否有足够的不可替代性，也包括使用便利程度。我们乐见人民币进一步国际化的同时，也不要忘记另一个特别重要的问题——金融风险。因此，人民币国际化不能操之过急，而是要稳步推进。

如何看待和运筹多边国际组织

国际问题的处理途径可分为两大类：双边和多边。不论是双边还是多边，都是在谋求利益磨合最大公约数。在讨论多边国际组织的用处之前，有必要理解"治理"和"全球治理"这两个词。

"治理"在中文里面有"落实总方针"的含义。比如街边停车收费，只有上位法、依法所设立的机构、机构雇员这三个条件都具备，收费行为才合法，街边有序停车的目标才能实现（也就是治理）。在国内事务中，法定的管理权争议较小，所以"治理"不难理解。

在国际事务中，英文的 governance（治理）则和中文的含义不同，它大致的意思是先建立一个机制，再去找可行的办法，而并没有像国内场景下的法定安排。所以，"全球治理"、"区域治理"或某个具体议题的治理，应理解为开放性的政策探索过程。联合国是最有代表性的多边组织，但它不具备行使世界政府的合法性或功能的权力。所有的多边组织都是一种安排，而且在本质上都是一种俱乐部：以共同利益和追求为基础，必须有贡献，是否参与及参与程度既取决于参与方的利益诉求，也取决于组织的管理适切度。

几乎所有的国际组织都面临一种"两难"，这主要源自代表性问题。一方面，要追求全面，不以国家大小、社会体制、宗教文化论亲疏，让大家都能够发声，这才是公平、合理的。另一方面，过于追求全面性会增加决策达成共识的难度。代表性高，决策效率往往就比较低。

为了追求效率，可以建立新的组织，建立所谓的微型多边或者少数多边的组织。但只要是多边，就离不开这道两难选择题。以世界贸易组织为例，为维持广泛的代表性，它选择了协商一致的决策过程，这就意味着每一个动议都必须得到所有成员的同意。WTO改革进程之所以缓慢，与其决策机制高度相关。

所以，对一国而言，是否加入多边组织，加入哪种多边组织，是一个开放、动态的选择，核心是对自身损益的判断。

如何理解和重塑中美关系

对于中美关系，两国学界和社会上的一些人士都有各自不同的观察视角。特别是从2017年以来，讨论两国关系时情绪化成分在上升。

随着新冠疫情在全球的结束，中美学界的面对面交流也逐步恢复，但都从全球性议题开始，例如气候变化、发展中国家的债务和人工智能的规则。这更多是因为双方特别是美方学者认为，只有这三个议题才是比较安全的。

不谈更直接涉及双边利益的议题，一是因为国际问题学者对国内事务和决策的了解比较浅显，二是因为各自都有"政治正确"的需求，还比较敏感。这样一来，交流过程中避实就虚的成分比较高。

很多人认为中美之间的情绪化交往始于 2017 年的贸易战。但是，从我所理解的美国对外经济政策、文化政策思维来看，自 200 多年前中美两个社会有往来开始，美国精英层面在思考对华关系时就带有一种情绪或者潜意识：美国与中国交往本质是一种"大度"（benevolence），中国则应以"感激"（gratitude）作为回报。

这与当代中国的学术精英们所理解的两国关系的理想状态不同。天下大同、互通有无、互学互鉴、共同进步才是中方所理解的两国交往的本质。

举个例子，如果我们把时间拉回第一次世界大战（1914—1918 年）之前，1909 年 9 月，京张铁路全线建成，打破了中国人不能自建铁路的断言。主持修建京张铁路的詹天佑是通过考试获得留洋名额的首批官派赴美留学幼童之一。那时候，美国就有人认为这是对中国的一种关照。既然关照中国了，中国就要有所回报，要"识趣"。

"识趣"是多方面的，包括政治体制、文化，甚至宗教、安全、同盟关系都要和美国"站在一起"或者长得越来越像。而中国文化的底层逻辑是互利共生。中国认为中美之间互通有无、合作双赢，生意、技术、知识方面都不存在着单向的输血。打个比方，如果没有病人，再高明的医生也没办法从事医务工作，更何况医生也并非免费提供服务。这就是两国很早以前就在认知上存在的差距。

所以，中美之间交往的心理基础确实不同，这是从两个社会接触以来就开始的，是一种文化性的差异。

近年来，中美之间的情绪化问题表现得更突出，客观、理性的成分当然也存在，只是在当下还不容易成为主流。一大因素是中国的能力提高明显，尤其是在技术方面。

目前的局面十分复杂，不能说哪一方就一定对，也不能说哪一方就一定错。如果把两个国家之间的关系看成两家公司之间的竞争，其中一家公司有条件、有空间能够垄断一个市场，一般不会乐见出现颠覆性竞争的局面。

企业为什么会有收购行为？因为企业愿意做垂直融合，收购的目的是壮大自己。被收购的一方则更希望水平融合，避免自己成为产业链的最底端。无论在公司层面还是国家层面，这种竞争都是一种正常的现象。

中美之间，或者说任何一对国家之间，都只有一个不断地去适应持续变化的国际往来生态的选项。讨论和思考中美关系都不能用特殊化、神秘化或者简单化的思维，若是情绪化叙事，则于己无益。

如何理解和处理中欧关系

发展与欧洲的关系对中国而言当然重要。但与欧洲交往，需要理解以下几个基本点。

第一，欧盟及其成员都在国际事务中发挥着作用。欧洲联盟由欧洲共同体发展而来，总部设在比利时首都布鲁塞尔，创始成员国有6个，分别为德国、法国、意大利、荷兰、比利时和卢森堡。现拥有27

个成员国，正式官方语言有 24 种。目前，北欧有一些国家还不是欧盟的成员国。中东欧一些国家虽已成为欧盟成员国，但接受欧盟的资助，在成员国里属于净受益的一方，所以和其他成员国所发挥的作用不尽一样。

欧盟是一个基于其成员国部分让渡主权而形成的区域性组织，其决策机制由"三驾马车"——欧洲议会、欧盟委员会、欧洲理事会构成。每一个机构都有代表整个欧洲处理涉外事务的权利。此外，欧盟还有专门负责外交与安全政策的高级代表（俗称"欧盟外长"）。所以，具体到一个议题，到底哪一位欧盟高官才代表欧盟立场，往往不容易分清。

欧盟及其成员国之间的对外政策到底是自下而上还是自上而下？过程相当复杂。一个对外政策从有意向到有所表达，到形成欧盟框架下的法律，再变成成员国的国内法律或政策，过程很漫长。所以，与欧洲交往，既要与欧盟的不同机构接触，也要与其成员国政府接触，因为它们谁也没有代谁行事的职能。

第二，思考中国应该如何与欧洲相处，要注意观察欧洲在全球事务中的竞争力究竟在哪里。欧洲社会普遍面临人口老龄化、劳动力不足等问题，其应对方法之一是不断吸纳新移民，同时让新移民从仅享有经济权利逐步过渡到也享有政治权利。

在我所理解的欧洲精英看世界的底层思维中，脆弱感比较明显。这种脆弱感主要来自经济地理禀赋的全球性对比。从欧洲看世界，自身未来的增长空间有限。美国地广人稀，且自然资源禀赋优良，因此对外政策的试错空间很大。中国，像战后的日本那样，经济增长和社会进步让欧洲吃惊，他们认为中国比日本更具全球性竞争力。

在参与世界竞争的过程中，欧洲在军事实力、资源禀赋、劳动力方面都处于相对劣势，其赢得竞争的工具之一是为国际交往特别是经济交往设置前瞻性规则。

历史上，欧洲是多种技术标准和标准组织的发源地。在应对气候变化等议题上，欧洲一直保持定力，零排放、碳中和等目标均源自欧洲，对进口商品征收碳关税也是欧洲发起的规则。当然，这些规则的设置都以保护欧洲业已取得的成就为前提。但当欧洲以人类的未来、地球的未来、全球的利益为由向全球推广相关规则时，就有了一种占据道德高地的意味。

第三，与欧洲交往，要放弃传统的"大国""小国"之分思维。欧洲的官员、学者经常提到"normative power"（规范性权力）这个词，也就是说，在国际事务上它要形成示范。这实质上是在提示外部世界，以国别经济总量等指标定"大国""小国"并不符合欧洲的价值观，欧洲要在国际事务中维持独立性，不愿也不会被任何国家利用。

特别是在经贸领域，中国在与欧洲互动的过程中，有必要重视欧洲立场背后的价值观。我们不难注意到，近年来，美国尽力在高技术领域拉欧洲一起与中国进行排他性竞争，但欧洲还是保持了较高程度的克制，其中的价值观之一便是技术进步和科学知识分享有利于全人类的发展。

从这个角度而言，欧洲更为理性。中国在处理与欧洲的关系时，应着重根据具体的项目来做判断，综合考虑产品、服务、行业间的利益契合程度。

第四，应开拓与欧洲在第三方市场展开合作的空间。不论如何解读历史上欧洲在发展中国家的足迹，当下和未来中国在其他中低收入国家开拓市场时，都应意识到那些社会与欧洲在法律法规、商业网络和规则、人文交往等领域都具有深厚的历史积淀。过去20多年来，欧洲积极推动与中国一起在非洲等地区展开三方发展合作，特别是在抗疟等医疗卫生领域取得了不少成就。

其实，在所有的国际经济交往活动中，每一方都既有自身的长处也难免存在盲区，三方合作有利于开阔视野，降低在发展中国家市场"边干边学"的学费成本。

从"一带一路"视角维持国际经济秩序[1]

黄益平

（北京大学博雅特聘教授、国家发展研究院院长、
南南合作与发展学院院长、数字金融研究中心主任）

当前，国际经济秩序正面临调整。"一带一路"倡议或许可以在维持或支持开放经济秩序中发挥关键性作用，其核心价值有二：一是坚持多边主义方针，二是保持开放的立场。

国际经济秩序已经发生变化

大多数人认为国际经济秩序发生了变化，但对于是否已经改变或者发生了什么样的改变看法不一。我的基本看法是，人类历时 200 多年形成过两次全球化浪潮。第一次是从 1860—1914 年，起点存在一定争议，但大致相同，终点是 1914 年第一次世界大战发生。

此次全球化进程中，有两个问题比较重要。第一，为什么第一次全

---

[1] 本文根据作者于 2023 年 6 月 10 日在第三届金融四十人曲江论坛暨"西部发展新征程与高质量共建'一带一路'"论坛上的主题演讲整理。

球化浪潮在 1860 年左右开始？其中一个重要原因是它紧跟第一次工业革命，蒸汽机在产业中的应用提高了效率、降低了成本。一方面，纺织业显现出规模效益，出现可供出售的过剩产品；另一方面，铁路、航运成本降低，贸易成本降低使贸易成为可能。伴随技术的改变，跨国的货物贸易和投资交流变得更加容易。

第二，为什么可以做国际交易？国际交易做不起来最大的问题就是没有国际政府来维持市场秩序。中国在交易过程中倾向于支持"有效市场、有为政府"。即使是认为政府不应发挥太多作用的人，也会同意维持市场秩序至关重要。但维持跨国交易的秩序比较难。第一次全球化中，英国领导、维持了一套公共秩序，直至 1914 年第一次世界大战爆发，国际秩序崩塌，国际经济交易无法维系。其中一种解读是德国对英国领导的国际秩序提出了挑战，所以第一次全球化结束。

第二次全球化开始的时间也存在争议，我认为始于 1971 年的布雷顿森林体系解体——美元和黄金脱钩，此后走向浮动汇率制度，跨境资本流动变得更加容易，国际贸易投资变得更加活跃。

此外，关于第二次全球化何时结束或者是否结束，存在更大的争议。第一次全球化的触发点是技术革命，而第二次全球化是政策改变导致的。浮动汇率制度和一系列的经济政策使各国之间的经济交易变得非常容易。

第一次全球化主要是在英国领导下的国际经济秩序，第二次全球化主要是由美国领导的体系。如今，这样的体系还能不能持续、有没有到终点尚未可知，不过可以在市场中观察到一些迹象。

一是 2018 年美国特朗普政府开始对一些国家挑起贸易冲突，这与其之前领导的开放的全球化贸易投资体系并不一致。在贸易摩擦持续一段时间后，有观点认为全球化就此结束。

二是 2022 年 2 月，美国领导 30 多个国家对俄罗斯进行金融制裁。制裁的重要内容是国际金融支付体系和美元的"武器化"，也就是说，美元本来是一种国际公共品，但在制裁中被"武器化"，风险溢价上升，这是对过去秩序的一个挑战。

三是美国政策立场的转变。2023 年 4 月，美国两位高官相继发表演讲，提到中美经济关系要注意控制风险。美国总统国家安全事务助理杰克·沙利文认为，过去实行全球化政策给美国带来了很多问题，比如金融体系泡沫、供应链不够稳健、中产阶层萎缩等。他认为中美经济关系中，美国改变不了中国，没必要对中国做过多干预，但美国要发挥政府的积极作用和产业政策的作用，《芯片与科学法案》便是一个典型例子。过去美国认为政府干预越少越好，市场越完善越好。如今美国的政策与过去相比发生了非常大的偏离，认为完全依靠市场是不够的，还要依靠产业政策和政府在经济中发挥作用。

如果这一套秩序真正地持续执行下去，无论全球化是否延续，过去 50 年美国倡导的一些政策制度可能会发生改变。2018 年特朗普政府对我国挑起贸易摩擦时，曾发布过一些文件批评我国的产业政策。尽管中美双方可能都不太喜欢对方的经济政策，但这些政策变得越来越像。

政策调整是正常的现象，美国一位历史学家曾写过一本书来追溯自由市场理念的变化。他认为把自由市场等同于放任自流是错误的，完全由市场主导并非最好的。这就是我们常说的建设有效市场和有为政府最终的问题是找到二者的平衡点。未来我们可能走向新的平衡点。

找平衡点的过程也会引发诸多问题。比如美国提出"小院高墙"政策，在某些关键领域和我国"脱钩"。可以看到，美国的经济政策发生了很大的变化，甚至超越了常规意义上的产业政策，比如强迫海外公司迁回美国本土。既然美国的政策立场发生了改变，那么美国领导下的经济秩序也有可能发生了改变。

我记得有本书上写到一句话，大意是，世界是怎么走到这一步的？美国现在竟然为保护主义辩护，而中国试图捍卫一个全球开放的市场体系。如这位作者所观察到的，中国的经济政策发生了变化，并正在进一步开放以维持市场经济的秩序。值得一提的是，过去 40 多年，改革开放是支持我国经济增长最重要的力量，即使到现在，市场依然在我国经济增长中发挥着非常重要的作用。因此，我们选择什么路径是非常重要的问题。美国虽有很多盟国，但倾向于单边主义，而单边主义能否成功尚未可知。

坚持维护多边主义道路和开放的经济秩序

美国智库专家认为，当今世界不再有过去那种可以为所欲为的超级大国。沙利文曾表示，美国不是与中国"脱钩"，而是与中国"去风险"。这个观点始于欧盟，欧美之间也存在差异，美国设想的未必能成功实施。

美国虽然是全世界最强大的国家，但也不能随心所欲。有专家认为，美国如果用产业政策发展科技、发展产业，最先受到冲击的是英国，因为英国也是领先国家，但是其脱欧以后完全没有实力与美国、中国、日本竞争，无法用产业政策和大量补贴来保持技术领先地位。

上述例子表明，国际秩序正在悄然改变，过去超级大国独力引领的局面已经无法继续。即便是美国，也会在一定程度上受到其盟国一些政策立场的牵制。比如在如今的环境下，《区域全面经济伙伴关系协定》（RCEP）生效并坚持是非常难得的。得益于中国与全球紧密的经济关联，很多发展中国家、发达国家都不愿意完全和中国"脱钩"。这也是我们维持和坚持多边主义的重要基础。

换个角度来看，我们也很难脱离全球经济。在前沿科技的创新方面，如果我们不能与世界保持高质量的交流，将会使科技创新面临挑战。伦敦两位学者研究发现，过去10年我国在很多前沿领域的技术创新和发展迅猛，不但数量多，质量增长也非常快，但2018年以后，一些领域的创新增长速度有所放缓。

不同国家创新能力强弱不同的原因有四点：一是知识产权保护；二是国家开放度，没有任何一个国家可以完全独立来研发所有的新技术，所以知识和人才的交流至关重要；三是公共研发机构的作用，尤其是基础科研需要这些机构来发挥重要作用；四是民营企业的作用，我国民企贡献了70%以上的技术创新。"双循环"中，国内经济循环变得越来越重要，但国际循环依然重要，我们必须继续坚持多边主义和开放立场，这关系到我们的长期发展。

通过共建"一带一路"推动坚持多边主义

首先，"一带一路"倡议对中国对外经济交流的作用日益凸显。我们以前的经济关系集中在发达国家，但如今与美国及其盟国的合作遇到压力，"一带一路"倡议给我们开拓了一片新的合作领域。在多边主义框架下，"一带一路"倡议变得前所未有的重要。

其次，中国要考虑将来是否需要建立一些最基本的政策框架。我们和各国打交道时，坚持"不干预"政策，通常只在经济上合作。但是现在越来越多的研究发现，"一带一路"沿线国家在和中国打交道时会形成某些共识，或者有些问题需要改进。这么多国家不太可能变成一个紧密的经济组织，也不太可能成为一个机构来统一协调，所以中国可能需要一些最基本的政策和共识。我们在对外支持方面有很多成功经验，比如建设基础设施、发展人力资本、支持经济发展等。但每个国家的情况不同，在具体做法上，既要将政治考虑和商业考虑相结合，也要将二者适当分离，比如融资援助或者借钱做项目。将来我们可以建立一个相对清晰的框架，对商业化运作和国际援助做出明显区分，因为过去我们在商业化运作中对非经济因素考虑得比较多。

"一带一路"倡议是由中国提出来的，而且我们有不少不错的想法和成功经验可以分享。我们之所以受到了很多国家的欢迎，是因为现行发达国家的做法不受欢迎或者不够好。"建桥"和"讲座"同样重要，我们需要和其他国际组织进行适当的协调，甚至要相互合作。

最后，充分的政策沟通有助于我们更好地在新国际秩序中发挥更重要的作用。沙利文提出的"小院高墙"并非科学的概念，但每个人都知道他将来要做什么。也就是说，他们认为，在大部分领域，中美该合作就合作，但在某些领域，出于国家安全考虑不宜合作。尽管"小院"到底划在哪、"高墙"究竟有多高都有争议，但其框架清晰，企业和市场都了解将来可能是什么样的框架。一些外国专家认为中国现在不欢迎外国投资，比如在新的政策框架下，中国不欢迎部分污染性企业，但其实中国非常欢迎外国投资。所以，我们需要充分交流、阐明框架，这有助于我们推动建立新的国际经济秩序。

"一带一路"的"四轮驱动"机制——深化未来合作需创新投融资模式①

卢锋

(北京大学国家发展研究院校友学院发展基金讲席教授)

自 2013 年提出"一带一路"倡议以来,相关合作取得许多成就,其中最具既视感和影响力的应属大规模基建提升了参与国互联互通的水平。2023 年 10 月 19 日发布的《第三届"一带一路"国际合作高峰论坛主席声明》指出,"一带一路"倡议提出以来,中国与各方合作"开展了 3000 多个务实项目,拉动近 1 万亿美元投资"。大规模基建改变了世界经济版图,提升了参与国的工业化水平与民生福祉,这也成为当代国际经济合作发展的教科书级案例。

为什么"一带一路"合作下的大规模基建成效显著?中国为何能发挥特殊推动作用? 2015 年笔者和合作者在《为什么是中国?——"一带一路"的经济逻辑》一文中,从工程建造、工业制造、国民储蓄及外汇储备等方面讨论了我国推进"一带一路"合作的优势条件。从过去

---

① 本文根据作者于 2023 年 10 月 25 日在中国经济观察报告会第 66 期上的主题演讲整理。

10 年以及 21 世纪初开始"走出去"的实践经验看，上述优势条件具体表现为四种能力实际转换为"四轮驱动"作用，这四种能力为：一是我国企业大规模承包国际工程的能力，二是工程实施中通过贸易对相关设备、材料的配套供给能力，三是通过直接投资与各类基金提供直接融资的能力，四是通过多种机构、各种贷款提供债务融资的能力。

下面首先从东道国诉求与现实制约角度讨论"四轮驱动"概念，然后分别考察我国的四种能力提升及其在"一带一路"合作中的开展情况，最后结合近年全球主权债务风险影响阐述未来深化合作需创新投融资模式的原因。

东道国的诉求与现实制约

"一带一路"沿线不少国家的经济发展水平和工业化水平相对落后，他们都知道"想致富，先修路"的经济发展道理，希望通过大规模基础设施建设推动经济发展。然而，与其普遍的国情相联系，这些国家通常面临多方面制约。

首先是工程建造层面的制约。中国在长期发展中逐渐培养出了大规模工程建设能力，这需要时间和经验的积累，也需要国民经济规模和结构方面的具体条件，"一带一路"沿线的很多国家缺乏建造大规模现代工程的能力。另外，大规模基建需要各种机械设备和材料物资，对此，很多国家仅靠国内的生产系统也难以满足。

其次是融资方面的制约。大规模基建通常需要巨额投资，还需要出口创汇能力作为配套。然而很多国家缺乏必要的储蓄动员能力，同时面临出口创汇能力不足限制，这也是发展经济学领域"双缺口"模型的基本假定，由此构成宏观经济层面的制约。

在开放经济环境下，理论上可以通过外贸和外部融资方式打破上述限制。例如工程建筑和设备材料制约，可通过进口劳务和货物来解决，在国际承包工程市场发包并邀请外国承包商承建。又如对于"双缺口"体现的融资能力限制，则可以通过多边金融机构、外国政府和金融机构、国际资本市场等外部融资渠道加以弥补。

需要指出，在开放环境下解决这两类制约，应对措施具有难易之别。对于建造能力制约，如果东道国有足够的资金，可以直接在国际承包工程市场上购买资本品和劳务。在融资制约方面，虽然世界银行等多边金融机构会向发展中国家提供援助性贷款，然而资金规模有限，通常供不应求；如果要利用国际资本市场融资，又往往会面临信用不足和收益率过高而难以承受等问题。现实中，如何得到融资支持往往更为关键。

中国引领推进"一带一路"合作能很快在大规模基建领域彰显成效，机制性原因在于上述四种能力为打破相关约束，特别是融资制约提供了系统性匹配条件与闭环性解决方案。

"四轮驱动"之一：对外承包工程

中国在计划经济时期帮助一些友好国家进行了基础设施建设，例如坦赞铁路。不过本文讨论的通过对外承包工程合作实施的境外各类基建，是基于市场机制并大都通过国际市场竞争实现的，这是改革开放时代特别是 21 世纪后出现和展开的。

1978 年国务院批准《关于拟开展对外承包建筑工程的报告》，肯定"组织我国建筑力量进入国际市场"的积极意义，组建了几家窗口型公司，开启了用市场化方式对外承包工程的先河。进入 21 世纪，在多种因素推动下，对外承包工程迎来快速增长：国家鼓励"走出去"，曾专门提出融资措施予以支持，国内基础设施建造能力随着国内城市化和工业化进程快速提升，国际收支从早先面临逆差转变为双顺差并伴随外汇储备规模猛增。

2013年我国提出"一带一路"倡议，推动相关国际经贸合作规模达到前所未有的水平，对外工程承包从21世纪初的合同额每年不到100亿美元，迅速增长到近几年新签合同额约2500亿美元，其中完成合同额达到1500亿~1700亿美元。亚洲和非洲的工程占到我国对外承包工程总量的80%左右，一定程度上表明我国在与中低收入发展中国家的承包工程合作中更具竞争力。

不过数据显示，近年我国对外承包工程增长呈现回落趋势，新签合同额从2017年的峰值徘徊回落，2019年以后完成营业额也显著回落。这提示我们，共建"一带一路"的合作出现了一些新情况、新矛盾需要应对。

"四轮驱动"之二：设备和材料

"一带一路"基建工程的实施需投入大量设备、材料等资本品，我国在"一带一路"工程承包中通常也会提供一定比例的配套设备和材料。我国拥有比较全面和发达的工业体系，具备对于诸多基建项目所需设备和材料等资本品的供给配套能力。

从国际经验看，一国对发展中国家提供优惠条件（如优惠贷款）合作实施基建投资项目时，一般倾向于由本国提供项目实施需要的设备和材料。我国实施这类项目时自然也愿意由国内供给相关配套设备、材料，相关政策对此也包含鼓励性内容。就此而言，"一带一路"合作推动的大规模基建承包工程，对于释放国内相关行业的产能过剩压力不无积极意义。

虽未能获得中国与"一带一路"沿线国家因为上述基建项目合作派生的设备、材料等资本品的贸易数据，但从整体贸易数据看，我国与"一带一路"共建国家的贸易额从2000年不到50亿美元上升到2019年的1447.4亿美元，其中数十倍增长的相当部分应与基建合作派生的配套设备、材料等的贸易有关。然而2021年以后相关贸易额指数出现高位波动回落，2023年一度出现月度负增长。

"四轮驱动"之三：对外直接投资

大规模基建通常需要投入巨额资金。有些高收入和发达国家有能力自行提供资金推进基建项目，这时即便国内工程建造能力不足，仍不难在国际劳务工程市场上通过招标购买工程承包服务。不过从国际工程承包商角度看，这类现汇项目通常面临激烈竞争，供不应求。

"一带一路"沿线国家大部分是中低收入国家，不少是低收入国家，通常比较缺乏国内融资能力，外部融资也面临较多制约，中国较强的融资供给能力对于推动相关合作发挥了关键作用。中国对于共建"一带一路"的诸多融资方式大体可分为两类：一是对外直接投资（OFDI）和各类基金实施的直接融资，二是各种金融机构提供的不同条件信贷的债务融资。

数据显示，我国OFDI金额从2004年的55亿美元，快速增长到2016年的峰值1961.5亿美元；虽然2016—2019年规模下降，但在2021年回升到了1788.2亿美元。从我国对"一带一路"沿线国家的投资规模来看，我国OFDI金额从2015年的148.2亿美元上升至2022年的209.7亿美元，对沿线国家直接投资占所有对外直接投资的比例也从2015年的13.8%上升至2022年的17.9%。

对外直接投资意味着我国企业在东道国投资工厂、矿山、交通运输等基础设施相关项目，为此可能需要展开较大规模的基建工程。直接投资为东道国带来储蓄和外汇，有助于打破这些国家的"双缺口"限制。从中国发展的经验看，我国开放的一个重要特点是吸引了大量外部直接投资，这对我国的经济转型发挥了积极作用。中国当前对于共建"一带一路"的直接投资也具有类似作用。

中国还设立了多种基金支持对共建"一带一路"的投资，包括债权、可转债等投资工具，但是以直接投资为主。最著名的应属我国为"一带一路"倡议配套融资措施专门设立的中长期股权投资基金——丝路基金，截至2022年底，该基金承诺投资金额已超过200亿美元。

此外我国创设了多只国际性基金和地方性基金支持共建"一带一路"的投融资。据报道，截至2018年7月，与共建"一带一路"相关的国际性基金共有23只，合计规模超过1万亿元人民币。如2016年设立的中非产能合作基金，截至2021年3月已累计投资21个项目。另据有关机构数据，2014—2017年先后成立52只地方性丝路基金，总资金规模达3081.55亿元，其中国有资本占比高达87%。

"四轮驱动"之四：信贷债务融资

从具体情况来看，各类贷款债务融资是我国向"一带一路"沿线国家大规模基建提供资金支持的最重要方式。不少案例显示，我国与"一带一路"参与国就特定基建项目达成的合作计划，往往包含国内特定金融机构提供贷款支持等内容。

与计划经济时期对外融资基本采取无偿捐赠和无息贷款方式不同，改革开放时期特别是 21 世纪以来，我国对涉外信贷融资进行了多次体制和政策调整创新，形成了以官方援助为引导、政策性金融机构为主力、各类市场性金融主体积极参与的极具特色的多元化债务融资体系，这对于推进"一带一路"互联互通合作发挥了重要作用。

我国有关部门未系统提供对外贷款等债权信息，因而定量考察"一带一路"信贷融资需借助国际组织和研究机构创建维护的数据库信息，其中被利用较多的是世界银行国际债务统计数据库。世界银行有关数据库涵盖 120 多个国家和地区，其中绝大部分是"一带一路"合作参与国。世界银行数据库虽然或低估我国对这些国家的债权，但仍是相关研究较为可靠的数据来源。

世界银行数据库显示，我国对低中收入国家的债权额从 21 世纪初的 55.5 亿美元增长到了 2021 年的 1799.8 亿美元，增长 20 多倍。不过近年相关债权增长持续减速，2021 年增速回落到 2%。从世界银行数据库的数据看，我国对低、中收入国家的债权相对其总债权占比并不高：占低中收入国家总体债务比重不到 3%，在低收入国家占比超过 10%。不过我国对外债权在低、中收入国家的双边官方债权中占比最高，达到 30.4%。

我国对"一带一路"共建国家的债权同样经历快速增长。数据表明，21 世纪以来我国对狭义和广义"一带一路"共建国家的债权额分别从 2000 年的 23.25 亿美元和 62.07 亿美元增长至 2021 年的 789.99 亿美元和 1752.46 亿美元，增幅超过 30 倍，高于世界银行数据库样本国的债权整体增幅。不过过去十余年我国对狭义与广义"一带一路"共建国的债权增速也呈现下降趋势，2021 年分别降到 7% 和 2.8%。

主权债务风险影响

我国四种能力优势的现实发挥形成了推进"一带一路"合作的"四轮驱动"机制，不过数据显示，近年来我国在共建国家的承包工程、国际贸易、债务融资规模等增速回落甚至出现负增长，表明原有合作机制在新的全球经济环境下面临某些瓶颈和制约。新形势的成因是多方面的，就外部环境而言，较多发展中国家大约自2015年以来国内经济增长动能减弱，尤其是部分国家主权债务风险上升，对原有合作机制提出了新挑战。

历史上，发展中国家不乏主权债务风险集中释放的经历。如20世纪80—90年代拉美主权债务危机、"重债穷国"（HIPC）债务危机先后密集发生，后经国际合作多边治理，危机先后化解，到21世纪第二个10年初，全球主权债务风险整体降低到当代较低水平。近年来，新一轮主权债务违约风险再现，截至2023年8月数据，广义债务违约国家达到22个，占比10.2%。

除了疫情冲击外，发展中国家内外环境的多重演变也推动形成新一轮主权债务风险的上升形势。其一，债务规模的空前扩张构成了主权债务风险的基本背景；其二，发展中国家经济走弱是债务风险上升的根源；其三，美西方大通胀与宏观周期逆转是加剧主权债务风险的重要推手；其四，国际合作治理能力不足对于主权债务风险防控形成掣肘。

目前，债务风险已经成为推动和深化"一带一路"合作的现实制约因素之一。如果说我国在沿线国家承包工程是推进大规模基建和互联互通的主要抓手，那么债务风险倒逼信贷融资调整可能形成两方面的制约效应：一是东道国举债空间相对收缩，兴建大型工程的现实需求阶段性减弱，这可能制约我国在这些国家承包工程的扩张速度和节奏；二是某些已陷入严重债务困境的沿线国家，其新增债务可投入基建的投资比例会相应下降，进一步制约承包工程与基建投资增长。未来深化拓展"一带一路"合作需针对上述问题创新投融资方式。

小结和讨论

"一带一路"沿线国家的大规模基建对于提升互联互通水平成效彰显，实证研究该领域合作规模多年来的快速扩大与近年调整的经济逻辑和规律，对我国深化"一带一路"合作应有现实意义。依据对东道国政策诉求与现实制约的观察，我国同时拥有现代工程建造能力与大规模融资能力，这两种能力是促成"一带一路"合作基建成效彰显的关键条件。从实际情况看，工程承包和设备、材料配套能力在国际市场上较容易寻求替代，债务融资能力替代性较低、现实稀缺度较高，上述能力的"系统性匹配"是我国快速推进"一带一路"合作的密码。

随着近年来全球主权债务风险释放，我国债务融资节奏放缓并伴随工程承包的减速调整，债务风险导致我国债务融资能力下降，这也成为深化"一带一路"合作所面临的新制约因素。为推动"一带一路"合作行稳致远，需针对现实矛盾进一步创新投融资模式。政策上，要重点强化融资各环节的风险识别防范，采取具体措施提升"一带一路"合作资金融通的可持续性与稳健度。

第一，综合评估东道国经济发展情况与债务风险，逆周期调节大规模基建节奏，重视小而美的、效率高的项目；第二，在对外承包领域基于市场化原则逐步提高项目融资比例，适度调减对政策性融资的依赖程度；第三，进一步探索推进工程承包企业的"投融建营"模式，通过改进项目实施微观机制，以加强风险识别防范；第四，以投融资风险的事前识别、事中防范、事后治理为抓手，提升"一带一路"合作国之间政策沟通的有效性；第五，在坚持科学有效治理、合理分配负担的前提下，积极参与和推进全球主权债务风险的多边治理。

变局时代的大国战略[1]

姚洋

(北京大学博雅特聘教授、国家发展研究院经济学教授、
中国经济研究中心主任)

如何理解开放与改革的关系？

改革开放的序幕在中华大地徐徐拉开，从 1978 年至今已走过 40 多年的历程。有些人一听到"改革开放"这个词就认为改革和开放是同时进行的，事实上我认为我们的开放要早于改革——开放真正的起点是 1972 年，不是 1978 年。

早在 1971 年 7 月，时任美国总统国家安全事务助理基辛格秘密访华，与中方携手促成了时任美国总统尼克松访华。1972 年 2 月 21 日，尼克松一行抵达北京，对中国进行了为期 7 天的访问，中美实现了历史性的握手，结束了两国长期隔绝的状态。从某种意义上可以说，这就是中国改革开放的前奏。

---

[1] 本文根据 2023—2024 年北大国发院与网易财经、抖音联合推出的系列深度专访《中国经济新动能》对作者的专访整理。

1972 年，我还在上小学，但是我们小学到晚上就变成了一个夜校，像我父亲那样的人就会来学校学英语。整个社会很明显地发生了变化。中国也开始走向世界，还会送小留学生出去留学，像我们现在知道的很多名人都是在那个时代被送出去的。

　　中国当时打开国门与整个国际形势的变化有关。当时中国选择开放，尤其是中美恢复和扩大交往，未必都是源于苏联的压力，还有美国经济全球化的内在动力。当然这一切并非像春夏秋冬的更替一样自然发生，也有一定的偶然性。

　　1979 年 1 月 1 日，中美两国正式建立外交关系，中国的开放才走上了正轨。从此，中国的改革与开放同频共振。

　　中国早期的开放始于国家层面、政府层面，因为民间不太可能没有政府允许而去独自开放。因此，开放是有序推进的，并非一下子全部放开。

为什么中国的开放比较成功？

　　研究过发展经济学的人不难发现一个现实——开放本身未必能促进经济增长。因为世界上绝大多数国家的经济都是开放的，有些经济体开放度极高，但开放程度与进步和发达程度并不呈现正比例关系，有不少国家一直很开放却又一直很落后。

　　开放能够成功的前提之一，是必须具备一定的工业基础，同时国民要有一定的受教育水平。否则一开放，所有的东西都依赖国外，连优秀的工人都没有，制造的产品没有一样拥有质优价廉的优势，其开放不太可能成功。中国在开放之前已经开展了 30 多年的工业化，再往前推，从 19 世纪 60 年代的洋务运动开始，就已经建立起自己的工业体系。

开放所带来的外来资本、技术、文化等，只有能够和本国原来的这些要素、基础组合，才能达到促进经济增长的效果。正因如此，从经济增长的角度来评价开放带来的实际价值会更好。

大国与小国的开放有何不同？

中国的开放不是一下就打开了，什么都可以做，而是有步骤、有管理地开放。

回顾中国这40多年的开放历程和节奏，可以看出，从某种程度来说，中国的开放是一种受管理的开放。一开始是欢迎外资，以此为突破口建立经济特区，在特区里做一些试验。在汇率、资本流动方面的开放是逐步推进的，1994年，中国实行人民币汇率的并轨，从1978年算起，等了16年的时间。至今，我们的资本账户也没有完全开放。

当然，中国能做到这一点，一方面是因为有一个自主权很高的政府，对经济发展也不断形成自己的理解和章法；另一方面是中国本身是一个大国，回旋余地大。中国如果是一个弹丸小国，可能就没有办法逐步开放。很多小国一旦遇到经济困难，需要国际机构或大国的援助，往往就不得不接受援助方案里的前提条件，其中多是这些小国必须开放。所以小国往往是被迫开放，而且是一次性开放，因为根本没有分地区、分步骤开放的空间。

一个国家应该在管理开放方面做大量的工作，哪些领域可以先开放、哪些区域有必要先开放、哪些领域要谨慎开放，这是非常重要的，也非常考验政府的定力和智慧。

如何理解全球化的进程？

经过 40 多年的改革开放，不仅是中国发生了巨变，世界格局也发生了很大的变化。但世界格局的变化不仅与中国的巨变有关，与全球化的底层逻辑也有很大关系。

如果把全球化看成一个整体的事物，二战恰恰属于全球化最冷的时期，各个国家之间产生了极其严重的对抗。二战之后就形成了美苏两大阵营，两个阵营各自的成员之间因为二战结成了盟友，加深了合作，也推进了很多全球化技术与多边合作组织的发展。

二战之后，全世界都被裹挟到了新一轮的全球化进程中，世界各国的历史脉搏更加同步了。以前各个国家自己做自己的，彼此没有多少相似和相通之处。二战之后整个世界朝着所谓的一体化方向发展，特别是中国开放、印度开放、苏联解体之后，从 20 世纪 90 年代到 21 世纪头 10 年，这 20 年间的全球化是一种超级全球化。

当全球化到达顶点的时候，也是大家需要反思的时候。美国在那个时候已经开始考虑这一问题，只不过有很多机缘巧合，所以没有去推动。美国政治学者弗朗西斯·福山的名著《历史的终结与最后的人》，就是在全球化达到最高峰时写的，所以他才那么自信，认为整个世界都要一体化了，历史要终结了。

过去这十多年，整个世界开始收缩了，这可能也是历史的脉动之一。我不想用"逆全球化"这个词来形容，打个比方，这种现象就像一年四季，有春天、夏天、秋天，现在可能来到了冬天。农作的时候，冬天大家要处理一些日常工作，计划一下明年该干什么。冬天之后，又一个新的春天要到来了，所以世界各个国家都在做同样的事情，都在反思全球化。

欧洲和美国主要聚焦两大问题，一是再工业化，二是移民问题。相对而言，可能移民问题是个更大的问题。我们都以为再工业化是由美国造成的地缘政治的不稳定引起的，但是若把它放到一个历史的背景中去看，恐怕再工业化是迟早要发生的。就像奥巴马提出过"Buy America"（购买美国货），也是想再工业化，只不过奥巴马没有拿出措施来。现在这一刺激，世界各国都拿出措施来了。

在移民问题上，欧美都在反思、收缩，不允许太多移民。德国明确说要赶走一批人。美国近年启动了修墙工程，因为大量的非法移民进入美国，的确对美国社会造成了冲击。

从全世界范围看，我理解的百年未有之大变局就是这个变局，从1945年开始，我们马上就要走完第一个百年。世界是轮回的，不可能直线前进，当然也不是简单重复。世界在二战之后经历了春天、火热的夏天，然后进入秋天，现在到了冬天。弗朗西斯·福山可能自己都会觉得自己错了，金融危机就是一个醒目的爆发点，再加上中美之间的冲突，全世界好像突然都醒悟了，这世界不是我们想象的那样，所以大家都开始想要做一些调整，中国也在做调整。新时代做的很多事情都是调整、调整、再调整。

如何理解全球经济版图的深层演变？

当下，在全球的经济版图演变中，最重要的还是中国的崛起。以前美苏两个阵营是一种态势，后来中国崛起了。中国的经济体量非常大，虽然不是最大的，但制造业是最大的，这深刻地改变了全球经济版图，尤其是不同经济体之间的深层次关系。这也是中美关系与此前美苏关系的根本不同，也是当今的世界经济版图与美苏争霸时期的根本不同。

当然，中国制造业太强大会带来不平衡。中国的制造业约占全世界的 30%，但中国 GDP 只占世界的 17% 左右。这个差距意味着中国制造的产品自己无法完全消化，必须向全世界输出。美国 GDP 占全球的 20% 多，但制造业只占到世界的 18% 左右，所以美国肯定要吸纳来自美国本土以外的制造业产品。

　　不只是美国，绝大多数发达国家在世界制造业上的比重都是下降的，所以会产生不平衡。打个比方，它们一觉醒来之后突然发现，怎么绝大多数东西都在一个国家生产了？我们要意识到站在发达国家的角度来看中国、看世界跟站在我们自己的角度看，两者不一样，他们看到的可能就是这样下去可不行，也许有不小的风险，不能太过于依赖一个国家，所以要调整。

　　但这样的趋势又很难扭转。发达国家想再工业化，时间恐怕永远过去了。发达国家的年轻人不会再愿意回到工厂，这是发达国家面临的一个难题，它们的再工业化会遇到很大阻力。比如，富士康在特朗普刚上台时去威斯康星州投资建厂，表示要创造 1 万个就业岗位，我当时就觉得不太可能，因为美国已经基本上没有万人工厂了。事实表明，富士康当时信心满满地建的厂现在成了烂尾工程。

　　现在，台积电在美国亚利桑那州建厂，过程也非常坎坷，最后怎么运营也是一个大难题。台积电可能要不断地派技术人员去，但这不可持续，涉及家庭等很多问题。美国的年轻人不愿意也不会去工厂里头守着机器，这对美国年轻人来说不可忍受，他们要是有能力去做台积电要求的工作，就一定会选择去硅谷、华尔街，或者三角科技园（北卡罗来纳三角研究园，是美国第三大生物科技集中地）。

　　所以现在的情况仍然是世界的制造业在向东亚转移，这个趋势没有改变。东亚的份额越来越大，不仅是中国，还包括东亚其他国家或地区。

此外还有东南亚。

下一步，中国的汽车，尤其是电动汽车，对于世界的影响会非常大。就像在 20 世纪 80 年代日本出口了大量的汽车，其他国家突然发现路上跑的全是日本车。今后一段时间，可能大家发现路上跑的全是中国车，他们就会感觉这样是有隐患的。

我们每个人的生活都不可能是完全理性的。如果从纯理性的角度，按照经济学理论，全世界就应该分工。按照国际分工秩序来说，中国就应该这样，因为中国是后起之秀，一开始有成本优势，现在技术和产品质量都提升上来了。当然，这只是理性的看法。但没有多少人在做决策的时候完全理性，大家都是有情感的，一旦带入情感，就很难理解和接受中国的崛起，包括中国制造业占世界那么高的比例。

上一轮的全球化也包括了世界版图的重新划分。比如苏联解体后，十几个国家独立，这是件非常大的事，可以看作世界的一次重新建构，相对自由化的力量得到加强。但在这个过程中，会有很多人认为不应该这样，所以从 2008 年开始，一些国家有了新的想法。中美之间的情况也是这个道理。

如何理解中美关系？

中国崛起之后，对美国会形成挑战。无论我们承认与否，从美国的角度来看这就是个挑战。虽然这种看法未必是理性的，但国与国之间的竞争、决策很难做到理性。在这种情况下，地缘政治和经济是相关的，不可能出现地缘政治方面紧张、经济方面却非常热闹的局面，必然伴随着调整。

1972 年，中美关系开始走向正常化，对美国来说这意味着"rapprochement"（破冰，友善关系的建立），此后两国进一步接触，到20世纪80年代进入了一个所谓的"蜜月期"，后面又进入了20多年的"理性交往期"。

在"理性交往期"，美国认为只要继续和中国接触，中国就会变得越来越像美国。但是到了2010年之后，美国突然发现，好像不是这样。一些美国人认为中国非但没有变成他们的朋友，反而似乎变成了对手，甚至敌人。因此美国对华政策有了一个巨大变化，这个变化从2010年左右就开始了，到特朗普时代变得更加明显。

2010年左右，这个变化的标志性事件就是"重返亚太""亚太再平衡"。2010年，时任美国国务卿希拉里·克林顿在泰国曼谷的东亚峰会上首次提出"重返亚太"的构想。此时，入主白宫不久的时任美国总统奥巴马正在为亚太政策重新定调，推出"亚太再平衡"战略，试图维护美国在这一地区的主导地位。在"亚太再平衡"战略的制定和实施过程中，希拉里扮演着关键角色。

总之，这是一个很大的变化，当时还比较温和，后来到了特朗普时代就明确下来，要与中国竞争。所以，我个人认为中美关系不太可能一下子回到过去的"蜜月期"，中美之间的竞争关系在未来二三十年都不太可能改变。两国几乎在所有方面都会面临竞争关系，包括经济、地缘政治等。

但我认为，只要中国主动去管理竞争，不让竞争变成对抗，就不是一件坏事，说不定还会是有利的竞争，因为竞争可以逼着中国去做一些尚未涉足的重要领域，比如高端芯片。一旦我们做起来了，反倒有可能让美国失去很多机会。当然，只有中国对两国关系的主动管理还不够，也需要美国保持适度的理性。

如今中国经济的势头已起，不可阻挡，美国要跟一个新崛起的大国竞争很可能会力不从心。美国产业空心化太严重，相当于一个空的东西与中国实的东西在竞争。显然，美国犯了一个战略性的错误。

美国逼着盟国选边站，盟国未必会跟着它。事实上盟国告诉美国，它们在经济上不想选边，这也迫使美国理性起来。2023—2024 年的中美关系，就走向了相对理性的交往时期。

如何校正中美关系？

怎样能够让中美关系朝着良性竞争的方向去发展呢？

首先，两个国家都应该在理性交往的基础上想象未来。尽管大家不可能完全抛弃情感，但是回归理性才能使两国关系稳定下来，否则大家都带着情绪，就不可能稳定下来，互相指责就是吵架。

其次，要建立新的规则。美国认为 WTO 让自己吃亏了，要重谈。其实这就让中国有了一个制定下一轮规则的机会。在多边机构里，中国要发挥作用难度非常大，现在美国送上一个机会，是双边的，美国必须先跟中国谈。中国就应该积极把握这个机会，重新制定规则。打个比方，夏天的规则不再适用，但我们可以去参与制定冬天的规则。

接下来要从具体事务着手去推动中美之间的融合，不能只讲大道理。2023 年 1 月，我们去美国时拜访了美国前国务卿基辛格老先生。他说，我跟你们中国人打交道这么长时间，你们中国人爱讲大道理，而我们美国人是从具体的事务着手，这里就不合拍。我听完之后觉得老先生说得很有道理，我们不能老去讲大道理，讲大道理就变成了争论。

从具体事务着手，中国能做些什么？比如美国现在要再工业化，其中一个计划是发展新能源产业，而新能源产业恰恰是中国的优势。那么，我们能不能推进中国的新能源企业到美国设厂、投资？我觉得此事大有可为。2023 年，美国加州州长访问了中国，我相信如果他能吸引我们的企业去加州投资新能源，他会很高兴。

在美国试图与中国脱钩的战略方面，美国对中国的出口管制政策短期内不太可能发生变化，我甚至也不期待它会取消那些关税。中美之间已经建立了一个新的平衡，比如它征收高的关税，中国对美国的直接出口下降，但这并不意味着中国不会绕道出口。比如我们的很多企业转移到东南亚、墨西哥，其实产品还是出口到美国。若把这些算上，中国对美国的出口未必会下降。

世界分工是有道理的，背后必然有经济逻辑，美国要想跟中国完全脱钩是不可能的。有人说在技术领域会形成两个平行体系，我认为这也不可能，因为要建两个平行体系就意味着要有两套标准。

美国曾试图做个 5G 联盟，结果宣布后很久也什么都没做出来，因为 5G 技术离不开华为、中兴。若没有华为和中兴贡献的诸多标准，美国做不成。所以，我不认为会出现两个平行体系，但我们也不能期待美国把那些出口管制取消、把关税取消，这也不太现实。

如何修炼大国姿态？

中国要学会做大国，从过去的人口大国、经济小国，到现在的人口大国兼经济大国，有三点中国是必须修炼的。

第一，要有全球眼光。全球眼光是中国要想象自己在为整个世界负责任，包括很多方面，其中参与制定规则特别重要。

第二，对待西方一定要有平视的态度。平视意味着既不要总是抱怨和指责对方，也不俯视和抨击对方，而是对等的，在某些情况下还要学会去理解对方。比如，美国说自己在全球化的过程中吃亏了，中国不能总是反问这怎么可能，甚至严厉指责美国在说谎。我们完全可以大度地说：我理解你，全球化确实在给美国带来收益的同时，也带来了很多问题——收入分配、移民等。如果这样说，是不是就站在了更高的道德高地？是不是会让人家更舒服？作为一个世界性的大国，一定要学会理解不同的国家。

第三，既做好内政，又做好外交。我们以前说外交和内政内外有别，现在已经不可能了，内政就是外交，外交就是内政，大国尤其如此。美国的内政就是外交，因为其内政对世界有巨大的影响；同样，美国的外交对自己人也有巨大的影响。中国要做一个世界大国也必须学会这一点，内政和外交不可能分开。

中国发展到现在，已经是大国，必须学会站在全世界的聚光灯下。

面对新的世界格局，中国的战略选择很重要，有些人认为我们应该加强和"一带一路"沿线国家的合作，因为这是一个更广阔的市场；还有些人认为我们还是要加强与美国以及欧洲一些发达国家的合作，因为最主要的资本和技术掌握在它们手中。我认为中国在这两方面都应该加强，尽管跟美国有竞争关系，但仍然可以共同做一些事情，和欧洲有很多地方实质上也是可以合作的；发展中国家也确实有广阔的空间。现在看来，中国的企业走到哪里，都可以把我们的软实力带到哪里。比如，东南亚的一些国家现在越来越习惯于说中文。经济影响力所到之处，文化必然会跟上。

第七章

统一大市场

在全国统一大市场的视野下
推动城乡融合发展[①]

陆铭

(上海交通大学安泰经济与管理学院特聘教授、
中国发展研究院执行院长、中国城市治理研究院研究员)

全国统一大市场视野下的城乡融合

城乡融合发展的本质是城市和农村之间相互提供生产要素、产品及服务,实现相互分工、共同富裕。城市为农村提供基于人口规模和人口密度的制造业产品、生产性服务业,以及多样化、高品质的生活服务。农村为城市提供基于本地资源的农产品、旅游、休闲等生活服务,以及少量制造业产品。

当前,我国城市化水平正在以每年一个百分点的速度提高,并且出现了大规模的跨地区人口流动。2010—2020年流动人口规模大幅增长69.7%,从2010年的2.21亿人增至2020年的3.76亿人。从人口的空

[①] 原文发表于《21世纪经济报道》2024年1月11日第4版。

间布局来看，流动人口正在由农村向城市集中，由小城市向大城市集中，由城市外围向中心城区集中，并且这一趋势将长期延续。

另一个重要特征是人口流入地和流出地的分化明显。在全国统一大市场的视野下，区域经济已经呈现出"双重中心—外围"模式。也就是说，一个城市越是在全国范围内靠近沿海大港口，越是在城市群内靠近中心城市，越是服务于国际国内市场的制造品和服务需求，人口增长越快。反之，越是远离沿海大港口和中心城市，越是服务于全国和就近的农业、旅游需求的城市，人口越是流出。

城市群内也出现了人口流入地和流出地的分化。如人口总体呈现增长趋势的京津冀、长三角和珠三角城市群，人口增长较多的是核心地区，外围地区（如珠三角城市群的粤东、粤北、粤西）的人口是减少的。而在总体上呈现人口减少趋势的地区，如东北，却有不少城市中心城区的人口是正增长的。比如，哈尔滨的总人口是减少的，但人口减少的区域是郊区和农村，中心城区的人口是增长的。

人口城市化也加速了不同地区发展模式的分化与产业结构的调整。从人口流动的角度来说，人口流入地通过人口的集聚来发挥规模经济优势，进而强化制造业和服务业的集聚，最终通过资本积累和技术进步致富。人口流出地的比较优势则在于发展人口需求较少的行业，比如农业、旅游业、自然资源产业等。人口流出地的一部分人流动到就业机会和收入增长空间更大的地方去，而人口适度流出又有利于留守人口在本地获得更高的人均资源使用量，有助于提高人均劳动生产率和收入。

加快推进户籍制度配套改革

要在全国统一大市场的格局下实现城乡融合发展，生产要素统一大市场的建设是关键。当前,事关劳动力统一大市场建设的户籍制度改革正在加快推进。尤其是 2023 年 8 月以来,我国在户籍政策方面提出一系列举措,包括健全以常住地登记户口制度,进一步放宽落户条件、降低落户门槛;调整优化超大、特大城市的落户政策,完善积分落户制度等。

户籍制度改革的最终目标是通过若干年的改革,实现人口在制度层面的无障碍流动,户籍制度完全变成居民在居住地的身份登记制度,公共服务也不再按照居民是否有当地户籍来划分,而是按照常住人口来进行配置。在中央的有关文件中,这个改革方向已经相当明确。

尽管如此,在人口流入较多的地区,尤其是一些特大和超大城市,仍未为公共服务的均等化做好准备。常住大城市的相当一部分流动人口,在居住方面很难享受到本地的廉租房、公租房,子女也无法在城市接受教育,这些问题急需通过户籍制度的改革来改善。

当前最重要的相关改革,就是让公共服务资源的投放与人口流动的方向保持一致,其中最重要的是医疗和教育。教育方面,随着户籍制度的改革,流动人口会逐渐在人口流入地定居,但是当前的中小学尤其是高中,对人口流入的准备非常不足。未来,针对医疗和教育的财政转移支付,要更多地与人口流动方向保持一致,或者把这种财政转移支付变成流动人口可携带的一种资源,他住在哪里就在哪里加大财政投入。此外,对于人口流入地,针对当前出现的医疗和教育资源不足,还有基础设施、住房不足等问题,需要更多发挥市场的力量增加供应,把民间资金充分利用起来。

对于人口流出地,尤其是一些已出现明显人口负增长的地方,要对未来人口的减少趋势以及在不同空间区位上的人口减少做出科学判断,避免投入过多产生浪费。对已经存在的公共服务,尤其是医疗、教育、养老，要顺应人口空间分布的变化，在人口流出地适当向中心城区集中，提高公共服务的效率和质量。

土地制度改革的两大重点

随着户籍制度改革的共识越来越强，且正在加快推进，土地制度改革成为接下来要啃的硬骨头。党的二十大报告提出，"深化农村土地制度改革，赋予农民更加充分的财产权益"。在这一方针指导下，城乡之间的土地应该如何配置？答案是地随人走，土地的供应要跟人口流动方向一致，这样能够充分保障农民的财产权益，激发乡村振兴的内生动力。

土地资源跨地区再配置的一个重要抓手是建设用地的跨地区再配置。若干年来，由于行政力量对于城市建设用地供应的控制，沿海地区和大城市相对缺乏建设用地指标，其后果是城市发展空间受限，住房价格高企，流动人口市民化的成本尤其是居住成本居高不下。而远离沿海和大城市的地区的建设用地指标用不完，已有的城乡建设用地又大量闲置。

如何将大量闲置农村建设用地进行有效利用？笔者认为主要有集体经营性建设用地入市、宅基地制度改革两大重点。

一是农村集体经营性建设用地入市。通过实施农村集体经营性建设用地入市改革，建立城乡统一的建设用地市场，在一定程度上能缓解土地资源错配问题，欠发达地区的土地价值得以实现。但目前仍存在人口流出地与流入地的建设用地供需不平衡问题，大部分省市供大于求，小部分省市供不应求，这是因为目前的集体经营性建设用地交易以省内为主。

所以，集体经营性建设用地入市需要指标化，还需要探索建立全国性的指标交易平台，这可以使土地资源的跨地区、跨省域配置更加灵活，交易成本更加低廉。比如，对于人口流出地，省内自身消化不掉的大量闲置集体经营性建设用地、存量用地、低效用地，可以复耕为农田或生态用地，补充耕地指标，在全国统一市场中交易，缓解其他区域在履行耕地占补平衡义务时面临的较大成本压力。

而同样属于农村集体建设用地的宅基地，其制度改革也与经营性建设用地入市类似，不过因其具有居住属性，情况有所不同。

二是农村宅基地制度改革。宅基地是农村村民用于建造住宅及其附属设施的集体建设用地，包括住房、附属用房和庭院等用地，目前存在闲置现象普遍、退出制度不完备、租约短期化等问题，而且不同区位条件农村宅基地的具体情况存在巨大差异。

针对不同地区的具体情况，宅基地使用权放活改革应该坚持"实践先行，政策指导，法律兜底"的发展经验，要在全国范围的城乡融合视野下，推进跨地区市场交易，允许各地进行分类规划，通过多种方式盘活闲置的宅基地。

在城中村和靠近城市的农村，人口外流情况较少，宅基地的需求仍然较高，此时闲置宅基地可以借助市场力量进行解决，有些宅基地已经事实上成为被交易的小产权房，政府需要适时做出相关制度改革。

对于人口流失严重地区出现的大量闲置宅基地，需要村庄通过治理、规划、整合，引导村民集中居住，提高宅基地复耕的土地利用率。在目前已经允许闲置宅基地复耕为农业用地，并且转化为补充耕地指标进行跨地区交易的基础之上，建立全国统一的补充耕地指标交易市场，允许农民直接通过该市场将闲置宅基地对应的建设用地指标进行交易，并且有偿退出农村宅基地使用权。

在具有特色产业和旅游资源的农村，很多宅基地事实上已经属于经营性用途，此时则应该探索如何在保护农民权益的情况下，引入城市资本和人才，做大乡村经济。

总结而言，要充分认识到人口流动的必要性和趋势的长期性。同时，随着服务业占比越来越高，且对于从业人口的城市生活经验要求越来越强，而留守儿童和流动儿童问题又事关人力资源大国的建设，因此也要认识到户籍制度和土地制度等改革的紧迫性。土地制度改革的重中之重在于，人口流出地区需要有切实的改革举措，使得人口流出所带来的闲置建设用地（包括农村闲置的集体经营性建设用地和宅基地）一方面能够复耕为农业和生态用地，另一方面能够产生补充耕地指标并在全国范围内优化配置到人口流入地。农村闲置宅基地复耕为农业或生态用地产生的指标，在跨地区交易中，应该让农民获得基于市场定价的补偿，以提高他们的财产性收入和融入城市生活的能力。

建设统一大市场的必要性与关键着力点[①]

赵波

(北京大学国家发展研究院经济学长聘副教授)

改革开放以来,中国经济增速保持了多年的高增长。即便按照目前每年 5% 的增速,中国也即将步入世界银行所定义的高收入国家行列。对于当前的经济增速放缓存在不同的解释,有人认为是政府举债过多,杠杆过高;有人认为是收入分配问题,老百姓收入不够,进而消费不足;还有人认为是受房地产业不振拖累;等等。

从宏观经济学的角度分析,我国这些年经济增速下降的主要原因是全要素生产率下降,此原因占比达 50%。

另外 50% 的原因是什么?随着投资增长,资本回报率不断下降,导致投资积极性和投资效率不足。改革开放初期,中国凭借高储蓄率维持了高投资率。随着时间推移,基建、房地产等领域的投资空间逐渐饱和,收益率下降。

目前发达国家的年经济增速普遍在 2% 左右,这些国家都不是靠资

[①] 本文根据作者于 2024 年 9 月 22 日在第 188 期"朗润·格政"论坛上的主题演讲整理。

本拉动经济增长，而是靠提升全要素生产率。对中国而言，未来也需要更多依靠提升全要素生产率来拉动经济。

提升全要素生产率的重要性

如何提升全要素生产率？这是我国当前经济增长面临的最重要挑战之一。

全要素生产率看不见摸不着，但和很多经济运行因素有关。技术进步、政府管理、法治改革、市场制度能否进一步完善，都关系到全要素生产率。

要素资源的有效配置同样会影响全要素生产率。比如有两家企业，一家的生产效率特别高，另一家很低，在经济增长初期，只要资金充足，两家企业都能获得发展；但投资机会相对饱和之后，两家企业逐渐开始竞争。理论上看，此时市场资源应该流向生产效率高的那家企业。之所以是"理论上"，是因为主要看市场经济环境是否完善。在一个完善的市场经济环境下会如此，但如果不够完善，比如当地政府更青睐那家生产效率低的企业，或者两家企业不在同一地点，低效率企业所在地的政府提供了很多财力物力支持，高效率企业和当地政府关系不好，这些情况都非常容易导致资源错配，这也是我们今天研究全要素生产率需要关注的问题。

当前我国经济运行出现了一些新的情况和问题，过去的经验能否支撑未来的可持续增长？我的看法是，如果老路走不通，就要另辟新路，在提升全要素生产率上做文章。发展新质生产力，核心就是提高全要素生产率。

提升全要素生产率主要依靠三方面：一是创新；二是经济结构持续

转型和升级；三是构建全国统一大市场，既包括劳动、资本、土地等传统的生产要素，也包括知识、技术等无形的要素。这些在党的二十届三中全会通过的《中共中央关于进一步全面深化改革 推进中国式现代化的决定》中都有所体现。

加快构建统一大市场的关键着力点

完善市场基础性制度和生产要素市场

我国40多年的改革开放取得巨大成功，归根结底是充分发挥了市场在资源配置中的决定性作用。面对当前的经济形势，我们仍要坚持发挥市场在资源配置中的决定性作用，并且还有很大的提升空间。

2023年我参加了国务院派出的督察组赴地方调研。改革开放已经40多年，但在对某些省份进行实际调研后，我发现它们依然存在很多违反市场运行规律的事，这些事多由地方政府行为造成。可能很多人会有疑问，地方政府哪里有这么大的能耐？然而实际情况是很多地方政府因为有产业政策，手里掌握行政垄断权力，在资源配置过程中依然能发挥不小的作用。一旦地方政府"发力"，各类企业就无法平等地参与市场竞争，包括区别对待国有企业和民营企业，地方政府的作用十分明显。

过去各地似乎都存在诸多壁垒，目前在东南沿海，地方政府设置的壁垒已经基本消解。但在经济欠发达的地区，壁垒还是很明显。很多时候，有关部门接到举报线索，发现有违反市场规律的行为，但面对举报，地方政府要么觉得错不在己，要么假装不知情。我们常说的"玻璃门""弹簧门""旋转门"等词语，看起来和企业关系不大，但企业一旦真切地在地方政府碰了钉子，遭遇这些"门"，投资的信心就会受到影响。

如果不能及时发现并解决这类问题，中央致力于为非公有制经济发展营造良好环境和提供更多机会的方针政策就难以落实。因此，2023年国务院的督查工作主要聚焦两大任务，一是加快建设全国统一大市场，二是民营经济发展。这些都是需要我们特别关注的问题。

如何进一步发挥市场对于资源配置的决定性作用？这是个经典问题，涉及资本市场上的融资贵、融资难问题，劳动力市场上的城乡户籍制度问题，等等。尽管大城市的户籍制度不断放开，但一些特大城市依然存在户籍制度造成的严重壁垒，比如务工人员子女仍需要回户籍地高考，这极大地限制了人才流动和人力资源发展。产品市场上的保护主义也盛行，比如地方政府公布的招投标文件细则里有很多针对企业资质的隐性内容，几乎量身定制，能满足条件的只有当地企业。看似公平的招投标流程，实际充满歧视和壁垒。土地市场亦如此。

建立统一的社保体系

社会保障制度是社会主义现代化国家最重要的稳定器，比如失业保险、生育保险、医疗保险以及退休制度，这些不仅是社会保障的构成部分，也是一种风险分摊机制。

人们常说：市场并不完美，想要在市场中获得成功，除了努力还需要一些运气。一旦遭遇失业或罹患疾病，就需要社保这种非市场的制度安排分散风险。养老保险也是如此。人不可能一辈子都在工作，如果在退休后没有收入，前期储蓄不足，该如何养老？从这个角度看，养老保险的本质就是一种代际风险分摊。

我国绝大多数的社保制度，特别是养老保障制度，过去的第一原则都是现收现付，即对当前的年轻人征税来保障当前老年人的福利。可能有人认为福利当然是越高越好，其实不然。倘若现在所有人的养老金都翻倍，看上去很美，实则是把翻倍的税收转嫁给了年轻人。

今日之中国养老保障制度于20世纪90年代建立，最初的规划是县级统筹，即让本县年轻人养活本县老年人。随着经济发展，地方经济差异日渐扩大，人口不断流向经济更发达的地区。久而久之，地方的养老账户贫富不均。在此背景下，养老金的统筹账户倘若还设立在县级层面，显然不可持续。

我国在2018年7月实施养老金中央调剂制度，旨在使不同省份间重新平衡。目前的养老金账户统筹已经上升到省级，也就是本省年轻人（非户籍，而是纳税所在地）纳税支付本省老人的养老金。

目前各省养老金账户的情况差异很大。据2020年的数据，第一支柱中的城镇基本养老金余额，黑龙江的为负值，在整个GDP中的占比是-0.64%。广东、北京、山西等省、直辖市的养老金余额稍微多一些。

如果现在我们不对养老金重新统筹，依然只靠政府零敲碎打地在省级层面转移支付，维持不了多久。用2020年的数据估算，只看城镇的情况，用某地城镇基本养老金的余额除以该地当年城市基本养老金的支出，绝大多数省份撑不到一年。比如辽宁是0.07，意味着只能持续不到两个月，广东可支撑4.31年，北京是3.11年。

如前文所述，造成这种情况的主因是人口流动和区域经济发展失衡。中国当前老龄化程度约为14%，很多省份65岁以上老年人的占比超过14%。在人口流动方面，根据2010—2020年的人口增长率情况，除新疆和西藏存在政策性移民外，东南沿海地区成为最能"抢人"的地区。

优化社会保障，缩小区域差距

社保制度有哪些改革方向？一是扩大参保人数。城镇基本养老金主要是城镇离退休或在职人员参与。在城市没有工作或身在农村的这部分人的养老金由城乡基本养老金覆盖。目前城乡和城镇基本养老金的总和已经覆盖我国90%以上的人口。这是相当不错的成绩。

目前城乡、城镇养老保险的覆盖水平还有待提高。城乡养老保险的覆盖程度更加不均匀，与城镇养老保险的差距更大，主因是中国城乡二元发展结构。我国的城镇部门相对统一，但城乡差距较大。在忽略其他收益和未来财政补贴的前提下，如果对城乡居民的平均基本养老金水平做一个估算，即用养老金基金结余除以现在的参保人数，马上能看出两者间的差距。在城镇职工基本养老金账户中，人均投产约12000元，城乡居民则只有2000元。这一差距远远大于目前城镇可支配收入和乡村可支配收入间的差距。这意味着城乡居民的养老金替代率要远远低于城镇职工的养老金替代率。换句话说，国家对城乡居民的补贴非常有限。

我们需要怎样的全国统筹？国家在2022年正式启动全国统筹，在全国针对养老金基金余额进行调剂。我认为这只是一个过渡性措施，并非最佳安排。在我看来，建设全国统一的基本养老金账户，由中央财政直接管理社保基金中的养老金，才是最合适的方法。

目前各个地方养老金的缴费标准不统一，分别以当地收入水平的3倍和60%作为上下限。即便如此，依然造成大量的区域差异。在人口流动性不断增强的情况下，这种不平等或将进一步加剧。各地也都能预料到，本地财政收入很有可能被中央政府用作二次转移支付。这可能会对地方制定缴费策略产生影响，比如对缴费费率和减免政策产生影响。与其这样博弈，不如由中央政府统筹规划，统一科学计算，以降低地方制定政策的随意性。

未来展望

当前中国的经济发展遇到很大困难,急需寻找新的增长动力。加快构建统一大市场可能是解决问题的一大抓手。无论是从供给侧入手,还是从需求侧入手,我们急需为老百姓提供安全感,提高老百姓的消费意愿,降低其储蓄意愿。

通过调研,我们发现很多非常好的中央文件和中央精神在落实中遇到问题。如何加强对地方政府改革的激励和监督是一项重要挑战。

未来的路虽然漫长,但转向创新驱动,构建和提升统一大市场是必然选择。

统一大市场的法治基石与人口流动规律[①]

郭凯

（中国金融四十人研究院执行院长）

我国作为一个高度统一的国家，自秦始皇时期便实现了"车同轨、书同文"的统一局面，不存在语言、人口、制度及中央政府权威不足等障碍。理论上，我国拥有全国范围内相当高水平的统一大市场。那为何仍要强调统一大市场的建设？其根源值得深入探讨。

美国统一大市场的法治经验

就统一大市场而言，全球仅有少数国家能为我们提供些许参考价值。欧盟不在此列，它由多个独立国家组成，语言多样，制度差异显著，尽管其致力于构建统一大市场，但仍受限于成员国间的现实差异。相比之下，我国拥有统一的货币和财政体系，这为构建统一大市场提供了坚实的基础。

---

① 本文根据作者于 2024 年 9 月 22 日在第 188 期"朗润·格政"论坛上的主题演讲整理。

关于统一大市场的定义，若参照欧盟的标准，核心在于实现四个关键要素的自由流动：人员、资本、产品和数据。只有当这些要素能够自由流动时，才能称为真正的统一大市场。以此为标准，美国或许是一个具有参考性的国家。从地理角度看，美国幅员辽阔，与中国相似；但从政治结构来看，其作为联邦制国家，联邦政府的权力相对受限，大部分权力掌握在各州政府手中，与中国有较大不同。尽管如此，美国仍在较高程度上实现了国内市场的统一，这对我们具有一定的启示。

美国在构建统一大市场的过程中，一个显著障碍是地方政府拥有广泛的行政与立法权力，以及对司法系统的控制权，且仅对本地民众负责，这可能滋生强烈的地方保护主义。这种倾向人为地割裂了市场，阻碍了统一大市场的形成。美国作为一个联邦制国家，其建立初期同样深受地方保护主义影响，各州采取多种措施限制外部企业进入和要素流动。然而，美国后来成功解决了这一难题，当前也并无关于建立国内统一大市场的迫切需求。

美国之所以能够破除地方保护主义，除了物理条件的改善，如交通与通信的飞速发展，更重要的是法治体系的完善。在宪法层面，美国明确划分了联邦与州之间的权力界限，赋予联邦政府管理跨州贸易的权力，并通过一系列重要司法判例，如最高法院的案例，进一步细化了中央与地方的关系，限制了地方政府的自由裁量权。这种法律框架为统一大市场的形成提供了坚实的制度保障。如1924年美国关于哈得孙河上轮船公司执照的争议，便体现了联邦政府在跨州贸易管理上的权威，以及司法体系在解决此类争端中的重要作用。在这个案例中，纽约州的公司质疑联邦政府颁发的执照在其州内的有效性，主张哈得孙河为其州内水域，应由本州颁发的执照主导。此案最终提交至最高法院，法院裁定联邦政府有权授予跨州贸易的执照，从而明确了联邦政府在管理州际贸易中的权威地位，也清晰界定了州与联邦在执照颁发上的权限划分。

1939年的银行汇票兑付案进一步展示了联邦法律在州际经济活动中的重要性。某银行在异地发行的汇票在亚拉巴马州被拒绝兑付，理由是亚拉巴马州未认可该银行的州际执照。此案同样诉诸最高法院，法院最终判决，即便是在其他州颁发的银行执照，其法律效力亦应在全国得到承认，从而确保了州际金融交易的顺畅。

此外，法律适用性的冲突问题也是联邦制下不可回避的议题。不同州乃至联邦层面制定的法律可能在实践中产生冲突，此时需明确何种法律具有优先地位。以俄亥俄州等州与联邦政府法规的冲突为例，通过一些经典的司法实践，解决法律冲突的原则逐步确立，从而限制了地方政府在特定领域的自由裁量权，确保了法治的统一性和权威性。

这些案例不仅展示了美国联邦制下法律体系的复杂性，也凸显了法治在维护市场统一、促进公平竞争中的关键作用。

法治的基石在于法律面前人人平等。这意味着无论是地方政府、私营企业、国有企业，也无论其规模大小，在法律框架内均享有平等的权利和义务。这样的规则体系为市场经济的健康发展提供了坚实的保障。

法律在构建营商环境方面展现出一项重要优势，即"法无禁止即可为"的原则，这本质上构成了一个天然的负面清单制度。在此框架下，只要法律未明确禁止的行为，政府便无权干预，从而有效限制了地方政府的自由裁量权，保障了商业竞争的公平性，为外部企业在当地经营创造了良好的环境。负面清单制度不仅在国际贸易中具有重要意义，在国内治理中的应用同样值得探讨。

我曾参加过一次关于负面清单的会议。会议中，一位领导提出了一个引人深思的问题：为何我国特别强调负面清单制度，不仅在国际贸易领域，在国内治理中也同样推行，而其他国家却鲜有提及？面对这一提问，我尝试结合个人经验和对美国法律体系的了解做了初步分析。在我看来，这与我国行政管理体系长期以来的基本理念有关。中国式管理的出发点都是以正面清单为主导，即许可制——政府明确授权后方可行动，未获授权则不得为之。相比之下，美国宪法的设计理念正好相反，它详尽列举了政府的权力范围，凡未明确授予政府的权力，均默认为个人、企业和社会组织保留。这种体制从根源上便遵循了负面清单的原则。因此，我国需要强调负面清单，以更明确地界定政府权力的边界，促进市场自由竞争，减少地方保护主义对市场分割的影响。

法治作为最优的营商环境构建工具，核心在于提供清晰、稳定的规则体系。只有在法治的框架下，才能实现"法无禁止即可为"，进而有效监管地方政府的自由裁量权，从根本上限制地方保护主义的滋生，推动形成更加统一、开放、竞争有序的市场环境。

人口流动与统一大市场建设

在当前环境下，我国统一大市场建设在多个领域已取得显著进展，但就产品、人口、资金及数据等要素而言，人口或劳动力市场的统一程度仍显不足。具体而言，尽管产品市场如乳制品已实现全国价格统一，资金流动也高度自由，但人口流动仍面临诸多障碍。

观察美国的人口与住房分布，会发现两者呈现出紧密的线性关系，即人口集中之地住房供给亦相对充足，体现了"房子与人同行"的特点。此外，美国人口分布遵循"齐夫定律"，大城市的人口规模显著大于次一级城市的，这种高度集中的分布模式有利于形成规模效应，促进创新与公共服务效率的提升。此规律不仅适用于美国，在墨西哥、韩国、日本及欧洲多国亦得到验证。

相比之下，我国的人口分布偏离了齐夫定律，大城市规模相对较小，人口分布相对平均。这种分布模式可能与政策导向有关，旨在控制大城市扩张，促进中小城市发展。然而，这一策略也导致了住房市场的结构性问题：小城市住房过剩，大城市住房紧缺。特别是在人口从农村向城市、从小城市向大城市流动的过程中，住房供需矛盾尤为突出。

鉴于此，减少人口流动障碍，尤其是促进农村及小城市人口向大城市有序转移，不仅能为房地产市场提供广阔的发展空间，也是拉动内需、缓解房地产困境的有效途径。研究表明，若能提供基本的社会保障服务，并适度放宽人口流动限制，我国住房总量与结构的错配问题将得到极大缓解。建议尽快改善住房供应结构与人口规模的失调，实现住房供给与人口流动规律的适配，减少三、四线城市的过剩供给，增加一、二线城市的人口流入和住房供应。此举不仅有助于实现房地产市场的健康发展，也是宏观政策中不可或缺的一环。

第八章

加快建设金融强国

中国金融体系的特征、逻辑与利弊[①]

何晓贝

(北京大学国家发展研究院智库宏观与绿色金融实验室副主任、副研究员)

中国金融体系过于依赖银行

虽然中国当前的实体经济较为疲软,但中国金融业的规模已达到全球较高水平,约占 GDP 的 8%。与 OECD(经济合作与发展组织)国家相比,中国金融业在 GDP 中的占比仅低于美国、英国等金融业发达之国,以及像瑞士这样金融业占比极高的国家。

这一现象引发诸多讨论,有人认为中国已是金融大国甚至金融强国,有人担忧中国金融业规模过大,导致整体经济"脱实向虚"。如何理解这一现象,对于中国建设"金融强国"至关重要。

从历史趋势来看,中国金融业占 GDP 之比从 2006 年的 4% 增长到 2016 年的超过 8%,并在之后一直稳定在 8% 左右。这一增长速度远超其他国家。一些主要国家如美国、英国、加拿大和荷兰,在

[①] 本文根据作者于 2024 年 5 月 10 日在第 185 期"朗润·格政"论坛上的主题演讲整理。

1970—2008年的30多年间，金融业占GDP的比重也从3%~4%增长到7%~8%。换句话说，金融业占比翻倍，发达国家用了30多年，中国仅用了10年。

从宏观金融的角度来看，中国金融业的发展有以下两个显著的特征。

首先，中国的金融体系以银行业为主导，货币金融服务约占80%。金融业的增长主要由传统银行业的增长驱动。

其次，金融指标、信贷指标、M2（广义货币）以及社会融资规模增速在新冠疫情后均保持较高水平，利率也降至过去40年来的最低点，但GDP增长较弱，同时存在一定的通货紧缩或低通胀风险。

从金融体系的角度看，也存在几个值得关注的现象。

第一，政策机构常提及担心"资金空转"问题。例如，在宽松的货币政策环境下，国有企业以低成本获得资金后，转而购买理财产品。决策者担心资金并未有效投入实体经济，而是只在金融体系内部流转。但实际上，这是由于市场存在既有的扭曲，国有企业充当了影子银行，延长了资金中介传导的链条，理财产品的资金最终也会流向实体经济。

第二，借新还旧的贷款现象普遍，地方债问题尤为严重。多年以来，许多地方政府已经陷入依赖借款偿还利息的不可持续循环。据估算，新增社会融资规模中约有60%用于偿还利息，这是不可持续的。借新还旧贷款与金融业的规模也显著相关。

第三，尽管经济增长放缓，商业银行的不良贷款率却逐年下降，从2019年底的1.86%降至2023年末的1.59%。这一趋势与经济增长放缓的现实相悖。但实际上这与中国的银行和监管机构的一些逆周期行为相关。

当前金融体系的底层逻辑与利弊

上述现象背后的深层次原因是什么？这些现象都与中国的金融体系特征和政策因素息息相关。

在探讨金融业时，我们将焦点放在银行业，因为其占金融业增加值的比重大约为 80%。增加值的核算比较复杂，用简化的视角进行分析，银行业的增加值主要是净利息收入决定的，而净利息收入主要由存贷款规模和存贷款利差两大因素决定。过去 10 年内，银行业存贷款规模持续上升，而净利差不断下降。这表明，过去 10 年，银行业的增加值增长主要依赖规模扩张，而单位资产的回报率在下降。

这一现象与中国经济结构和宏观调控特征密切相关。中国的货币政策与发达国家的存在显著差异。发达国家通常依赖利率调整来影响金融市场，而中国经济调控更多地采用数量型货币政策，即央行通过要求银行发放一定量贷款来实现政策目标。这一方面是受限于利率市场化进程的不完全，导致利率传导受限，进而使银行贷款成为更有效的政策工具；另一方面是因为中国的银行体系以国有银行为主体，使得行政调控措施易于实施。这种特殊性使得中国在实体经济疲软的情况下仍能有效推动银行信贷增长。

在发达国家，商业银行在经济不景气时通常会采取收缩信贷供给的策略提高风险溢价，这是银行管理风险的重要手段。因此其他国家央行在利率降至 0 后仍需采取量化宽松（QE）等措施，即由央行扩张资产负债表，承担部分风险，为金融机构和市场创造安全资产。

然而，中国的央行可以直接通过行政调控手段推动银行贷款，而非依赖金融市场的货币政策传导，事实上发达国家 QE 等非常规货币政策在中国也很可能效果有限。在中国，商业银行在增加贷款供给的同时降低风险溢价（一些贷款利率甚至低于长期国债利率），结果则是银行过度承担实体经济风险：实体经济违约风险较高的时期，银行增加了风险敞口且降低了风险溢价。

从实体经济角度看，这种现象可能导致资金空转。银行在政策压力下需要完成贷款发放任务。而一些企业，尤其是国有企业虽然缺乏投资意愿，但仍能获取低成本贷款，这些资金可能并未直接投入生产，而是流向其他投资渠道，形成所谓的"资金空转"现象。

最终结果是，非金融企业债务占 GDP 的比重迅速上升，2019 年末是 152%，2024 年第一季度这一比重上升了 20 多个百分点，增长很快。这一现象体现了我国货币政策在支持宏观经济稳定和金融稳定之间实际面临的权衡取舍：逆周期调节政策在支持投资和经济增长的同时，导致了银行过度承担不良资产的风险。这种风险具有滞后性，目前尚未显现，但影响会在未来显现。

除了宏观调控政策在维护宏观稳定和维护金融稳定之间存在权衡取舍，产业政策和货币政策之间也存在不协调。产业政策和货币政策存在几个明显的错配。首先，货币政策作为总量政策，影响全社会的资金利率，而产业政策针对特定产业。其次，产业的发展具有长期性，货币政策为短周期调节工具，两者之间存在期限上的错配。最后，我国货币政策主要通过银行信贷实施，而银行信贷依赖抵押物的传统运营模式与新兴产业的融资需求并不匹配。新兴产业发展需要能够承担风险的资本，这与建立在储蓄存款基础上的银行业天然存在风险偏好的错配。

由于上述几个错配，若货币政策过度"产业政策化"，可能带来风险。一方面，从实体经济的角度来看，结构性的货币政策虽然能在短期内高效引导资金流向新兴产业，但会导致特定行业杠杆率显著上升，加剧行业的风险和周期波动；另一方面，从银行系统的角度来看，若各银行过度集中于某几个领域，信贷流向同质化的问题将更严重。中国的银行业已存在较为严重的同质化经营问题，差异化服务不足，导致利润和回报较低。若信贷进一步集中于同类型行业，将加剧风险。

银行监管政策的调整也可以解释我们观察到的一些金融现象。尽管数据显示中国的银行的不良贷款率较低且还在下降，但从上市公司的数据来看，企业的债务偿付能力显著下降，利息保障倍数低于 1 的上市公司比例大幅上升。这些潜在风险最终可能转移到银行的资产负债表上。当前，为应对经济压力，银行监管放松了一些限制，允许银行延迟计提不良资产。其实，这类型的银行监管"逆周期"政策在全球经济不景气时期被广泛采用，如 20 世纪 90 年代的日本和欧洲。针对日本和欧洲的许多研究显示，虽然银行监管政策的调整在短期内有助于缓解银行资本充足率压力，但中长期也会带来其他潜在后果，如僵尸贷款问题，导致产能过剩、通货紧缩和资源错配。这与中国当前的情况有很高的相似度。

当前金融体系的挑战与转型原则

在探讨当前金融体系面临的挑战时，有几个核心问题值得关注。

第一，金融风险虽可能被推迟计量，但并不会消失。在中国的金融体系内，这些风险高度集中于银行（因为除了贷款，银行还持有市场上约 60% 的债券）。

第二，一个不容忽视的现象是，中国银行体系抵御风险的能力正在下降，脆弱性在增加。尽管不良贷款率作为滞后指标当前可能不易察觉，且银行和监管机构可能都有动力推迟其计量，但银行的收益率水平却为我们提供了风险存在的线索。

银行的利润是化解风险的首要财务来源，然而过去几十年，中国银行的收益率［包括 ROA（资产回报率）和 ROE（净资产收益率）］呈现显著下滑趋势。进一步分析银行的风险回报结构，可以发现银行平均每单位资产承担的风险在上升，而风险资产的回报率却在下降。这预示着风险可能正在积聚，尤其集中在银行体系。

第三，这样的风险状况是不是一个严重的问题？是否能够得到妥善解决？历史上，中国的银行体系也经历过严重的危机，如 20 世纪 90 年代的不良资产率高达 20%。但幸运的是，随后中国经济的快速增长和资产价格的飙升，尤其是房地产价格的迅速上涨，为银行体系弥补了这一缺口。

然而，当前情况与过去不同，如果再次出现类似的银行业风险，我们能否找到新的资本来源来吸收这些风险？这是一个值得深思的问题。

总体而言，在现有政策框架下，利率市场化尚不充分，货币政策调控不完全依赖价格信号，银行系统容易过度承担实体经济风险。传统的银行信贷也在一定程度上承担了产业政策的职能，短期内这可能对经济增长起到支持作用，但中长期来看，这将对金融稳定产生负面影响。因此，我们需要重视宏观调控政策、产业政策和金融监管政策可能带来的中远期影响，并在这些政策之间做出权衡取舍。更重要的是，在防范风险之外，需要构建一个有韧性的金融系统，即更能抵御风险冲击的、匹配新兴产业发展和经济结构转型的金融系统。

如何发展中国特色的科技金融[1]

黄卓

(北京大学国家发展研究院副院长、南南合作与发展学院副院长、
国发院 BiMBA 商学院院长、数字金融研究中心常务副主任)

科技创新是发展新质生产力的核心要素。关于新质生产力,最重要的就是用科技创新来推动产业创新,用颠覆性的技术催生新产业、新模式、新动能。党的二十届三中全会通过的《中共中央关于进一步全面深化改革 推进中国式现代化的决定》(以下简称《决定》)强调,加快形成同新质生产力更相适应的生产关系,促进各类先进生产要素向发展新质生产力集聚。在我看来,"更相适应的生产关系"就包括金融对科技创新的支持。

从科学创新、技术创新再到产业创新,这一过程需要大量金融资源的投入和支持。在2023年底的中央金融工作会议上,习近平总书记对做好"金融五篇大文章"做出重要部署[2],其中科技金融位居"五篇大

---

[1] 本文根据作者于2024年9月9日在"大国·经济"第一季暨北大国发院承泽商学院第7期活动上的主题演讲整理。

[2] 《中央金融工作会议在北京举行》,《人民日报》,2023年11月01日01版。

文章"首位，足见其重要性。

科技金融主要面向处在不同阶段的各类科技企业的发展需求，让信贷资源流向科技创新的关键领域，促进科技、产业、金融间的良性循环。

《决定》也强调，"鼓励和规范发展天使投资、风险投资、私募股权投资，更好发挥政府投资基金作用，发展耐心资本"。这对于发展科技金融也是一种纲领性的指导。

既有金融体系在支持科技创新上的挑战与应对

我国的金融体系以商业银行为主导，以间接融资为主要融资模式。虽然我国有不同的金融市场，比如一级股票市场、二级股票市场、保险、券商、基金等，但商业银行仍居于主导地位。

在支持科创企业的融资需求方面，上述模式面临的主要挑战如下。

第一，科技型初创企业具有"三高一长"的特点。高风险，即企业面临较高的创业风险；高投入，即企业需要较高的研发投入才有可能在后期获得回报；高回报，即一旦创新成功，企业能够获得高回报；长周期，企业的创新周期比较长，需要更多耐心资本的投入。

商业银行以信贷业务为主，与科创企业"三高一长"的特点不完全适配。总体来看，债券类资产主要追求资金的安全性和收益的确定性，商业银行工作者也已形成这样的行为偏好。这一点与科技创新和成果转化中的高不确定性存在矛盾。

第二，中国资本市场的投资者对短期稳定的回报具有强烈偏好。这也是我国银行理财市场能发展到几十万亿元规模的原因。投资者认为收益可以少一点，但回报一定要稳定。科技创新需要长期投入，回报也具有较高不确定性，从这个角度看，投资人和产品收益结构间也存在矛盾。参与股市的投资者更容易承担风险，但是倾向于看短期收益，这与科技创新需要的长期耐心资本之间存在矛盾。

第三，商业银行的传统风控模式主要基于担保和抵押品，比如厂房、土地、房产等。科创企业通常是轻固定资产的模式，最重要的资产是人、技术和专利。不难看出这两种模式间存在矛盾。长期以来，金融机构围绕大企业形成的一些偏好，与许多中小型、初创期和"专精特新"科技企业的融资需求并不匹配。

要解决上述矛盾，未来可以在以下两个方向发力。

第一，建立适合不同发展阶段、不同类型科创企业的融资体系。

要做到这一点，首先要建立一套能有效识别科创类企业风险的风险评估体系。这一套体系可能不同于针对传统制造业、传统企业那种基于抵押品或财务报表的风险评估体系。此外，针对科创企业的金融体系还需要具备把风险在不同主体间进行分担的能力。简言之，这样的融资体系需要具备识别风险和分担风险的能力。过去 20 年，中国的数字金融和商业银行数字化转型处于世界前列，因此也能在这方面发挥重要作用。

第二，借鉴国际经验，发展专业性、多层次的科技金融体系。

我国应该在借鉴国际发展经验的基础上，结合自己的实际情况，形成专业化、多层次的科技金融体系。多层次可以重点分为三个领域，一是商业银行，二是风险投资、私募，三是二级市场、股票、基金。

商业银行如何支持科技创新？

根据国际经验，商业银行体系在支持科创企业融资方面还有很大的发展空间。

国际上可供我们借鉴的经验主要分为两种。一是美国模式，也称为科技信贷模式，代表机构是美国的硅谷银行。虽然硅谷银行已经破产，但它破产并不完全因为融资模式。硅谷银行模式的特点是投贷联动，既可以向初创企业提供信贷，还可以获得一部分认股权证，借此对冲风险。由于风险巨大，它不可能通过利息来对冲所有的风险，因此认股权证的方式可以在一定程度上实现风险和收益的匹配。这种模式能够同时为天使资本和私募股权机构、初创企业提供各种金融服务。

二是德国和日本模式。这种模式扩展了传统商业银行的功能，转向全能型银行。全能型银行不仅可以经营存贷业务、消费金融业务，还可以经营投资银行、保险等各种金融业务。它就像一个金融超市，能为中小企业提供贷款、证券交易发行、财产保险等金融服务，甚至可以经营一些实业投资，所以是一种全能的结构模式。在以商业银行为主体的融资体系中，这种结构较好地弥补了科技金融支持方面的短板。

我国商业银行的探索

第一，学习美国硅谷银行模式。这方面的先行者是 2012 年浦发银行和美国硅谷银行合资成立的浦发硅谷银行，最初双方各占 50% 的份额。浦发硅谷银行在十几年的发展过程中服务了几千家企业，孵化了 40 多家上市公司。2024 年浦发银行股东结构发生了变化，浦发硅谷银行目前由浦发银行 100% 持股，同时更名为上海科创银行，资产规模为 187 亿元。

另一个先行探索者是北京的中关村银行，它由 11 家中关村科技公司发起成立，资产规模增长比较快，目前有 700 多亿元。

以上两家银行的资产不良率情况都不错，略高于商业银行。此外，还有一些商业银行也在朝着科创银行的方向努力。比如北京银行就旗帜鲜明地表示要打造"专精特新第一行"。多年来，北京银行在科技金融方面的投入和效果都很显著，累计为4万多家科技型小微企业提供了近万亿元信贷，也支持了北京80%的创业板上市企业、69%的科创板上市企业、70%的北交所上市企业和71%的国家级"专精特新"企业。

第二，传统商业银行要投资科创企业仍然面临多种政策限制，比如在股权和债权方面限制仍比较多。

2024年国家在这方面开始进行一些试点，特别是在加强针对科技型企业全生命周期金融服务，鼓励金融机构在防范风险的基础上加大针对初创企业的信贷投放力度等方面，给予一定的空间。这是一种规范外部银行探索贷款和外部直投相结合的模式。我认为这一点非常重要。毕竟对高风险的初创企业而言，它们需要与金融机构共同成长。通过股权，金融机构能够获得一定收益，这样的风险分担机制才能更顺畅地运转起来。

传统的国有大行，比如建行、工行，最近几年也在数字金融和科技金融的指引下积极探索适用于科创企业的风险评价体系。比如一些类似于科企融资链的产品体系，不再依赖抵押品，而是以大数据为基础，通过不同来源的数据外加一些机器学习的方法来识别科创企业的风险，这也发挥了积极作用。

第三，金融科技公司助力提升金融机构的科创金融能力。在2024年的第六届外滩金融峰会上，我发现有很多企业积极参加金融科技创新十佳案例的评选。2024年当选的是深圳微众信用科技股份有限公司的"数科贷信贷一体化智能风控解决方案"。这款产品主要针对科技型企业，主要方式是"经营贷"和"研发贷"。特别值得一提的是"研发贷"，它是在主体信用评价的基础上，追加一些设备和专利作为补充抵押品。这款产品的设计非常适配科创企业。由此也可以看出，最近一两年金融机构和金融科技公司在科创金融方面的探索非常积极。

VC/PE 如何支持科技创新？

我国的 VC（风险投资）/PE（私募股权投资）行业长期以来一直在学习美国。中国早期的 VC/PE 都是美国或者其他国家的资本，它们在中国互联网科技企业发展方面发挥了重要作用。就目前的情况看，美国 VC/PE 市场发展仍然最为成熟，市场规模最大，监管体系最完备，成功孵化了一批如 OpenAI、谷歌、特斯拉这样的世界级科创企业。有好的金融体系支持天才的想法，同时有一批具有冒险精神的人勇于实现梦想，这样的组合值得称赞。

中国的 VC/PE 市场前期是快速增长，后来是稳定增长，2021 年以来增速出现下降。当然，这种下降并非中国独有，国外 VC/PE 市场募集的资金也在下降。2023 年，我国共有近 7000 家基金完成募集，数量下降 1.1%，规模却下降 15.5%。

我国 VC/PE 市场的另一个显著变化是国资 LP（有限合伙人）正成为创投和 PE 市场的出资主体。在各种新募集的资金中，各类型的国资出资占比已经超过 7 成，国资 LP 成为出资主体已经成为共识。

在此过程中也涌现出一些较有特色的一级市场融资模式，比如"合肥模式"，即以地方国资来承担风险投资并与产业投资相结合。其投资思维是风投思维，采用投行模式支持当地产业，同时导入相应的政府资源。"合肥模式"不只是投资某一家企业，而是着眼于整个产业链，并且强调培育本土的产业链，以此创造更大的市场增量，为当地创造更多就业。

"合肥模式"有其成功之处，也孵化出了一批科技公司。有些曾经营困难的企业通过合肥资本不仅活了下来，而且快速增长。目前这个模式仍在继续，国资战略性新兴产业的规模已经超过1600亿元，带动投资超过5000多亿元，也为合肥培育了多个具有发展潜力和战略意义的产业。

在全国各地，"合肥模式"或者其他形式的国资创投都正以不同的形式遍地开花，地方政府引导资金模式也愈加流行，其规模已从2017年末的9.5万亿元增至2023年的13万亿元。2023年上半年，全国增加了近90家这样的金融企业，规模达3900多亿元。

这种模式的特点是让地方财政或国资控股平台出资及动用多资源为产业赋能，由民营的创投公司、私募股权公司作为管理人。在很多地方，管理人必须和地方引导基金合作才有可能获得足够的资金。

对这些投资，国资也会附带要求。比如要求有较高的反投当地的比例，以及对反投行业的要求。现在越来越多的资金投向战略性新兴产业，在2020年这一比例不到50%，到2023年已经超过60%。

潜在的问题也存在，比如当金融资源集中流向某些行业时，可能造成某些行业的过热。在金融资源和杠杆叠加的背景下，很多地方政府规划的新型产业大同小异，未能做到因地制宜。

国资背景的VC/PE发展也面临一些挑战。壮大耐心资本与科创企业的成长模式非常适配，但谁来做耐心资本却是个问题，做长线意味着过程中要忍受亏损，应如何考核？

在政府主导的引导基金模式下，如何划分政府和市场的职能？

政府经常会设立一些在资本增值之外的目标，比如地方产业发展目标、就业目标等，也会有关于亏损的保底条款。这与国际上流行的市场化基金的运行机制存在较大差异。关于政府和市场的职能划分，目前也没有成形的系统理论作为指导，都在摸索。

在实现投资战略目标的同时，还要建立行之有效的市场化投资的激励和考核机制。创业投资的风险很高，100 个项目中可能有 99 个会亏损。对这样的项目进行考核，侧重点是什么？考核标准对应的正是未来的投资标准，如何考核才能行稳致远？

政府的引导基金经常和一些市场化的基金管理人合作。我们需要的是非常成熟且有专业能力的私募市场化管理机构。经过多年发展，市场上已经培育出一批这样的机构，未来能否培育出更多成熟专业的机构，也是挑战之一。

目前在一级市场里，外资的比例一直在下降，新募集的资金尤其如此。当前到底要不要吸引外资？该吸引哪些外资？现在的市场环境能否为外资进场并发挥作用提供足够的空间和土壤？这些都是比较大的挑战。

二级市场如何支持科技创新？

一个能够支持科技创新的一级市场，一定需要一个有效的二级市场与之联动，让一级市场具备比较通畅的退出渠道，才能让一级市场实现良好顺畅的运行。过去几年，我们在支持科创企业二级市场建设方面取得很大成效，包括科创板、创业板、北交所，以及从 2023 年开始实行的注册制，都是很好的尝试。

2024 年前 9 个月，整个二级市场表现相对低迷，IPO（首次公开募股）也有比较明显的放缓，这使得现在一级市场面临着非常大的退出压力。这样的背景叠加一级市场里的一些对赌协议，使很多初创企业和企业家承担了很大的压力。在一些对赌协议中，企业家用无限的个人责任签约。这意味着一旦对赌协议失败，它们可能再难翻身。

目前国际上通行的模式是假如企业经营失败，企业家只要无造假，无犯罪，仍然可以重新再来。几十次失败的创业可能才会创造一个伟大的企业家。但在国内这种个人无限责任的环境下，一次失败就可能使创业者永远无法翻身。具有企业家精神，同时具有很丰富的企业经营经验的人是很稀缺的资源，因此这种模式容易造成我国企业家资源的损耗。

目前，普通投资者通过二级市场直接参与科创投资的门槛仍较高，未来这些方面可以进一步优化。从公募基金的角度看，投资科创公司的标准化产品，比如指数基金、ETF（交易所交易基金）、市场交易基金等，渠道仍不充分。散户投资者、机构投资者、养老投资者、中长期的资金等如果有机会入场，相信能为科创企业提供至关重要的支持。公募基金和券商也应该发挥专业研究特长，在指导科创企业定价、估值方面发挥更大的作用。公募基金应进一步倡导长期投资理念，强化对科创企业的中长期支持，为科创企业的成长提供更多的动力。

如何建设数字金融强国[①]

黄益平

（北京大学博雅特聘教授、国家发展研究院院长、
南南合作与发展学院院长、数字金融研究中心主任）

建设数字金融强国是建设金融强国的重要组成部分

数字金融指运用区块链、互联网、大数据、云计算、人工智能等数字技术改善金融产品、流程和模式的创新金融模式。我国的数字金融起步于2004年底，2013年步入快速发展阶段，发展至今近20年。回顾其发展历程，可以说取得了很多成绩，但也产生了不少问题。整体来看，中国的数字金融创新走在国际前列，这是很了不起的成绩。

近年来，我国金融行业在市场业务和国家政策层面都发生了很多变化。2023年10月，中央金融工作会议明确指出"建设金融强国"要做好五篇大文章，其中就包括数字金融。至于数字金融在建设金融强国过程中具体发挥何种作用，从不同的视角有不同的解读。我认为，数字金

[①] 本文根据作者于2024年1月12日在中国金融四十人论坛（CF40）南沙金融沙龙第11期上的主题演讲整理。

融在全面加强监管、完善金融体系、改善金融服务、防范化解风险四方面都能够发挥相应作用。

将数字技术应用到金融领域，能够在一定程度上改变金融业务和金融服务，但并不会改变金融的本质。金融的本质是资金的融通，也就是通过期限、规模和风险的转换来实现收益的共享及风险的分担。无论技术如何运用，金融的本质不会被改变，技术能改变的是金融的运营特征。例如，传统金融业务中存在二八法则，即市场上前20%的客户占据了80%的市场份额，剩下80%的客户仅占20%的份额，这使得金融在惠及剩余80%的客户时难度大、成本高，所以对大多数国家而言，普惠金融较难推进。不过，数字技术的合理应用或许能够改变二八法则，哪怕推进普惠金融的困难仍然存在，难度也会大不相同。

具体来说，数字技术有可能在三方面改变金融体系。一是触达，数字技术的使用能够帮助传统金融机构更容易地触达客户；二是效率，数字技术的应用能够提高金融业务的效率；三是风控，原本较难实现的风控能够在数字技术的加持下得到实现。因此，数字技术应当成为我国金融强国建设的重要组成部分。

建设数字金融强国：来自新加坡的启示

课题组在2023年11月曾前往新加坡参加"新加坡金融科技节"并进行调研。事实上，北大数字金融研究中心在五六年前就曾专程前往新加坡和其他东南亚国家考察，彼时新加坡声称要打造国际金融科技中心，我们的部分同事对于新加坡的这一目标心存疑虑。数字金融的两个重要条件是技术和市场规模，规模效益是数字经济的重要特征，而新加坡当时既没有技术也没有市场，仅凭400万人口做好数字金融，困难可想而知。不过，此番调研下来发现，新加坡的金融科技发展卓有成效，金融科技节吸引了来自全球的近 8 万人参加，各个企业的代表在活动现场热烈讨论，这着实令人佩服。参加此次金融科技节并进行广泛交流之后，我们有两点深刻的感悟。

一是新加坡这样一个原本缺乏金融科技发展条件的国家之所以能够摇身一变成为国际金融科技中心，最重要的原因在于政策环境好。新加坡利用良好的政策环境补足了技术和市场的劣势，吸引了全球有活力的企业，同时孵化了很多本土企业。

二是中国数字金融企业在新加坡以及东南亚市场很受欢迎，也很活跃。这些企业的业务得到了国内市场的检验，有相当一部分业务在国际市场上也走到了前沿。当然，我们也存在一些问题，部分领域发生了较多的风险事件。

回顾下来，数字金融业务的好坏与否，有两个关键，一是这项业务能否解决经济活动中遇到的痛点问题，二是能否控制住风险。二者需同时满足，任何一项条件没有满足都会导致业务难以持续发展。由此又引发出一个关键问题：我们的金融监管究竟应该怎样管？

我国对平台金融已经由专项整治转向常态化监管，这种常态化监管对数字金融和平台金融而言究竟应该是什么样的，这是值得我们思考的问题。如果放在建设金融强国的大背景下，好的金融监管应该做到以下三点：一是解决痛点问题；二是解决风险问题；三是形成高度开放的金融体系，只有高度开放才能称为强国，否则只能算是业务水平还不错的大国。

因此，数字金融强国的建设需要依托以下三个关键词。

一是创新，通过创新改善金融服务，解决痛点问题。移动支付是创新解决经济问题的优秀案例。北大数字金融研究中心曾与布鲁金斯学会合作，研究中国移动支付相关的课题，其中的一个结论很有意思：尽管中国的移动支付做得很好，但美国并不需要。对方提出的论据是美国居民的支付服务问题已经基本得到了解决，所以哪怕移动支付工具在美国出现，也不会像在中国一样受欢迎。移动支付之所以能够在中国快速铺开，是因为在移动支付出现之前，90%以上的居民除了现金没有支付工具，也就是说，移动支付解决了中国居民的痛点问题，所以受到广泛欢迎。因此，数字金融要通过创新解决实际问题，服务实体经济，如此才会有生命力。

二是监管，通过监管管住风险，平衡效率与稳定之间的关系。P2P（个人对个人）刚出现时，让每个人都可以参与金融市场。但是，经过调研，我们发现P2P并不十分可信，因为它缺乏有效的风险管理流程和手段，最终也导致了很多问题。所以，风险一定要管住。不过，当前的核心问题是如何构建监管框架。企业是否遵守规则、稳健从业，首先看的是监管规则如何，这也对监管提出了较高要求。监管的根本任务是在效率和稳定之间追求平衡，如果完全不管容易出问题，管得太死则容易扼杀创新的可能性，所以如何求平衡是当前的一大挑战。

三是开放，开放程度是数字金融强国的重要衡量指标。客观地看，我国部分数字金融企业在"走出去"发挥国际影响力方面有一定的可能性，也有一定的基础，但是否能够做得更好、发挥更大的影响力，仍然值得多方共同探讨。

构建适配于数字金融强国的常态化数字金融监管框架

基于上述考虑，课题组提出如下政策建议，以支持数字金融强国建设，助力我国实现高质量经济发展。

第一，建立稳定透明的监管框架。我国早期监管框架不够健全，导致监管空白，监管乱象相对较多。如今将包括数字金融在内的所有业务纳入监管，并且做到一视同仁，有利于消除监管空白与乱象。中央金融工作会议不仅提出机构监管、功能监管、行为监管、穿透式监管、持续性监管等五方面的监管，还明确由国家金融监督管理总局承担兜底的监管责任，确保不留死角。另外，监管规则的稳定和透明也很重要，不清晰的规则不利于创新。

第二，考虑更多地采取回应型的监管。虽然监管政策要一视同仁，但对于一些创新活动，往往在初期时效率和风险并不清楚，需要设置一些特定的政策。新加坡的监管部门实行"监管沙盒"，这项制度最初由英国提出，实行效果很好。我们在新加坡调研时发现，很多企业认为新加坡的业务环境相对较好的原因就在于，只要企业想同监管官员沟通新想法，就一定能获得回应。不只是回应，监管官员还会与企业一起讨论该想法的利与弊，并且一同设计一个"监管沙盒"方案帮助企业推进。这种"监管沙盒"的制度安排是企业愿意在新加坡孵化的重要原因。与新加坡及其他东南亚国家相比，我国的金融科技创新试点可以在增加开放度、灵活度和互动性等方面进一步提升，鼓励企业更好地落地各类新想法、新业态。

第三，数字金融监管政策的制定也应充分考虑数字技术的新特性，以应对数字技术应用带来的运营机制变化。例如，在数字金融条件下，传统的监管方法可能不足以防范风险。过去防范银行机构风险的手段是交报表、进行现场检查、场外检查等，但如今大数据平台的风险瞬息万变，所以也需要用数字技术来协助监管，管理风险。又如，数字金融条件下，对垄断的判断也存在一定争议。2023年通过的《非银行支付机构监督管理条例》在起草过程中曾经提出根据市场份额触发预警甚至推定市场支配地位，但这是传统经济的思路，并不适合数字时代的金融业务。在平台经济尤其是数字经济中，规模效益是一项重要特征，如果选择按照市场规模认定垄断地位，那企业一旦成功发展为较大规模，就会因为被认定为垄断而受到打击，这就陷入一种悖论。因此，对垄断的判断一定要看企业具体做了什么，是否存在反市场行为。在对于垄断问题的讨论中，一个值得重视的概念是可竞争性条件。如果一家企业在市场上的份额占比达到了垄断的程度，但进入该市场的路径并没有被完全阻断，其他企业或平台仍然可以正常进入，那便不能判定该企业垄断。以电商平台为例，2013年，某电商平台占中国市场比重高达93%，但仅仅几年之后，其市场份额跌落至难以维持自身生存的水平，说明2013年时并不存在垄断，否则其他电商难以发展。

第四，为数字金融创新与发展创造良好的软硬件基础设施与环境。过去，我国互联网的发展以消费互联网为主，将来可能更多地依托产业互联网、物联网，需要推动数据治理、数据标准、流动与共享等，需要做的努力还有很多。

第五，推动数字金融行业的双向开放。建设数字金融强国，既要"引进来"，也要"走出去"。在数字金融领域，尤其值得关注的是推动中国企业走向国际市场。从东南亚的经验来看，我国数字金融企业在国内市场收获的经验对于国际市场的开拓有着重要价值，在中国能够生存的企业在东南亚也能够具备基本的生存能力。在中国既有影响力的基础之上，政府部门可以考虑改进既有政策框架，推动国内外双向政策衔接，向"一带一路"沿线国家延伸和输出数字金融业务，将来甚至可以考虑帮助制定国际数字金融监管规则。

第六，可考虑将上海自由贸易试验区或临港新片区、粤港澳大湾区定为数字金融创新试验区。如果能够推动监管互认，那么国内的企业

"走出去"、境外企业"走进来"都会更加便利，移动支付跨境发展的局面也更容易打开。在试验区内，如果监管层能够签署备忘录或合作协议，推动投资理财业务的相互承认，那么将来与其他国家的监管合作也会变得更加容易。

中国资本市场的影响因素与改革方向[①]

赵锡军

（中国人民大学中国资本市场研究院联席院长、重阳金融研究院高级研究员）

在探讨资本市场的问题时，我们不能不关注股市与宏观经济基本面表现之间，以及中国股市与全球股市走势之间的不一致性，因为这会让我们思考中国的资本市场是否健康、是否对投资者友好。

然而，我们更需要思考的是，这些差异或不一致性的根本原因是什么，以及如何避开表象的错觉。如果股市存在问题，能否找到并正视这些问题，尤其是能否找准改革的方向并切实做到。

中国资本市场的"两个不一致"

第一，股市与经济基本面不一致。观察近年来中国经济的增长与股市表现，可以发现两者之间的关联性不明显。例如 2019 年中国经济增长率为 6%，而沪深 300 指数和上证指数分别上涨 35.8% 和 22.1%，

[①] 本文根据作者于 2024 年 5 月 10 日在第 185 期"朗润·格政"论坛上的主题演讲整理。

远超经济增速。2020 年，尽管受到新冠疫情冲击，经济增速放缓至 2.2%，但股市却表现出色，沪深 300 指数和上证指数分别增长 27.21% 和 13.87%。这种趋势在后续年份持续存在，股市的涨跌与经济增长率的波动之间并未呈现明显的正相关。

第二，中国股市与全球股市走势不一致。从 2023 年的数据来看，尽管部分国家如美国、日本和德国的股市表现强劲，但经济增长情况却各不相同。德国在经济增长率为负的情况下，股市仍上涨 19.71%。从数据上看，中国股市与全球股市的走势之间并没有明显的规律可寻。

资本市场的影响因素分析

过去几年，我们对"代表性股票指数是否能作为宏观经济晴雨表"这一课题进行了深入研究。结果表明，这个工作不容易。尽管在某些市场或特定行业中，如汽车行业，其增长与上市公司板块的指数之间关系较为密切，但整体而言，股票指数与宏观经济之间无法找到显著的联系。

近年来，全球股市的走势呈现出一些有趣的趋势。特别是 2016—2022 年，我们观察发现沪深 300 指数与香港恒生指数的走势逐渐趋同，这得益于港股通等渠道的影响。同时，日本日经指数与美国标普指数的走势也趋于一致。此外，英国、德国、巴西等国的股市也逐渐接近美国和日本股市的涨跌趋势。韩国股市虽然与德国、英国的走势有些类似，但涨幅较为平缓。新加坡和马来西亚的股市则与中国香港、上海的股市有一定相似性，但并不完全相同。

这些趋势反映了全球经济板块的变化。其中，地缘政治的变动和产业链、供应链的重组对股票市场表现产生了显著影响。值得注意的是，这些变化往往是意外，而非市场预期内的结果。

除了股市，我们还关注了其他资产价格的变化，如黄金价格、原油价格以及人民币兑美元汇率等，但这些变化与主要股市之间的联系也不明显。

在我看来，影响资本市场的主要因素有以下五个。

外部环境。过去是经济增长和效率优先，如今很多国家都以安全优先。美国等许多国家都在考虑供应链的本土化。货币政策在新冠疫情后也经历了较大波动。此外，国际投资的风险偏好也在变化。这些都是外部环境对市场的直接影响。

经济基本面。宏观数据往往呈现乐观趋势，但微观层面的体验可能存在偏差。这种差异导致了对经济基本面认知上的分歧。同时，经济信息的披露和传导过程可能受到不同因素的干扰，影响市场对信息的理解。

调控政策。稳经济政策和稳市场政策有时会出现脱节，局部与全局政策之间可能产生冲突，政策在不同阶段也可能发生较大变化。这些政策层面的不协调、矛盾，向市场传递了模糊的信号，影响了市场的稳定与预期。

资本市场本身。自1990年上海证券交易所正式开业以来，我国资本市场的定位和功能经历了从混乱到逐步清晰的过程。然而，目前市场治理能力尚未完全成熟，治理效果也未达预期，制度安排（如审批制、核准制和注册制）在执行中仍存在透明度不足和可预期性不强等问题，这些都会影响市场对资本市场的信心和信任。上市公司本身也面临合规性、质量、竞争力及产业引导力等多方面的挑战。此外，投资者结构以普通投资者为主，缺乏一流的投资机构，这也影响了市场的稳定性和成熟度。还有市场供求关系的变化，如新股发行、再融资、减持及融资融券等因素，以及宏观经济政策中的货币政策对市场资金供求的影响也会导致市场变化。同时，对市场违法行为的查处力度也会影响市场的健康发展。资本市场本身需要通过加强监管、完善制度、优化投资者结构等实现稳定和健康发展。

多种风险交织。2023年中央金融工作会议指出，"金融领域各种矛盾和问题相互交织、相互影响，有的还很突出，经济金融风险隐患仍然较多，金融服务实体经济的质效不高，金融乱象和腐败问题屡禁不止，金融监管和治理能力薄弱"。多种风险因素对市场产生了显著影响，这使得准确判断市场表现变得尤为困难。由于投资者感受各异，市场反应自然不尽相同。

资本市场的改革方向

当前，我国金融市场正处于由乱至治的转型阶段，新的定位已然明确。这一新定位在2023年的中央金融工作会议上被明确提出，即着力打造现代金融机构和市场体系，疏通资金进入实体经济的渠道。资本市场作为其中的重要一环，被赋予了更加明确的枢纽功能。这一功能不仅要求市场能够高效传递资金，更重要的是信息的传递，包括资本市场反映出的各类信息以及市场信心的传递。

为实现这一目标，需进一步完善股票发行制度，发展多元化的股权融资，并提升上市公司质量，同时培育一流的投资机构和投资银行。

总体而言，这一新定位强调了市场规则的强化方向，旨在构建规则统一、监管协同的金融市场，进而促进长期资本的形成。这与传统的以银行为主导的金融体系有所不同，因为银行在提供长期资本方面存在局限性，主要依赖借贷业务，而资本市场则具有信息透明度高、价格灵敏等优势，能够更好地通过价格信号实现资源配置和政策传导。此外，资本市场还具有风险分担、利益共享的特点，能够更有效地将风险传递给具备相应风险承担和辨别能力的投资者，但这一机制的建立仍面临一定挑战。

在当前的金融环境下，优化融资结构、稳定宏观杠杆率等措施对于维护金融市场的稳定至关重要。对资本市场而言，提高上市公司的质量、加强对外开放以及维持市场的稳健运行等策略同样不可忽视。

提高上市公司质量，关键在于三个环节：首先，在IPO阶段应严格筛选，确保优质企业上市；其次，在运行过程中应加强监管，确保公司规范运营；最后，在退市环节应加快不良公司的退出，维护市场的健康生态。这些制度建设正稳步推进。

对于市场风险的防控，应通过监管实现早识别、早预警、早暴露、早处置。市场作为风险揭示的重要平台，能够清晰、及时地暴露风险，有助于我们从整个金融体系和经济的角度更早地识别风险所在。特别是在支持科技创新方面，资本市场应能够迅速揭示和展现科技创新过程中的风险和不确定性，使投资者能够及时了解风险状况，从而做出合理的投资决策。

此外，加强监管、防范风险还需注重欺诈行为的防控和引导市场预期。市场预期作为市场信心的重要体现，对于维护市场稳定至关重要。因此，如何通过有效的监管和引导来展现市场信心、引导市场预期，是当前资本市场监管工作的重要方向。

第九章

共同富裕

共同富裕的本质与着力点[①]

姚洋

(北京大学博雅特聘教授、国家发展研究院经济学教授、
中国经济研究中心主任)

如何界定共同富裕？

自 2021 年提出"共同富裕"之后，出现了很多说法。网上有一些极端言论，例如说应该重新回到 1956 年那种国有化。这样的极端言论在社会上造成了比较大的思想混乱，特别是在企业家群体中。可以肯定地说，这样的说法显然不是我们党和政府的想法。

另一种说法认为，共同富裕应该像以前一样把蛋糕做大。改革开放 40 多年，我们不断做大蛋糕，让大家都获益。但这次提出共同富裕，我认为不仅仅是做大蛋糕的问题，还有如何分蛋糕的问题。

还有一种说法，认为共同富裕就是要壮大中等收入人群队伍。这个说法看似有很大合理性，也比较契合中等收入人群的想法。但问题在于，

[①] 本文根据 2022 年 5 月 25 日作者在"庆祝香港特别行政区成立二十五周年营商座谈会"上的主题演讲整理。

不管中等收入人群队伍多么壮大，总是会有一些人的收入增速赶不上经济增速，而且这些人的数量很多。

在我看来，共同富裕的真正含义应该是让所有民众都以同等的方式享受经济增长的成果。

什么叫"同等的方式"？不同的政治哲学会给出不同的答案。我个人认为，要在民众的收入能力和收入机会方面尽最大可能拉平。这与我们社会主义国家的特性高度相关，蕴含在马克思和恩格斯当年提出的共产主义理想当中。如果我们能做到所有民众以基本相同的方式享受经济增长的成果，那结果就是民众能够以基本相同的增长速度来提高收入。

我们不能一下子跳到结果去把收入拉平，因为那会使民众的积极性大幅降低。

中国收入与财富分布的现状

关注根本，着眼于根本，核心是要关注低收入阶层，因为这部分人的收入增速跟不上全社会的平均收入增速。

图9-1是中国收入和财富分配格局，数据源于北京大学对中国家庭的追踪调查，我是这个调查的发起人之一。调查每两年做一次，这是2016年的情况。2018年、2020年的数字有一些变化，但是分配格局没有太大变化。数据显示，收入最低的10%的家庭年收入只有2217元，近50%的家庭年收入低于3.4万元。收入最低的50%的人群仅占有全部收入的17%，而收入最低的10%的人群只占有全部收入的0.5%。

从图9-1还可以看出，财富分布的差距更大，收入最高的10%的家庭的平均财富为333万元人民币，收入最低的10%的家庭则是欠债，

(a) 全国户均收入分布（2016年）

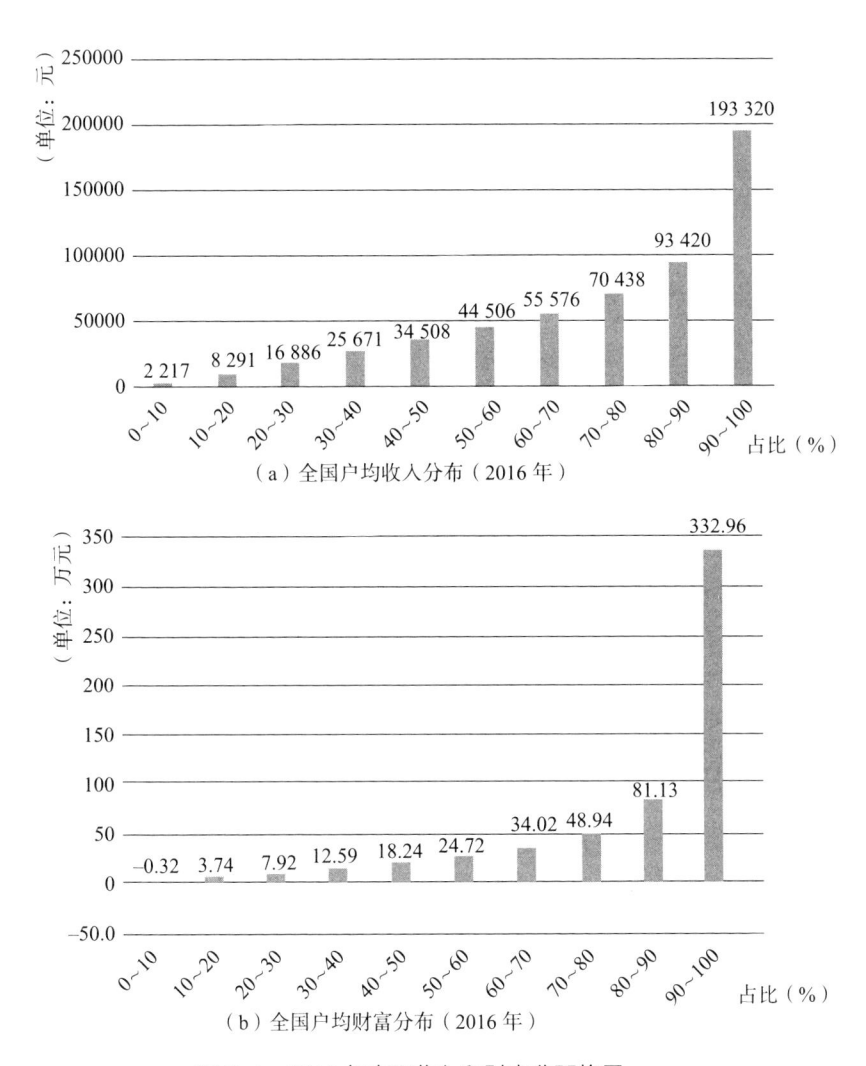

占比(%)	金额(元)
0~10	2 217
10~20	8 291
20~30	16 886
30~40	25 671
40~50	34 508
50~60	44 506
60~70	55 576
70~80	70 438
80~90	93 420
90~100	193 320

(b) 全国户均财富分布（2016年）

占比(%)	金额(万元)
0~10	−0.32
10~20	3.74
20~30	7.92
30~40	12.59
40~50	18.24
50~60	24.72
60~70	34.02
70~80	48.94
80~90	81.13
90~100	332.96

图 9-1　2016年中国收入和财富分配格局

资料来源：2016年中国家庭追踪调查（CFPS）

净资产为负。

所以，中国的收入和财富分配格局很差，主要差在50%的人收入太低。这就是为什么我说共同富裕的重点应当在低收入人群。

我们在2021年提出共同富裕目标，这并不是新事物，邓小平同志在20世纪80年代初提出让一部分人先富裕起来，带动大家共同富裕。①他后半句话强调的正是共同富裕，而且少数人先富起来是手段，共同富裕才是目标。

共同富裕是中国人一贯的理想

共同富裕是社会主义的一个目标，更是中国传统文化中理想的预期目标之一。

社会主义的共同富裕目标怎么定义呢？应该回到马克思和恩格斯在《共产党宣言》中对共产主义社会的憧憬——"每个人的自由发展是一切人的自由发展的条件。"也就是说，每个人的自由全面发展应该是社会主义追求的最根本目标。

"自由"是一个哲学问题，简单说包含两方面，缺一不可。除了美国前总统罗斯福所提出的免于贫困、免于恐惧等的自由，还应加上"能够"做什么事。社会主义和资本主义的核心差别之一是社会主义不仅强调"免于"，而且强调"能够"做什么事。

"全面"就是要充分发掘每个人的潜力。如马克思和恩格斯在《共产党宣言》里所构想的社会，我们每个人清晨做渔夫、上午做农民、下午做工人、晚上做哲学家，人人得以全面发展。

我想这样的信念，这样的对未来社会的憧憬，没有人会拒绝。

社会主义的目标与儒家、中华文化的根基是一致的。有些人认为儒家是毁灭人性的，我坚决不同意。儒家非常肯定个人价值，特别是先秦儒家。孟子认为"人有四端"，每个人生来具有同等潜力，都有成圣、

---

① 《邓小平：让一部分人先富起来》，参见：http://cpc.people.com.cn/GB/34136/2569304.html。

成贤的潜力。孔孟儒学进一步强调，每个人最后达到的高度不一样，而这取决于个人修行和社会环境。我们和其他有宗教国家一个最重要的不同之处在于，我们的文化肯定对个人修行的奖励。个人修行好、贡献大，就应该得到更多回报和奖励。在这一点上，早期儒学和马克思、恩格斯说的人的自由全面发展是一致的。

中国文化传统中有两个看似矛盾但可以统一的方面。

在微观层面，中国人特别相信贤能主义，认为聪明能干、对社会贡献大的人理应获得财富。一个人获得的社会回报与他对社会的贡献成正比，这也符合亚里士多德的比例原则。因此，中国社会对个人通过努力获得的财富持肯定态度，一些知名企业家可以成为年轻人心目中的英雄和榜样。而身为市场化发源地的欧洲，其年轻人未必都崇拜创业英雄。2021年提出共同富裕之后，社会上一些人对"共同富裕走向重新国有化"的担心和反对与此有关。

在宏观层面，中国人又"患不均"。其实这是所有文化的特征，并不仅限于中国人。曾获诺贝尔经济学奖的印度裔经济学家、哲学家阿玛蒂亚·森说，所有文化都追求平等，只是追求的侧面不同。

这样就产生了矛盾张力，微观层面希望奖励贤能，宏观层面则要求社会更加平均。怎么办？这就需要投资每个人的能力，给予每个人同等的机会。每个人的能力都提高了，机会都相同了，就都可以发挥自己的特长，最后实现平等。这样的社会才是良性运作的社会，同时也能够实现共同富裕的理想。

如何提高每个人的能力？

那么，怎么提高每个人的能力呢？在当今社会，教育是第一要务。

以前，乡镇企业家没有受过什么教育照样可以做成一个企业，但那样的时代已经一去不复返。中国已经进入了"智本家"时代，教育变得极其重要。

目前，中国高等教育已经进入普及阶段，2021年，高等教育毛入学率为57.8%，表明在校生人数在18~22岁人口中的占比是57.8%。我们做了计算，近几年来，每年高考招生人数占18~22岁人口数的比例都超过70%，也就是超过70%的年轻人都上了大学。

但是，我们注意到没有读大学的年轻人中有很大部分是在农村地区，很多人甚至高中都不读，最多上职高、技校。我们做过研究，发现上职高、技校的绝大多数孩子这一生都锁定在低收入工种、低收入行业。事实上，职高教育已经成为锁定阶层的工具。我们调查发现，上职高、技校的孩子中90%是农村孩子。

图9-2是1930—1985年出生人口的教育水平分布图。好消息是，

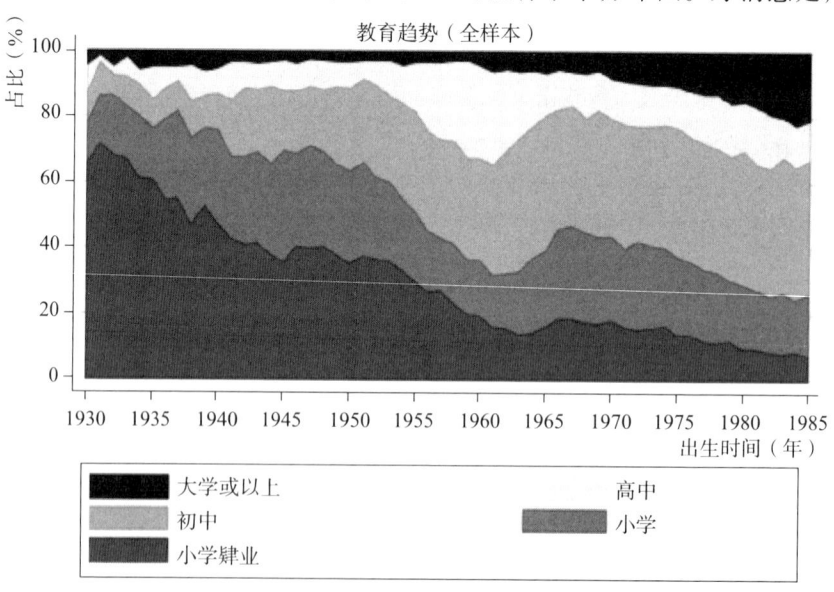

图9-2 中国教育构成的演进（1930—1985年出生人口）

资料来源：中国家庭追踪调查

大学生的比例从 1930 年出生人口的几乎可以不计，到 1985 年出生的人中 20% 有大学文凭。坏消息是，1985 年出生的人中 8% 没有完成小学教育，70% 的人仅仅完成了初中教育。情况在近些年有一些改进，但并不很明显。

当教育有这么大差距的时候，想实现共同富裕的难度非常大。很多研究发现，教育回报率上升最快的阶段是高中和大学，完成初中教育只能满足低端就业需求。而且随着技术的发展，这种就业机会越来越少，用工需求很快会被 AI、自动化替代。要想在中国未来社会立足，至少需要拥有高中教育水平。

教育资源的均等化是当务之急。2022 年 5 月 1 日，国家正式实施了新的《中华人民共和国职业教育法》，其中有一条是"职业教育是与普通教育具有同等重要地位的教育类型"。这意味着初中毕业将不再进行普高与职高的强制分流。这是非常大的进步，也是包括我在内的学者近年来所呼吁的。

但是这仍不够，我认为最佳状态是十年一贯制义务教育，即把九年义务教育改成从小学到高中的十年一贯制义务教育，"小升初"不用中考，大家平等地上 10 年学。7 岁开始上小学，到 17 岁毕业。7 岁以前可以上一年学前班，17 岁毕业后根据大学专业的不同，可以再上一年大学预科。17 岁毕业之后再分流，可以选择读本科、专科、技校（含中专），或就业。

现在的情况仍然是初中毕业就要对孩子分流，孩子还不懂事，家长也不甘心。但孩子 17 岁读完高中后会更加成熟，会有能力意识到成为什么样的人是自己的责任。

这样做的好处有三个。一是有利于提高农村地区的教育水平，确保所有人都接受完整的高中教育，而不是像现在这样有些人初中毕业就进入社会；二是能让基础教育回归培养人才的本源，而不是选拔人才，这一点非常重要；三是可以部分缓解教育焦虑。现在高考焦虑影响了中考焦虑，由于普高毕业基本能上大学，家长就拼命要让孩子上普高而不是职高。如果实行十年一贯制义务教育，可以在很大程度上缓解这种焦虑，对于我们民族的未来极有好处，否则孩子从小只学会做题，得不到综合培养。

做经济学研究需要综合素质，但我发现很多学生不具备这种素质，他们也许可以解出一道题，但是没有能力创新一个理论。如果孩子从小能在无忧无虑的环境里学习，他们的综合能力会大幅提高。

目前政府鼓励企业和职业教育技术类大学合作，但是实践效果一直不太理想。我考察过德国的技术大学，基本每所大学都有两三家大企业支持，大企业把实验室直接建在技术大学里面。这样，企业和大学形成合力，企业节约了部分研发开支，学校里的老师和学生可以在企业里兼职、实习，大学则获得了宝贵的技术、教师和设备资源。因此，政府应该在这方面给予企业一些税收等方面的优惠，鼓励大企业和高职院校、技术大学合作。

优化基本经济制度

在这个基础上，我国的基本经济制度应保障我们能建设一个效率与公平兼备的社会。

一次分配应该遵循按要素分配的市场原则，这是改革开放40多年的基本经验之一。没有按要素分配，就没有今天的成就，因为无法调动微观主体的生产积极性。以前把按要素分配和按劳分配对立起来的看法是不对的。其实，按要素分配包含按劳分配。按照马克思的劳动价值论，资本是劳动积累的成果，只不过因为积累得年长日久，表面上和劳动的距离有些远。所以，资本获得回报从根本上看也是劳动获得的回报。这一点我们一定要坚持，因为这是提高效率、把蛋糕做大的根本保证。

二次分配是再分配，要以社会主义目标为导向，投资每个人的能力建设，即教育、培训、基本福利等。

2021年提出的共同富裕最受关注的是"三次分配"的概念。这个概念是错误的，不应该有三次分配的说法。分配一定有主体，一次分配的主体是企业，二次分配的主体是政府，三次分配的主体是谁呢？因此显然是错误的。所谓的三次分配其实是企业捐赠，那就不是"分配"问题。企业家捐赠的目的是什么？救助贫困、繁荣文化和艺术等，通过回馈社会实现个人抱负，这是企业家自愿去做的事情，不是分配。

其实，中国企业家的捐赠已经非常多。美国的个人捐赠占60%，企业捐赠占40%，中国的这一比例是倒过来的。所以，中国企业家实际上非常有社会责任感。溯本清源，我们可以从税收、声誉机制等各方面鼓励企业家捐赠，但一定要让公益和慈善捐赠回归到人人自愿的初心，而不是强制分配，这才是极其重要的，否则会严重打击企业家创造财富的积极性，从根本上影响共同富裕的水平和节奏。

发展民营经济是共同富裕的基础[①]

张维迎

（北京大学博雅特聘教授、国家发展研究院经济学教授、
市场与网络经济研究中心主任）

我们中国的地区差异更大程度上是农村之间的差距，而不是城市之间的差距，城市地区之间的收入差距比较小。这意味着，民营企业发展和市场化带动的城市化本身就可以缩小地区之间的收入差距。我们看到的人均 GDP 差距的缩小在很大程度上与城市人口比例的增加有关，城市人口占的比重越大，地区之间的差距越小，这当然也可以说与民营企业的贡献有关。

民营企业的发展是共同富裕的基础，民营企业不仅可以把蛋糕做大，而且可以使分配更为公平。

首先看市场化指数。北京国民经济研究所从 1997 年开始编制市场化指数，我们先来看截至 2019 年的数据。通过图 9-3 我们可以很清楚地看到，中国的市场化程度在不断提高，只有在三个时间有所下降，分

---

① 本文根据作者与《财经》杂志总编辑王波明在 2021 年 12 月 18 日 "三亚·财经国际论坛" 上就 "民营经济与共同富裕" 这一主题的对话整理。

别是 1999 年、2010 年和 2019 年。我们可以看到，市场化指数与民营企业发展指数高度相关。事实上，市场化的一个分指数就来自民营企业，或者说非公有制经济的发展。

图 9-3　中国市场化指数（1997—2019 年）

资料来源：北京国民经济研究所

尽管全国整体的市场化程度在上升，但是各地之间的差异非常大。总的来讲，东部地区的市场化程度最高，西部地区最低，中部地区在两者中间。这给我们提供了一个通过地区间比较理解其他问题的机会，民营经济发展或者市场化程度的提升，会给中国人的收入带来什么变化？

图 9-4 的横坐标是市场化指数，纵坐标是每个省的人均可支配收入，图中每一个点代表一个省（自治区、直辖市）。从这个图上面，我们可以看得非常清楚，平均而言，市场化程度越高，民营企业越发达的地区，人均可支配收入越高。以 2016 年为例，大体来讲市场化程度提高一个点，人均可支配收入可以增加 2237 元。

下面主要分析一下收入分配的问题，包括利润与工资、城乡收入差

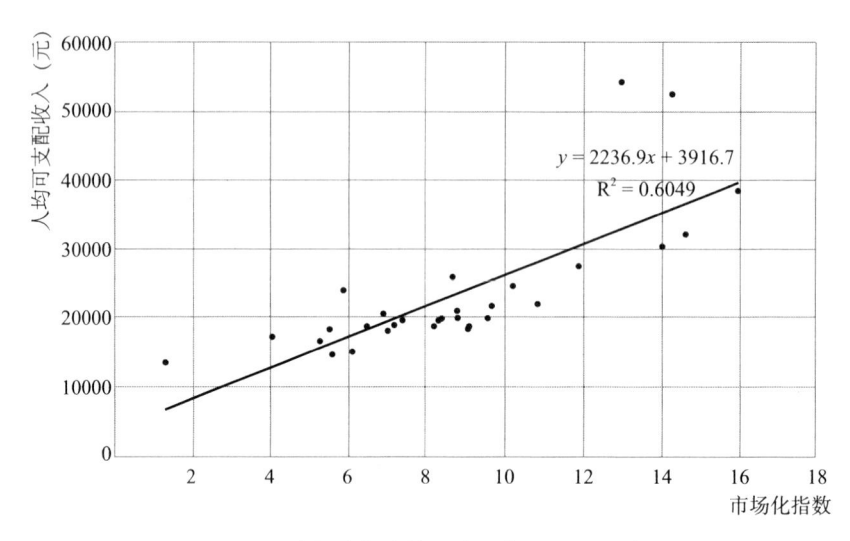

$$y = 2236.9x + 3916.7$$
$$R^2 = 0.6049$$

图 9-4　市场化与人均可支配收入（2016 年）

距、地区间收入差距，以及基尼系数，最后分析收入的垂直流动。

我们先看一下工资与利润的关系。民营经济越发达的地方，市场化程度越高的地方，私人企业员工平均工资越高。仍以 2016 年为例，市场化程度提高一个点，私人企业员工的平均工资可以上涨约 1826 元（如图 9-5 所示）。

我们也看到，市场化程度高的地方，民营企业的净资产利润率也在上升，但这二者不是高度相关。结果是，市场化程度高、民营企业发达的地方，私人企业员工的工资占主营业收入的比重上升，占主营业成本的比重也上升。这说明民营经济更好的发展有利于收入向普通的工薪阶层倾斜。

城乡差异方面，大体上我们可以用城镇跟农村的人均可支配收入比来看。如图 9-6 所示，城乡差距最大的时候是 1957 年，到 1978 年的时候城镇人均可支配收入是农村的 2.6 倍，之后几年有所下降，然后又回

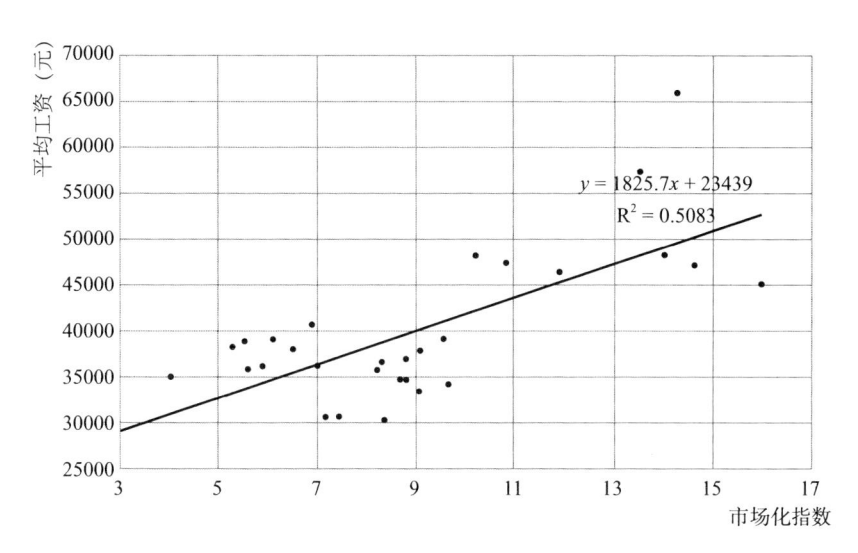

图 9-5　市场化指数与城镇私企员工的平均工资（2016 年）

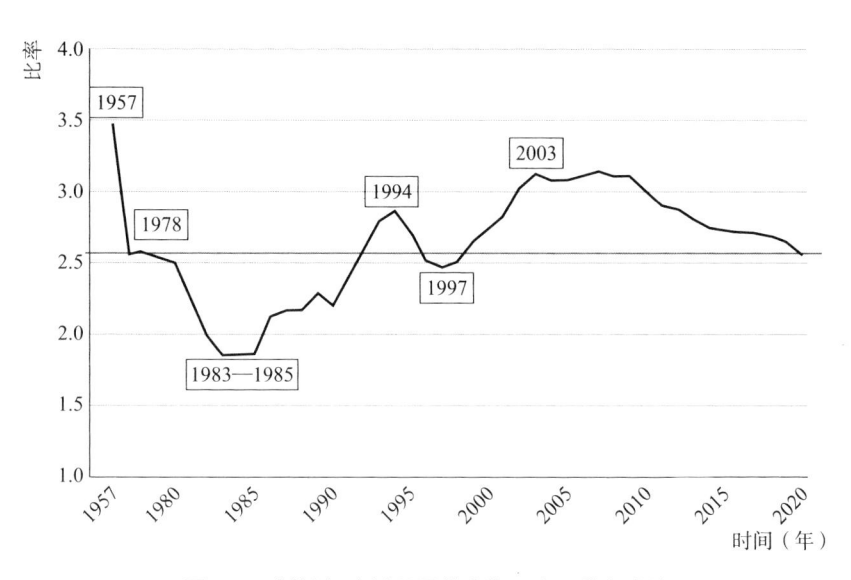

图 9-6　城镇与农村居民的人均可支配收入之比

升，2003 年开始城乡差距逐渐缩小，2020 年城镇人均可支配收入与农村的比率跟 1978 年大致相当。这是全国的情况。

分省来看就非常有意义了。大家已经知道，市场化程度越高的地方，民营企业发展越好的地方，城乡可支配收入差距越小。横跨20年，我们看到了民营经济的发展和市场化改革有利于缩小城乡差距。

农村贫困问题是大家比较关注的。民营经济发展越好，市场化程度越高的地区，农村贫困人口比重越低。而且，民营经济的发展和市场化程度的提高使贫困人口比重的降低速度也更快，所以从这点来看，民营经济的发展也有助于减小城乡差异。

地区间收入差异，就是以省级行政区为单位来看地区差异。图9-7是用最高收入的省级行政区的人均GDP与最低收入省级行政区的人均GDP进行比较。最高的通常是上海，偶尔是北京，最低的是甘肃、贵州，更多的时候是贵州。1978年的时候，上海人均GDP是贵州的14.2倍，但是到了2019年这一数字降到了5倍，之前还有更低的时候。所以从人均GDP来看，改革开放以来，地区之间的差异不是在扩大，而是在缩小。从图9-7中可以看到，如果按照人均GDP算，改革开放之

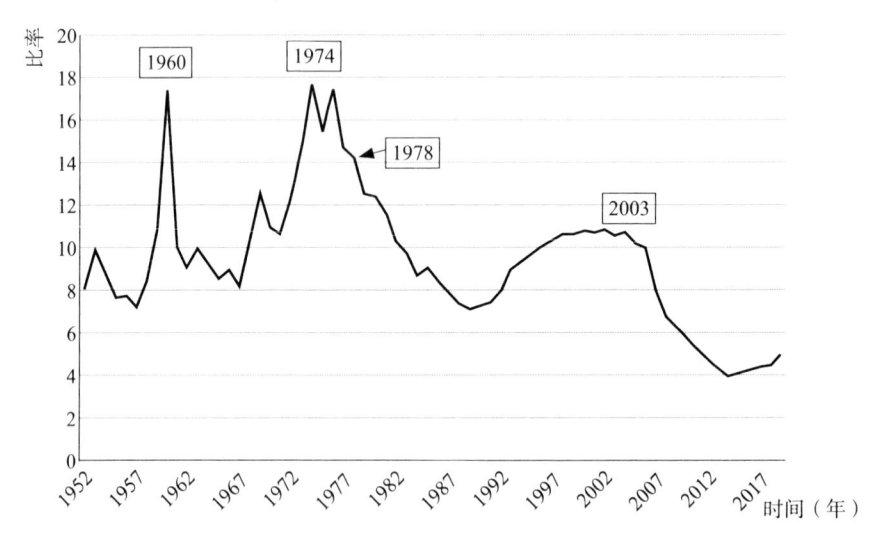

图9-7 中国省级行政区人均GDP最大与最小之比

前的地区差距要比改革开放之后的大。

另外一个指标是变异系数，即人均 GDP 的标准差除以人均 GDP。变异系数等于 0 意味着地区间没有差异，变异系数超过 0 越多表明差异越大。如图 9-8 所示，在 1978 年的时候地区人均 GDP 的变异系数是最高的，之后一直到 1989 年都在下降，然后上升，2002 年又开始下降，最近几年又有所上升。总体来讲，以人均 GDP 衡量的话，改革开放前地区之间的差异大于改革开放之后的差异。

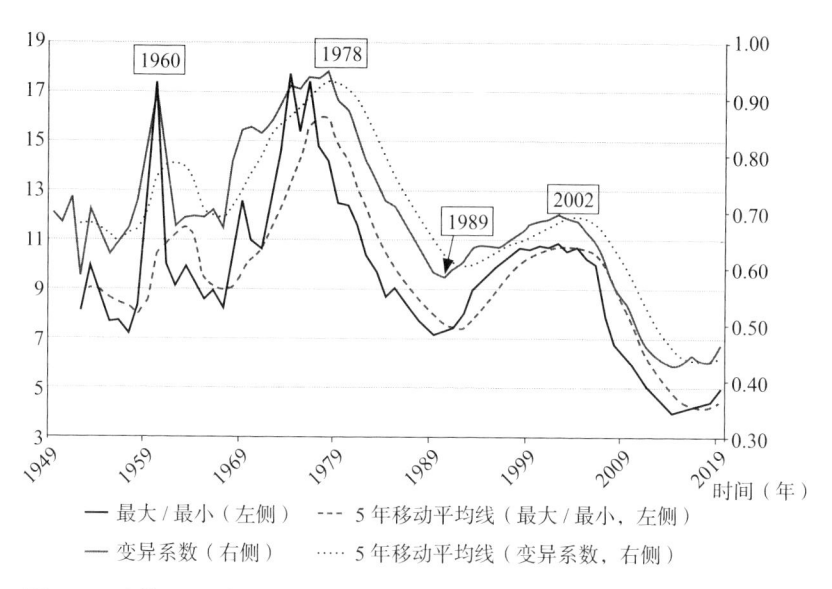

图 9-8 人均 GDP 的地区间差距：最高/最低和变异系数（1949—2019 年）

当然，农村和城市有别。我们看到农村人均可支配收入的地区间差距也有下降、上升，但是到 1993 年之后基本呈现下降趋势。城市的情况也类似，在 1994 年之后呈现下降的趋势。

这里非常重要的一点就是，我们中国的地区差异更大程度上是农村之间的差距，而不是城市之间的差距，城市之间的地区收入差距比较小

（见图9-9）。这意味着民营企业发展和市场化带动的城市化本身就可以缩小地区之间的收入差距。我们前文看到的人均GDP差距的缩小很大程度上与城市人口比重的提高有关。城市人口占的比重越大，地区之间的差距越小，这个当然也与民营企业的贡献有关。

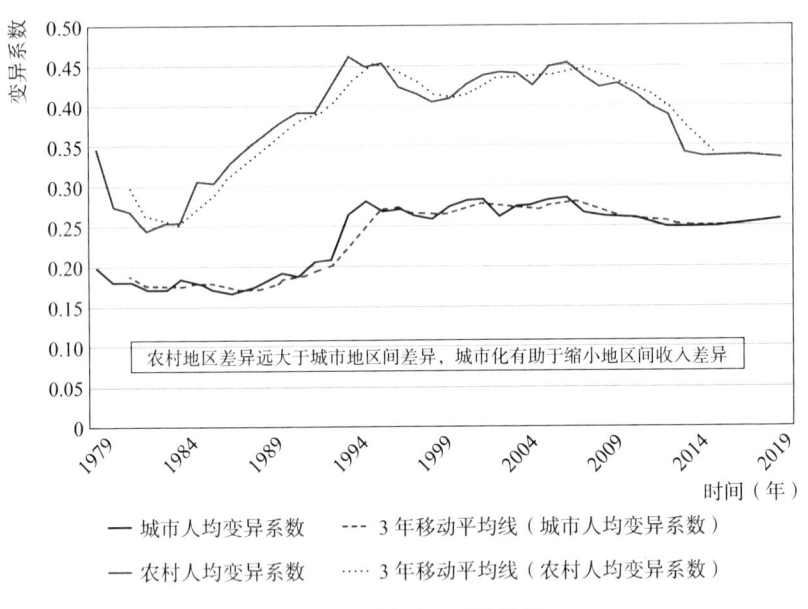

图9-9 城乡变异系数比较

再谈一下基尼系数的问题。衡量一般的收入不平等都用这个系数，从全国看，大体来讲，改革开放之后，用基尼系数衡量的收入差距在扩大，大致到2010年左右开始下降，最近几年略有回升。

非常有意思的是，分地区来看，我们能得到很多重要的信息。以2001年为例，如图9-10所示，图中每个点代表一个省级行政单位，从图中可以看到，民营企业越发达、市场化程度越高的地方，收入分配的差距越小。

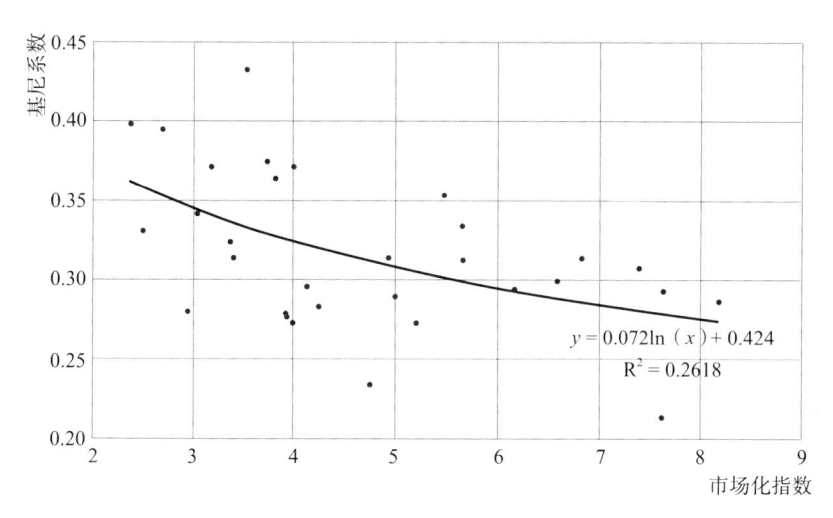

图 9-10　市场化指数与基尼系数（2001 年）

2013 年的情况也类似，尽管相关度没有 2000 年高，但相关系数是负的，这在 2017 年的数据中也有体现。所以总的来说，市场化程度的提高和民营经济的发展，有助于缩小这个地方的收入差距。

我们还有一个指标，即国家统计局提供的人均收入按照五档划分，收入最高 20% 的人的可支配收入和收入最低 20% 的人的比较。此指标也表明，市场化程度越高、民营经济越发达的地方，收入差距越小。

同时，我还发现一个有意思的现象。我们一般认为财政支出用于再分配是为了缩小收入分配的差距。但是到目前为止，中国的情况并不乐观。通过数据我们了解到，2001 年财政支出占 GDP 比重越高的地方，收入差距越大，2013 年的情况也类似，直到 2017 年政府财政支出占 GDP 的比重才与这个地方基尼系数平均起来没有什么关系。希望以后有进一步的改善，就是财政支出占比越高的地方，基尼系数越低越好。

最后讲一下收入的垂直流动性问题。对市场经济来说，最重要的就是阶层流动，比如原来是低收入阶层后来变成了高收入阶层，或者反

第九章　共同富裕　　315

过来。

中国在这方面也取得了一些进步。根据斯坦福大学两位教授2006年发表的研究，我们可以看到1990年收入最高的那20%的人，只有44%在5年之后还在最高收入层，另外56%下降到其他收入层了，其中有5%进入了最低收入层。而1990年收入最低的那20%的人到1995年时有不到一半仍然在最低收入层，超过一半的人进入其他收入层，其中有2.1%的人进入了最高收入层。

据我所知，很多进入排行榜的富人，30年前是低收入者，有些甚至在20年前、10年前还是低收入者。再看富人榜上的排名变化，2010年胡润全球富豪榜上最富有的100人到2020年的时候只有30人还在榜上，其他70人已经不在榜上了。这意味着即使现在最富有的人，以后也会有很大的比例离开这个富有群体。我希望能够继续这样。

就像熊彼特那句话说的：市场经济下的富人俱乐部应该像住满了客人的酒店，总是有人出去，有人进来，名字总在变化。

总的来说，为了实现共同富裕，中国必须大力发展民营经济，必须继续进行市场化改革。只有这样，我们才能不仅把蛋糕做大，而且使蛋糕的分配更加合理、公平。当然我们还有很多其他的事情要做，但是我想最重要的是，要有更公平的竞争规则让我们的财富增加，而且增加的过程中要有更好、更公平的合理分配。

以更公平的收入分配体系，推动中国经济增长[1]

蔡昉

(中国社会科学院国家高端智库首席专家，中国金融四十人论坛学术委员会主席)

中国人口趋势难以逆转，改革必须更加强调收入分配

研究中国的不平等现象，国外学者和企业家会十分关心两个问题，一是以共同富裕为目标的政策取向对中国来说是否恰当，二是未来15年中国经济如何才能实现合理的增长。

自20世纪70年代末改革开放以来，中国经历了三个发展阶段，每个阶段的收入分配都有其特征。

第一阶段，实行中央计划经济的制度遗产是普遍贫穷。1978年，生活在贫困线以下的农村人口达2.5亿。当时中国的贫困线标准是年收入100元，这类人口已经处于极端贫困状态。计划经济体制的缺点之一在于奉行平均主义，缺乏激励措施，由此引发"铁饭碗"的问题。这一阶段

---

[1] 本文根据作者于2022年3月22日在CF40-PIIE中美青年圆桌第6期"如何分蛋糕：贫富差距和政策选择"上所做的主题演讲整理。

增加激励措施，必然会拉大收入差距。但在这一阶段，收入差距并不是最受关注的问题，提高劳动者积极性和人民生活水平才是最迫切的任务。

第二阶段，中国经济快速增长，并体现出二元经济发展特征。大量农村剩余劳动力向城市迁移，劳动力无限供应，靠人口红利推动了经济增长。这一阶段的中国经济具有包容性特征，尽管基尼系数提高，城乡收入差距也在扩大，但每个群体的收入都在增加。就业的扩大和农村人口向城市迁移，成为这一时期经济增长最主要的驱动力量。

第三阶段，中国人口结构趋于老龄化，农村人口向城市迁移的速度放缓，城市化速度减慢，经济增长速度随之减缓。这一时期，仅依靠劳动力市场或初次分配已经无法实现收入公平的目标。为解决新时期面临的新问题，必须部署更多种类的政策工具，加大再分配力度。

当前，中国面临两个最主要的问题，一是就实现"十四五"规划和2035年远景目标而言，逐年放缓的中国经济潜在增速是否可接受。答案是肯定的。根据2012年的估算结果，中国GDP的潜在增长率会不断放缓。而这十几年的实践结果也证明，中国经济的实际增长确实在放缓，并且放缓的速度与GDP的潜在增长率一致。只要中国经济的实际增速和潜在增速保持一致，并且潜在增速明显高于世界平均水平，就可以实现上述规划、目标。未来，中国经济增速终究要回归世界平均水平，但这种情况要到2050年才会出现。

二是需求侧能否继续为中国经济增长提供支撑。这取决于一系列因素。需求结构方面，2012年以来中国经济增长的三大需求因素，即净出口、资本形成和最终消费支撑了经济增长。但是以后呢？从新变化来看，首先，中国第七次人口普查结果显示，2020年全国总生育率只有1.3，说明中国的人口变化是不可逆的；其次，2021年人口自然增长率仅为0.34‰，可以说人口数量已经接近峰值；再次，中国65岁及以上人口比例为14.2%。根据定义，如果一国的老年人口比例超过7%，该社会即可被称为"老龄化社会"；如果老年人口比例超过14%，即可被称为"老龄社会"。由此可见，中国已经正式迈入"老龄社会"。

上述三个人口因素的变化会削弱需求，特别是消费，这表现为三个效应。第一，人口总量效应。如果人口增长率为正，消费增长率也会为正。而在其他条件相同的情况下，如果人口增长率为负，消费增长也会遇到困难。第二，年龄结构效应。在这个问题上，中国的情况与发达国家不同。中国老年人口的消费能力和消费意愿都比较低，消费水平也不高，因此人口年龄结构变化会削弱消费。第三，收入分配效应。一方面，富裕人群的收入增加，他们的消费水平不会有很大提升；另一方面，低收入人群收入不足，他们的消费需求会受到收入的限制。

由此可见，中国的人口转型趋势难以逆转，改善收入分配是应对消费收缩挑战的可行路径。20世纪30年代，贡纳尔·米尔达尔、凯恩斯和艾尔文·汉森都对人口、经济增长和收入分配之间的关系发表过重要著述，并得出了同样的政策建议：人口停滞呼唤新政策的出台，而这个新政策高度强调收入再分配问题。事实上，从那以后，瑞典、美国和英国都建立了福利国家。

中国即将跨越"中等收入陷阱"，需求将成为经济增长的关键制约

根据世界银行的标准，中国预计在2035年成为中等发达国家。目前可以说，中国即将跨越所谓的"中等收入陷阱"。然而，新的挑战仍然严峻，需求因素在中国经济增长中会变得非常关键。

2021年，中国人均GDP超过12551美元，已经非常接近高收入国

家的门槛。然而，即使在统计上进入高收入国家行列，中国经济也面临很多挑战。这些挑战中最重要的是如何突破消费制约，根本途径是增加居民收入、改善收入分配和提高社会福利水平。

以德国经济学家阿道夫·瓦格纳命名的"瓦格纳法则"发现，随着居民人均收入增加，为满足人们对公共产品不断增长的需求，政府开支特别是社会福利开支将不断增加。这个法则曾得到许多经济学家的验证。我们从跨国数据可以观察到，在人均GDP从10000美元增长到23000美元的阶段，政府支出占国内生产总值的百分比上升最为迅速。所以这一时期可以被称为"瓦格纳加速期"。

根据经济发展目标，即从目前人均GDP超过10000美元提高到23000美元，中国已经进入"瓦格纳加速期"，这一时期将持续到2035年。在GDP总量、人均GDP今后呈现增速减缓态势的同时，中国将面临基础公共服务不足、收入分配不均的挑战。在此背景下，构建有中国特色的福利制度体系，是当前迫切且不可避免的任务。

构建有中国特色的福利制度体系，关键在于初次分配和再分配。这两个领域的诸多改革都可以为中国带来红利，同时解决收入分配问题，例如以人为核心的城市化改革。当前中国面临供给和需求两方面的挑战。供给侧的限制主要是劳动力短缺。许多人对中国经济持悲观态度，其中一个原因就是认为劳动力今后是负增长的。需求侧的限制主要是认为消费将持续不振。这两个问题都可以通过缩小与更高收入国家在城市化水平上的差距，甚至消除这个差距来解决。

这里所说的差距包括两方面内容：一是常住人口城市化率上的差距，二是常住人口城市化率和户籍人口城市化率之间的差距。后一差距意味着进城农民工尚未获得城市户口，当前这一差距高达18个百分点。消除上述差距，中国可获得可观的劳动力供给，并通过将其配置到非农业部门来提高中国经济的潜在增长率。另一方面，通过将2.6亿农民工转化为拥有本地户口的城市居民，会大幅度扩大消费。根据OECD的估算，这将使农民工消费提高30%，是一个巨大的改革红利。

中国的劳动年龄人口在2010年达到顶峰，此后出现了严重的劳动力短缺问题。劳动力短缺不仅体现在数量方面，也体现在人力资本方面。随着新劳动力进入劳动力市场的速度减慢，人力资本的积累速度也放缓。另一方面，资本劳动比增加，导致投资回报率不断下降。这会带来两个影响，一是经济潜在增长率不断下降；二是中国失去劳动密集型产品的竞争优势，从而导致制造业比重不断下降。这可以解释为什么中国经济增速放缓后，出口增速也开始放缓，就是因为正在失去竞争优势和人口红利优势。

与此同时，中国还存在数量巨大的中等收入人群，脱贫人口的数量也非常庞大。提升这部分群体的消费能力将创造巨大的消费需求，这也是中国提出"双循环"战略的原因所在。从这个角度看，中国并非在切断与世界其他地区的联系，只是在挖掘自身的内需潜力。虽然当前阶段，中国正在失去以往的比较优势，但未来仍将获得新的动态竞争优势。在此之前，中国可能会更加关注国内市场。

总结来看，更公平的收入分配是经济增长的先决条件。只有收入分配更公平，经济效率才能得到保障。或者说，对当前经济面临的挑战来说，分好蛋糕是做大蛋糕的前提条件。

当前最迫切的改革是推动劳动力继续转移和加快市民化

要实质性推进改革，首先必须找出改革的红利所在。如果对中国收入不平等指数进行分解，可将其分为城市内部的收入不平等、农村内部的收入不平等和城乡之间的收入不平等三部分。之前有很多研究发现，大约50%的收入不平等来自城乡差异。我们假设如今仍然如此。而新的研究表明，农村内部的收入不平等有所提高。这就意味着在剩余50%的收入差距因素中，来自农村内部的贡献较大，城市居民收入不平等的贡献相对小。

由此可见，不平等在很大程度上体现为城乡差距，根源是城乡之间在机会上的差距。具体来看有两点，一是就业机会，解决方案就是迁移和流动。农村人口迁移到城市劳动力市场，自然就能获得与城镇居民相对平等的就业机会。二是获得公共服务的机会，特别是教育机会。如果赋予劳动力自由迁移的权利，他们就可以选择获取更好教育的机会。因此，虽然很多改革都需要推进，但破除户籍障碍、倡导自由迁移可能是当前最迫切需要的改革。

如果城乡居民仍被户籍割裂，劳动力供应就无法稳定，劳动力短缺问题也就无法解决。中国从事农业生产的劳动人口占比要显著高于中上收入国家的平均水平。土地、户籍、社会福利等多方面的制度障碍导致农民无法从户籍上迁出农村。如果农村居民可以迁入城市，并拥有当地的户口，就有权享受基本公共服务，从而可以稳定居住下来。这样，非农业部门的劳动力供应将得到保障，劳动力成本将不再快速增加，资本对劳动力的替代速度也会放缓，这无疑可以改善潜在增长率。诚然，城市内部的行业之间、人群之间也存在不平等现象，特别是垄断部门或企业更容易获得高技术等有利条件。这会导致职工收入差距，中国也正在努力解决这方面的问题，核心手段是提低、扩中、调高。

关于户籍制度改革以何种规模的城市为重点的问题。因为中国城市数量很多，总数接近700个，如果中国希望在城市里安置农民工，可以考虑从一般的大城市和中等城市入手，而非选择北京、上海、广州、深圳这类一线城市。规模较小的县级市因为就业机会不多，暂时也缺乏吸引力。为数众多、有一定生产力且没有人口过度拥挤压力的普通大城市和中等城市是更合适的选择。最终，这类城市的人口也会向超大型城市和小城市迁移，这样城市化的净收益才会超过社会成本。

关于农村家庭如何从土地获得收益的问题。我赞成让农民获得土地财产收入，关键问题是不同的土地如何处置。中国农村存在三种性质的土地。一是集体建设用地，需由当地村民自治组织和农民集体决定如何使用，比如用于合资企业投资。二是耕地。耕地的所有权、承包经营权和使用权是分离的，土地由村民集体所有，这一点不可改变；同时每个家庭都承包了责任田，农民有权从土地中获取收益，比如出租或转包给邻居甚至是外来投资者，前提是不可改变耕地用途，必须用来种植农作物，从事农业生产。三是宅基地。目前中国正在就农村宅基地改革进行试点。农民有望从宅基地获取一定的财产性收入。

关于数字经济"非正规就业"的问题。目前，数字经济部门就业人口尚缺乏准确的统计数据。很多人可能并非从事数字化工作，而只是任职于网络平台和数字化技术所创造的非正式部门，最具代表性的就是"外卖小哥"。这些配送人员的工资远高于他们父辈在厂里工作的薪资，从业者数量增长较快，但目前他们仍不能代表全部农民工。而且外卖送餐行业的工作年限一般较短，随着年龄增长，他们可能不再会从事这份工作。虽然灵活就业并不代表非正规的工作，但在中国，灵活就业者的工作往往是非正规的，表现为就业和收入不稳定以及缺乏必要的社会保险。对此，必须促进这类工作的"正规化"，不断扩大社会保险的覆盖范围。

此外，新冠疫情无疑加剧了不平等现象。在2022年12月之前，白领工作者可以远程办公，关键岗位的工人必须前往工作场所，而大量的服务业人员却因工作场所被关闭而被迫停工。关于疫情应对策略，需要进行"反事实（counter factual）实验"。由于缺乏对照组，我们无法对疫情应对策略进行比较和评估，但我相信中国经济可以反弹，虽然难免会有波动。同时，任何策略都有实施效力的问题，我们可以不断提高治理能力和政策效力。

第十章

统筹发展和安全

快速发展仍是中国未来 30 年关键中的关键[①]

林毅夫

（北京大学博雅讲席教授、新结构经济学研究院院长、
国家发展研究院名誉院长、南南合作与发展学院名誉院长）

2021 年，我国完成了第一个百年奋斗目标，踏上迈向第二个百年奋斗目标，也就是在本世纪中叶把中国建成富强民主文明和谐美丽的社会主义现代化强国的新征程。在新征程上，习近平总书记强调我们要胸怀两个大局：一个是中华民族伟大复兴的战略全局，一个是世界百年未有之大变局。[②] 此外，我们还要在新征程中构建新发展格局。

我认为，这些目标能否实现都与我国能不能保持一个较为良好的经济增长速度有很大关系。因此，本文的主要观点是，发展是解决中国一切问题的基础和关键。

实现中华民族伟大复兴，是因为中华文明原本就是世界上一个非常兴盛的文明。16 世纪之前，中国的发展水平领先于世界其他国家将

[①] 本文根据作者于 2021 年 12 月北大国发院第六届国家发展论坛闭幕式上的演讲整理。
[②] 《习近平总书记江西考察并主持召开座谈会微镜头》，《人民日报》，2019 年 05 月 23 日 02 版。

近1000年，人均GDP高于西方国家，并且人口众多，中国当之无愧地在成为世界上最强大的国家的同时拥有最兴盛的文明。18世纪工业革命以后，西方国家发展加速，但中国还停留在过去的发展方式，人均GDP很快从世界领先跌至西方国家的1/10甚至更低，沦为"人为刀俎，我为鱼肉"的落后国家。因此，实现中华民族伟大复兴，人均GDP必须赶上，发展是基础，没有发展，任何目标都难以实现。

在中国共产党的领导下，建立了人民共和国，开启了工业化、现代化的建设，改革开放后取得了人类历史上不曾有过的增长奇迹，目前人均GDP超过1万美元，在2021年全面建成了小康社会，实现了第一个百年奋斗目标。但与世界上最强大的美国相比，2021年，按照市场汇率计算，我们的人均GDP只有美国的1/6左右，按照购买力平价计算，只有它的1/4左右。要实现中华民族的伟大复兴，我们的人均GDP至少要达到美国的50%。要从"1/4"变成"50%"，唯一的办法就是发展速度要比美国快。

我们的人均GDP按照购买力平价计算何时能够达到美国的50%？我做了计算，如果我们的人均GDP增速每年比美国高2.5个百分点，那么到2050年大概就可以达到美国的50%；如果高1.5个百分点，那么要等到2070年；如果只高1个百分点，那么还要等到2090年。因此，要实现中华民族伟大复兴的第二个百年奋斗目标，就不得不加快发展。

构建新发展格局有两个内涵：一是以国内大循环为主体，二是国内国际双循环相互促进。新发展格局非常重要，但是如何才能提高国内大循环的主体地位？根本的决定因素有两个，即经济体量和服务业占比的提高。现代制造业的规模经济很大，经济体量越大国内循环比重就会越高；同时，服务业中许多是不可贸易的，服务业占比高也会使国内循环比重加大。要扩大经济体量与提高服务业占比，就必须不断提高收入水平。因此，构建新发展格局，关键在于提高收入水平，归根结底是要发展经济。

百年未有之大变局，实际上是由经济格局改变引起的。20世纪开始的1900年，攻打北京的"八国联军"是由当时世界的8个列强——英国、美国、法国、德国、意大利、俄国、日本和奥匈帝国组成的。按购买力平价计算，他们当时经济总量的全球占比为50.4%。进入21世纪的2000年，又一个"八国集团"——美国、英国、法国、德国、意大利、俄国、日本和加拿大——出现，之前的奥匈帝国在一战后崩溃，被加拿大取代。此时，八国集团经济总量的全球占比为47%。整个20世纪，8个强大的工业化大国的经济总量在全球的占比基本没有变化，以经济为基础他们一直左右着世界格局，世界是战乱或是和平取决于这8个国家的关系。例如，第一次世界大战由德国、意大利和奥匈帝国等组成的同盟国和英、法、俄等国组成的协约国之间的矛盾引起，第二次世界大战则是由德国、日本、意大利组成的轴心国和苏、美、英、法等国组成的同盟国之间的矛盾引发。

2018年，习近平总书记提出"百年未有之大变局"[1]的论断时，七国集团加俄罗斯[2]GDP总量的全球占比已经下降为34.7%，只略高于1/3，失去了主导世界格局的能力。2008年国际金融危机爆发，过去应对这样的危机，只需要八国领导人开会做决定就能化解，但这次他们已经无能为力，只能召开二十国集团（G20）会议来应对，此后二十国集团取代了八国集团，决定着世界的格局。

为什么8个工业化强权的GDP在全球的占比在整个20世纪都能

---

[1]《坚持以新时代中国特色社会主义外交思想为指导 努力开创中国特色大国外交新局面》，《人民日报》，2018年06月24日01版。

[2] 2014年3月，俄罗斯被暂停成员国地位。

保持稳定，而进入21世纪就下降了12.3个百分点？原因是中国的崛起。改革开放后中国快速发展，我们的GDP总量全球占比从2000年的6.9%上升至2018年的16.8%（按购买力平价计算）。换句话说，8个工业化强GDP占比下降的12.3个百分点中有80%源于中国经济的快速发展。

中国快速崛起对谁的影响大？整个20世纪，美国一直是世界第一大国。2000年，美国的GDP总量（按照购买力平价计算）全球占比为21.9%，但在2014年被中国反超。经济基础决定世界影响力，中国随着经济规模的扩大，世界影响力也在增强。于是，守成大国与新兴大国之间的矛盾出现了。这个矛盾给世界带来了很多不确定性，这就是"百年未有之大变局"。

什么时候世界格局才能进入一个新的稳定期？我认为，要等到中国人均GDP达到美国的50%左右时。当我国的人均GDP达到美国的50%，我国的发达地区——北京、天津、上海和东部沿海的山东、江苏、浙江、福建、广东五省，人口加起来4亿多一点，人均GDP可以和美国人均GDP相当，人均GDP代表着平均劳动生产率水平、平均产业和技术水平，美国就会失去卡我国脖子的技术优势。同时，中国人口是美国的4倍，经济规模是美国的2倍，美国再不高兴也改变不了这个事实。我与约瑟夫·斯蒂格利茨教授对话时曾讲到，贸易是双赢，小经济体的获益会比大经济体多。到那时，美国在和中国的贸易中得到的好处要比中国多得多，美国的《财富》世界500强企业要维持其在《财富》世界500强的地位不能没有中国的市场，美国要就业、要增长不能没有中国市场，届时美国对中国的崛起自然也就心悦诚服。

正如前面的计算，如果中国人均GDP增速每年比美国增速只高1个百分点，按照购买力平价计算，中国人均GDP达到美国的50%要等

70年，世界不稳定的格局就会太久，所以中国应该发展快一点。

发展快的同时，还要保证高质量发展。高质量发展是按照"创新、协调、绿色、开放、共享"的新发展理念来发展，其中创新是基础，因为只有创新才能提高生产力水平，才有物质基础实现其他四个目标。中国在创新上有很大潜力。目前我国与世界其他发达国家的收入水平、劳动生产率、产业、技术比还有相当大的差距，在技术创新和产业升级上还有相当大的"后来者优势"。我国在2019年的人均GDP按购买力平价计算达到美国的22.6%，与德国在1946年、日本在1956年、韩国在1985年时和美国的差距处于同一水平，此后16年这三个国家利用与美国的差距所具有的后来者优势，保持了年均9.4%、9.6%、9.0%的增长，扣除人口增长，由劳动生产率的增长所带来的年均增长则分别达到8.6%、8.6%和8.1%，即使我国面临人口老龄化问题，人口不增长，在2035年之前单纯依靠劳动生产力水平的提高也具有保持8%增速的潜力。更何况，目前中国和当时的德国、日本、韩国比，还在技术研发周期短，以人力资本投入为主的大数据、人工智能等新经济领域具有换道超车优势。鉴于此，我国未来还有巨大的增长潜力。

综上所述，为了实现中华民族的伟大复兴，为了构建新发展格局，为了让世界从百年未有之大变局进入新的稳定格局，发展尤其是保持一个较快速度的发展是第一要务，要充分利用好中国在本阶段拥有的发展潜力。

当然，中国的发展在未来会面临不少问题，但绝不能因为有问题就放慢速度。从各国历史经验来看，每个国家都有自身的发展问题，发展快的时候有问题，但发展慢的时候问题通常会更多、更难解决，因为只有发展快的时候才可能创造更多资源，更具信心地解决问题。

在当前世界大变局下讨论国家发展，我想借此机会强调，正如中央文件一再强调的，发展是中国解决一切问题的基础和关键。实现中华民族的伟大复兴，需要我们保持比较快速的发展；构建新发展格局，只有发展越快，国内大循环的主体地位才会越强；世界面临百年未有之大变局，中国只有进一步地发展，世界才会进入一个新的稳定的格局。

发展自主技术不要忘记两个重要原则[1]

姚洋

（北京大学博雅特聘教授、国家发展研究院经济学教授、
中国经济研究中心主任）

十九届五中全会以及 2020 年的中央经济工作会议都强调，发展自主技术是"双循环"的重中之重。十九届五中全会的文件里还首次出现了"进口替代"一词。

"进口替代"战略不是中国独有

进口替代原是 20 世纪 50 年代世界银行对于发展中国家的一个标准的政策建议。

那个时代，世界分成两部分，一部分是发达国家，一部分是发展中国家，当时出现的"依附理论"认为，发达国家处于中心地位，主导着技术进步，但是并没有惠及处于边缘的发展中国家，甚至也没有让发

---

[1] 2020 年 12 月 20 日，北大国发院以"双循环：国家发展新格局"为主题举办第五届国家发展论坛，本文根据作者在此论坛的演讲整理。

展中国家的原材料价格相对于发达国家的产品价格上升。因为通常来讲，技术进步越快的国家，生产产品的相对价格应该下降。由此引出的一个政策建议就是，发展中国家最好实行进口替代战略，即发展中国家也直接去做发达国家正在做的事情，自己生产机器设备，而不是根据比较优势，发展劳动密集型等较为低端但相对发达国家有比较优势的产业。

实施进口替代的国家也不仅是中国，拉美国家、印度都在采取进口替代，当然相对而言中国做得比较好。我们在新中国成立后的头30年至少建立了比较强大的工业基础，而且当时也的确把我们的工业水平推向了一个较高的高峰。

比如，当时关于造船有过一个争论，一方认为造船不如买船，买船不如租船。从经济学的角度来说，租船最便宜，就像现在航空公司很少买飞机，多是租飞机，因为便宜。但是另一方认为，中国该自己造船。这一想法得到实施，中国现在已经是世界船舶制造业的主力军。如果那时候中国没有坚持自己造船，就没有今天的这种成就。这是搞进口替代的成功案例。

改革开放后的"进口替代"价值容易被低估

改革开放以后，进口替代的速度加快，而且成本更低。进口替代最主要的方式也变成了边干边学。凡是自己不能直接生产的高级产品，先进口再慢慢学着自己生产。

十多年前，我和我的一名博士后张晔写过一篇文章，后来这篇文章还获得"孙冶方经济科学奖"。这篇文章指出，如果单看我们加工贸易的增加值，通常的意见是，由于产业太低端，增加值很小，似乎不值得做。在金融危机最严重的时候，甚至有人认为不应该再搞加工贸易，因为加工贸易两头在外，创造了太多的外贸盈余。但如果仔细看中国出口产品的增加值，会发现广东和全国不一样。广东作为先行者，早期的加工贸易增加值也是下降的，但坚持20年之后出现了"V形"反转，国内增加值开始提高，这就是进口替代。

在中国今天的加工贸易中，本土贡献的增加值已经占到40%左右。加工贸易不等于低附加值，更不是没有附加值，否则怎么可能创造这么多的外贸盈余？2014年之前，中国的外贸盈余都是来自加工贸易，这直接说明加工贸易是有用的。

我们要深刻地认识到，加工贸易不仅带来外贸盈余，更重要的是，我们在加工和贸易的过程中学到很多东西，这是宝贵的知识和技术资本，同时又积累了巨额的资本，这些资本转化成更多、更高级的机器设备，这就是鲜活的产业升级图谱。

不仅如此，中国的加工贸易还惠及全球，除了中国制造带来的成本优势惠及全球消费者，中国的制造业在开放的过程中与国外企业保持了交流，大家有分工合作，也是直接或间接的竞争。哪怕是竞争对手之间开会、研讨，争夺产业新标准，都会从整体上提高全球的技术水平和经济联系程度。

因此，开放促进进口替代，在开放的环境下搞进口替代仍然是中国最好、最便宜的产业升级途径，并对全球有益。

发展自主技术的两个关键问题

在今天这个节点上，关于自主技术有两个问题要深入思考。

第一个问题是方案A和方案B的关系。

我们搞自主技术的动因很大程度上是美国对我们的技术封锁。我们要做好积极的准备，但它是方案B，就像每辆车都有备胎一样。我们在20世纪60—70年代搞"三线建设"，把方案B做成方案A，成本非常高。我们不能将所有的"卡脖子"技术都自己做了。如果以"卡脖子"作为标准，很容易把方案B做成方案A。而且，中国经济的体量太大，一旦做成一项技术或产品，别的国家基本上就难有活路，经济问题进而可能转化为外交问题。

中美已经有不少经济问题被搞成了外交问题。我们一定要认识到，中国经济已经是非同寻常的体量，我们对世界的影响越来越大，国内的经济政策不仅仅影响我们自己的发展，也直接会影响外交，外交又会反作用回来。

在中美关系、自主技术问题上，我们应该有清醒的头脑，慎提举国体制，因为对国际社会而言，他们可能觉得这是我们在主动地与世界脱钩。千万不要做成了外部没有和我们脱钩，而我们自己先主动脱钩，尤其是内心并不想脱钩，却表述错误，使自己陷入外交上的被动。

第二个问题是政府和市场的关系。这是个老问题，但是在自主技术领域，这个问题变得更加突出。现在各级政府都在动员成立各种基金，争相发展自主技术，这样的做法能不能见效？我认为政府加大资金投入肯定能见效，但这是不是最优的方式非常值得我们思考。

2018年和2019年的去杠杆，一个重要的不良影响就是金融领域民营经济占比大幅降低。自主技术领域其实也是同样的道理，但和金融不同的是，即便发生，短期内也看不出来有什么重大的代价，因为效率的下降有一个过程。问题是，5年、10年之后，我们就会发现，国家整体的技术进步速度反而没有以前快。

究其原因，是国有金融企业归属于政府，其目标不可能完全以利润为导向，而是兼顾多种职能，这时想靠它们把市场化的技术搞上去，不仅有难度，而且极有可能付出很大的代价，产生很多不必要的浪费，包括资源和时间的浪费。

当然，这不是要否定国有企业或举国体制的价值。中国的两弹一星等不少技术都是举国体制的伟大成就，我前文讲的造船，还有卫星发射技术等，都是举国体制的杰出成就。但我们也一定不要忘记，我们当时为发展这些技术不计成本。在特别关键的少数领域，举国体制、不计成本、国企为主都没有问题，但如果各级政府、各领域都以不计成本的思维投入自主技术突破，并变成一种大规模的行动，恐怕就会带来惊人的浪费。

中国改革开放和世界发展的历史都证明，创新还是应该由市场来做，在分散的市场决策里做创新是目前为止人类探索出来的最有效方式。真正关键领域的自主创新一定是必要的，但分清哪些必须由政府做，哪些完全可以交给市场做，同样是必要的。

总之，中国今后的发展必须更多地依赖创新，发展自主技术是必然的、必要的，但一定不要把自主技术和开放、市场对立起来，而是要紧密地统一起来。

解决当前金融体系的新问题，关键是提高效率、管住风险[①]

黄益平

（北京大学博雅特聘教授、国家发展研究院院长、
南南合作与发展学院院长、数字金融研究中心主任）

百年未有之大变局其实表明经济发展进入新的阶段，经济发展模式转变了，金融模式也要跟着转变才行。改革开放到现在已有40多年，应该说在开始的时候整个金融体系是中国人民银行一家机构，当时这家机构在全国金融体系当中的比重占到93%，后来才慢慢地改革发展。所以，我们过去40多年金融体系的变化实际上是改革和重建，或者说改革和发展是结合在一起的。

中国金融体系有四大特点

如今中国的金融体系如果放在国际上做横向比较，我们认为它具有如下四个特点：

[①] 本文根据作者于2023年9月4日在"百年变局下的中国经济金融形势与未来"研讨会上的主题演讲整理。

第一，规模已经非常大。四大国有商业银行的规模不但在中国是最大的，在全世界也是最大的。

第二，管制还比较多。我们曾经研究过金融抑制指数，就是政府在一些金融运行环节保留的影响、干预、控制措施，尤其体现在资金配置、利率规定的水平，以及跨境资本流动等方面。我们对全世界100多个国家的金融抑制指数进行了研究，发现中国的金融抑制指数到现在确实比较高，也就是说经过这么多年的市场化改革，政府对金融体系改革的程度，横向来看还是比较高的。但横向来看，干预也依然比较多。这也有一定的逻辑依据，和我们过去进行双轨制改革这样的渐进式改革是有关系的。因为有双轨制的改革经验，在我们的经济体系当中，国有企业要持续存在。但改革初期，国有企业实际效率相对比较低，需要银行变相补贴。因此，金融体系的干预、限制和资源配置的影响，在一定程度上是支持双轨制策略的一个主要结果。

第三，监管比较弱。主要是说过去维持金融稳定没有问题，但主要依靠的是持续高增长和政府兜底，所以多少年来没有出现大的问题。但过去这几年，风险似乎在上升。所以，金融监管改革已经成为一个很大的问题。

第四，银行主导。在我们整个金融体系当中，银行的比重是非常高的。

坦白地说，这样的金融体系在前40年，应该说头20年金融改革时效果还是不错的，GDP年均增长速度是非常高的，维持金融稳定的效果还不错。所以，我们把这些因素放到过去三四十年看金融经济体系的表现，总体来说还是比较令人满意的。也许现在会遇到一些新的问题，首先可以看到的是，中国经济发展进入新的阶段，这也有很多方面的因素。

首先，我们确实是收入水平提高了，成本基础不一样了。过去我们可以靠所谓的低成本要素投入增长，现在要学习更多地用创新驱动增长。

其次，过去我们一直处在全球化的环境中，现在开始出现逆转，美国提出所谓的"小院高墙"政策，对我们也会有一定的影响。

最后，人口结构由过去的人口红利变成了现在的老龄化。这样一些变化放到今天的经济环境中，确实会使经济增长的动力和驱动因素发生一些变化。过去中国经济的增长主要靠"三驾马车"里的出口拉动，如今显然很难持续。当然，出口仍然很重要，但消费、投资尤其是创新会变得越来越重要，这就意味着过去这一套支持粗放式增长还相对有效的金融体系在今天会面对非常大的挑战。因此，金融若要支持经济高质量发展，尤其是支持百年未有之大变局下中国经济的发展，需要做进一步的改革和改变。

中国金融体系遇到了什么问题？

首先，金融支持实体经济的力度似乎在减弱。现在有很多测算是关于资本回报的，平均来看从 21 世纪头 10 年的 10% 左右降到第二个 10 年的 5% 左右，说明资本回报确实在下降。

我们的总要素生产率在全球经济危机以后一直处于向下的趋势，尤其是在总要素生产率行业之间变化的过程中，有一个很有意思的现象。这十几年间，劳动力在行业之间的配置效率是在提升的，也就是说劳动力确实是在流向效率比较高的领域，但资金配置效率在下降。反过来说，如今在推动效率提升方面，要素市场中的劳动力市场在有效地配置资源，但金融市场对于资源的配置作用存在很大疑问。这就意味着我们的金融体系确实需要进行很大的改变。

其次，风险在上升。我们前面二三十年没有发生过系统性的金融危机，这是非常不错的。但事实上，过去维持系统性金融稳定主要是靠持续的高增长和政府兜底。2015年以来，几乎每年都会出现一些风险事件。为什么过去没有问题，现在变成了大问题？国际清算银行的学者提出来一个概念"金融风险性三角"，是说经济进入新的发展阶段以后，会面对新的格局：一是经济增长速度在下降；二是杠杆率在上升；三是政府政策空间明确收缩。把这三点放到中国的金融环境中也比较适合。无论从哪一点来看，风险都确实会上升。

增长下降了，风险上升很正常。政策空间收缩了，政府不可能对所有的问题兜底。因此，前文讲的大的问题就是我们经济发展的模式要转变，金融的模式也要转变。具体来看有两个：一是怎么样进一步提高金融支持实体经济的效率，也就是金融配置资源的效率；二是怎么样把风险控制住，这是我们现在面对的一个很大的问题。我们的监管可能比较弱，实际上很长时期内，我们没有依靠监管来管住风险，而是靠增长和政府兜底控制风险。因此，将来若继续往前走，就可能面临比较大的问题。

对于近几年的金融监管改革，监管框架实际也经过了很多步演变。2023年两会宣布的具体工作之一是在原来银保监会的基础上成立国家金融监督管理总局，还有一系列其他的措施。我们需要思考的一个问题是，做这样的监管框架调整的目的是什么？直观来说，当然是因为风险变得越来越多，有点儿管不住的倾向。所以，我们要用更大的力度把风险管住。

我们今天讲百年未有之大变局，如果观察金融领域长周期的发展会发现，它一直有一个"钟摆效应"。比如，每当危机发生以后，整个政策都是收紧的，薪酬下降，利润率减少。总体来说，对金融行业而言就是环境越来越紧。但钟摆效应的意思是，紧到一定程度时效率就没法发挥了，整个金融活动就被限制得太死了，然后就要慢慢放开。国际金融行业的发展即如此，大萧条以后政策收紧，一直到大概1971年美元和黄金脱钩，世界经济走上金融自由化道路，到1998年花旗集团成立，达到新的金融自由化和全球化的顶峰。然后过了10年就碰到了新的金融危机，国际层面来看政策就处于收紧当中。中国的政策收得晚一点，因为受全球危机影响没有那么大，但现在可能是在相对趋紧。当然，这个趋紧本身不见得是一件坏事，因为金融体系的发展中，一方面金融做出了巨大的贡献，另一方面现在确实也面临问题。总结而言，对于前文提到的面对的两个大问题，一是金融部门似乎在配置金融资源效率方面有一定问题，所以，我们需要做很大的改变；二是很多方面出现了一些风险，因此要守住风险，增强对实体经济的扶持力度，这是非常关键的。

金融改革的主要工作

百年变局下经济走向新的发展方向，金融改革所需要做的主要工作，在我看来需要考虑三方面问题：第一，监管方面，最重要、最需要做的是什么？第二，做什么样的创新？第三，做什么样的市场化改革？

第一，监管方面。从大的格局来看，我们确实有一些问题，比如分业监管当中，过去存在很多监管空白，在交叉业务、新兴业务方面实际没有监管，从而引发了很多金融风险。这些需要想办法去弥补，除了进行机构监管，也要功能监管、审慎监管并举。

我们在执行监管政策时，往往会有一些其他的政策目标和监管混在一起。客观来说，金融监管有它自身非常明确的政策目标。监管是干什么的？在我看来，最重要的是维持市场秩序。具体来讲，可以考虑公平竞争的问题，消费者利益的问题，金融稳定的问题，国家安全的问题……这些都需要维持。但在具体工作过程当中，经常会有一些具体政策的调整，有的时候是为了支持这个行业的发展，有的时候是为了稳定宏观经济。监管部门把太多的精力放在股票价格上，看它有没有涨起来，不太喜欢它下去，涨的时候也不喜欢涨得太快。这可能应该不是监管部门最重要的工作，因为我们希望这个市场价格最终能涨起来，什么情况下股市能起来？首先，市场机制是有效的、透明的、公平的；其次，我们需要一个相对稳健的宏观经济，企业在赚钱，股市将来当然是能涨的。如果我们把很多精力都放在市场本身，寄希望于大家把它给推起来，那推起来之后怎么办？所以，从监管方面来说，这确实是个很大的问题。

同时，其他金融领域也有很多监管规则，但也没有特别好地落地。在一部分中小银行中这是比较普遍的。前几年一些银行出了问题，说是大股东乱来和董事长乱来。但大股东乱来和董事长乱来在我们的监管框架里是明文禁止的。明文禁止的事情为什么会发生？我们确实需要去想，即便有规则，如果没落地，监管也不会起作用。所以，从监管的改革来说，如果要我提个建议，最重要的还是收窄个人的工作范围，定清楚目标。监管的目标应该是公平竞争、消费者利益、金融稳定和国家安全，不要去管价格的高低，以及宏观经济的稳定或金融的发展问题。任何新的功能、目标加进去最后都会使我们政策的效果打折扣。有了清晰的政策目标，我们就应该给监管部门适当的权限，让他们努力去做这个工作。最后要有个监管的问责机制，如果一家机构出了问题，我们可以去查处，如果一批机构出了问题，首先应该看规则出了什么样的问题。所以，从监管方面来看，要明确我们到底要干什么，然后来做监管的事情，不要把其他的责任都揽在身上。

第二，现在经济发展进入新的阶段，也需要金融创新。金融创新有很多，比如在资本市场，一般而言，国际市场上的金融体系分为金融市场主导和商业银行主导。一般来说，资本市场对于支持经济创新、科技创新是有一定优势的，但现在我们的金融体系确实是由银行主导。从这个意义上来说，我举双手赞成要大力发展资本市场，提高直接融资在金融体系中的比重。同时，可能在将来很长时期内，银行仍然会是非常重要的，甚至是最重要的金融部门。银行的业务模式能不能进一步改革、改变，更好地支持金融创新，有很多值得探讨的地方。我自己过去几年一直做数字金融研究，其中有个发现，就是用大数据支持信用风险评估可以做出非常好的结果。当然，这是对特定的机构而言，比如中小企业、小微企业，并不是说对大企业也都管用。

同样一套方法，若用于支持中小企业到资本市场融资，就有可能帮助它们降低信息不对称的程度，比如现在成立的北京证券交易所，它准备支持"专精特新"企业。我听到以后其实有一些担心。金融学中，我们经常说的一点是，到资本市场融资，解决信息不对称的难度高于到银行融资。如果这些专精特新企业到银行都融不到资，它们怎么能到资本市场上融资？上文说用大数据可以帮助一部分中小企业到银行融资，其实是用大数据分析来解决信息不对称的问题，也许可以用同样的方法支持资本市场的投资分析。我们需要做很多这样的创新。

第三，还是要更多地相信市场。我们现在觉得金融体系出了问题，所以要加强监管，要防范风险。但是监管和管制不是一回事，监管是把风险给管住，把行为给规范化。我们的金融体系在过去几十年发挥了作用，主要还是市场化改革发挥了作用。我自己认为最重要的是产业产权中性的问题，即民营企业、国有企业能不能得到更加公平的对待。民营企业融资这件事情我们一直说，这些年也有一点进步，但现在有了一个很大的变化。过去我们讲的民营企业融资是个普惠金融的问题；今天我们说的民营企业融资可能更多的是发展增长的问题，原因是中国经济进入了要靠创新驱动的阶段，而中国的创新70%以上是由民营企业贡献的。也就是说，过去如果民营企业融资做得不好，可能是由于金融服务不是很公平。但今天如果金融服务对于民营企业还是不够完善，创新会很困难，创新增长也会很困难。

  经济发展进入新的阶段，金融体系也要与时俱进。往前走的核心要求是一手提高金融的效率，另一手管住金融风险，这两手要同时进行，意味着我们的监管肯定要加强。在加强监管时，我们一定要把宏观调控、金融监管、市场机制三个不同的功能明确区分开来。调控宏观经济并不是说我们要用一些行政性的手段来直接指导经济活动，加强监管也不是要求我们直接对金融市场资产价格和资金配置提出要求。宏观调控、金融监管的根本目的还是让市场更有效、更稳健地运行，从而更好地支持经济高质量发展。

粮食安全、农民增收和永续发展[①]

黄季焜

（北京大学博雅特聘教授、现代农学院院长、
新农村发展研究院院长，发展中国家科学院院士）

谈粮食安全问题就不能不谈农民增收，并且，粮食安全也需要与农业永续发展结合起来。

纵观过去40多年我国粮食产量增长情况，以及粮食产量、播种面积和单产之间的关系，我们可以得出这样的结论：提高粮食产量不是靠扩大种植面积，而是主要靠提高单产。很遗憾的是，现在的一些政策只是片面强调粮食种植面积，这与过去的发展经验存在偏差。

由于单产不断提高，我国粮食总产量也在提高，因此我们能在过去的40多年里把原本非常有限的耕地分出一部分来生产经济作物、畜产品和水产品，粮食播种面积的占比从80%下降到70%。这10%的变化对中国农业经济和农民增收影响巨大，农业结构也随之发生了巨变。

过去40多年，我国粮食生产年均增长超过2%，比同期我国人口

[①] 本文根据作者于2023年7月在中国环境和资源经济学协会（CAERE）第二届学术年会上的主题演讲整理。

年均 1% 的增长高 1 倍以上。因此在保障粮食安全的前提下，我国将有限的耕地进行优化，改变了粮食作物一枝独秀的局面，经济作物、畜产品、水产品百花齐放。粮食单产水平的提高，再加上经济作物、畜产品、水产品等高附加值农产品的扩容，农业总产值增长也超过 5%，这对农民增收和改善国民消费结构都非常重要。

高值农业与农业的全要素生产率增长

我这里讲的"高值农业"占比，是指蔬菜、水果、畜产品和水产品在农业总产值中的占比。过去几十年，我国农民增收与高值农业发展关系紧密。保障粮食安全是国家战略和目标，农民增收和共同富裕更是党的奋斗目标。因此，增加农民收入，必须在保障口粮安全的情况下大力发展高值农业。

过去 40 多年，我国农业总产值（扣除物价变化）年均增长 5.4%。其中有 60% 来自全要素生产率的增长，约 40% 是投入增长。投入增长包括土地等资源投入、劳动投入和资金投入。从数据呈现的结果看，劳动投入在下降，资金投入在上升。

我们现在讲绿色发展，绿色发展意味着不能靠高投入来实现高增长，而是在节省投入的情况下也能实现高增长。要实现这一目标，我认为主要靠全要素生产率的增长。在 20 世纪八九十年代，我国农业全要素生产率年均增长超过 3%，现在接近 3%。从全球范围来看，农业全要素生产率年均增长 1% 左右，高的时候达到 2%。由此可见，我国农业全要素生产率的增长水平已相当高。

基于我的研究结果，农业全要素生产率增长主要靠四大驱动力，即制度创新、技术进步、市场改革、农业投入。

制度创新非常重要，土地等生产要素、生产方式和农产品市场等制度安排都可以进行创新。制度创新通常不需要很多投资也能创造价值，比如改革初期的联产承包责任制。

技术进步需要投资，而且投资的回报率很高，往往投入不大，作用巨大，过去我国粮食产量增长很大一部分源自技术进步。但我们的农业研发投资整体上仍严重不足，与农业农村领域的财政总投入相比，研发投资只占一个零头，这方面值得提升的空间很大。

市场化改革使农业生产结构发生很大变化，在改善农业生产要素优化配置的同时，也显著提高了农业全要素生产率。

农业发展要靠投入，这是非常重要的。在农业投入中，基础设施建设和提高投入品质量等方面的投入尤为重要。

我国农业面临的挑战及对策

过去 40 多年农业发展取得巨大成就，但同时 21 世纪初以来我国农业农村发展也面临巨大挑战。

挑战一，城乡居民收入差距不断扩大。到 2004 年，城镇居民收入已经是农村居民收入的 3 倍多。如果按照国外经验，这一差距导致的问题已经相当严重，对社会稳定会产生很大影响。我们要感谢农村老百姓，在当时如此悬殊的城乡收入差距下，仍然在农村努力地生产和生活。这一问题当时也引起了中央和相关部门的重视，从 2004 年开始陆续出台了一系列政策促进农民增收。

挑战二，粮食安全引起广泛关注。21 世纪初以来，我国农业还面临粮食等农产品进口不断增长的局面，到 2004 年农产品进口开始大于出口，之后这种贸易逆差不断扩大，引起政府的广泛关注。

挑战三，资源与环境退化。过去40多年我国农业年均增长超过5%，某种程度上是以牺牲资源环境为代价的，比如地下水位下降、土壤质量退化、农业水源污染、生态环境压力等。这些现象告诉我们，过去的农业增长方式不可持续。

如何应对上述三大挑战？我国一直在摸索。2004年是我国农业发展政策的重大转折点，国务院开始实行减征或免征农业税的惠农政策。到2006年，我国完全取消农业税费（包括农业税和各种提留费）。在21世纪初农业税取消前，我国农民每年需要缴纳的农业税费约占农业产值的8%，因此这是一项重大的政策转变。

2004年我国还启动了农业补贴和收储政策。农业补贴从粮食直补和良种补贴扩大到农资综合补贴和农机补贴。"收储政策"就是以最低收购价格和临时收储价格为主要内容的粮食价格支持政策。

为促进我国粮食增产和农民增收，也是从2004年开始，中央一号文件再次让位给"三农"问题，很多政策从此开始出现较大调整和变化，针对农业农村发展方面的财政投入也从2004年开始大幅增长。

在取得成绩的同时，我国的农业政策也走了一些弯路，比如农业补贴政策在2012年开始封顶。这里的补贴数字是名义价格，如果按实际价格或扣除物价增长，我国农业的直接补贴已呈下降趋势。启动农业补贴的初衷是提高粮食产量，增加农民收入。然而我们的研究表明，农业补贴不但无法提高粮食产量，而且使农民间的收入差距进一步扩大，对良种和农资的补贴也没能带来实质性的促进作用。

为什么会出现这种情况？中国是农业大国，农业补贴要根据农户种粮面积、购买良种和农资数量从中央发放到2亿多农户手中，这是不好操作的；同时，再多的补贴分到2亿多农户手中，对农民增收的作用也有限。所以，农业直补最后只能根据1997—1998年第二轮承包耕地多少来补贴，补贴对当年的粮食生产没有影响，而且靠补贴增加农民收入这条路也是不现实的。不过既然已经走上这条路，轻言退出似乎也不太容易。因此从 2011 年和 2012 年开始，我国农业补贴的水平有所下降。

对农业而言，科技兴农的重要性日渐凸显，虽然农业科技投入不断增长，但还远远不够。这也意味着在促进农业发展、保障粮食安全方面，我们还有很多政策工具和较大的提升空间。

最低保护价和临时收储政策在过去几年里已经悄然改革。虽然相关改动在中央一号文件中体现得不明显，但这些政策确实经历了从放开到保护，从保护到再次慢慢放开的过程。比如，从 2014 年开始的多年内，稻谷和小麦最低保护价格不再增长，而此前的最低保护价格一直上涨。再比如，大豆补贴困难更多：2014 年大豆取消临时收储政策后改为目标价格政策，但目标价格在提高国内大豆价格的同时，也提高了大豆进口价格，因为我国 85% 的大豆依靠进口，中国大豆进口量占全球大豆贸易量约 60%。如此一来，国内补贴大豆的钱最终多数流向美国和拉美国家。因此，2017 年开始取消对大豆的补贴政策。油菜籽和糖的临时收储政策分别在 2014 年和 2015 年取消。玉米的临时收储政策也从 2016 年开始改为"价补分离"。

再就是新疆的棉花目标价格政策和稻谷、小麦的最低收购价政策。我曾到新疆去调研，发现棉花实行目标价格也很困难。当时的目标价格是 1.8 万元，市场价格只有 9000 元，中间的差价需要国家给予棉农补贴。补贴的发放涉及很多环节的工作，单是测量种植面积这一项就需要政府多次进行，产量的确定还容易出现舞弊等现象。

总之，我们的农业政策经历过一段时间的坎坷，也走了一定的弯路。然而经过较长时间的政策回调，各项工作正在步入正轨。历史经验告诉我们，发展农业要靠市场、制度和技术。

如何看待我国的粮食安全问题？

在讲粮食安全之前，我想强调如下两个事实。首先，中国是世界主要农产品的最大生产国。稻谷、小麦、蔬菜、水果和茶叶，中国都是世界最大的生产国。虽然我国人口占世界的18%，但2020年许多农产品产量在世界的占比都超过18%，比如稻谷和小麦分别约占全球产量的28%和18%，蔬菜占比超过50%，茶叶占比接近50%，猪肉占比将近40%，鸡蛋占比约35%，水产占比超过50%。其次，我国是世界第二大玉米和禽肉生产国。2020年，我国玉米产量约占世界的23%，再过几年可能会成为全球最大的玉米生产国。我国的禽肉生产也位居世界第二，占全球产量的16.5%，仅比美国（17.4%）低不到1个百分点。我相信，再过几年，我国的禽肉产量也会超过美国。

从粮食安全的角度看，大家比较关注的稻谷、小麦、玉米都非常安全。所谓现在粮食安全面临危机，目前有夸大之嫌。

未来我国粮食安全面临的最大挑战是水土资源的短缺。我国仅有全球淡水的6%，全球耕地的8%，是世界水土资源最稀缺的国家之一。相关研究表明，未来50年，中国水资源短缺将更加严峻。在此背景下，充分利用贸易对保障国家食物安全和耕地永续利用极其重要。

我用另外一组数据进一步解读我国的粮食安全问题。我按照人均耕地面积将全球主要国家分为三组，分别是人均耕地低于0.12公顷的国家、人均耕地为0.12~0.26公顷的国家和人均耕地大于0.26公顷的国家。我国人均耕地面积是0.09公顷。数据表明，虽然我国进口的粮食不断增多，但人均净进口很小，是同组国家进口最少的国家之一。

1990—2020年，我国进口食用油不断增长。这与中国人的饮食习惯有关，让中国人改变用油习惯肯定很难。近年来我国玉米进口也在增加，2021年达到2800万吨，2022年略有下降。对中国这样的大国，除大豆以外的所有农产品进口都是有限的（人均进口量小）和可控的。我国的粮食安全问题某种程度上就是大豆安全问题。令人遗憾的是，国内大豆领域的顶尖专家太少，国家对大豆研发的投入也不多，所以单产很低，农民种植大豆的经济效益低于种植玉米等农作物的。

目前我国主要是从北美和南美进口大豆。进口的大豆主要用作发展国内畜牧业的蛋白饲料和满足对食用油的需求。中国老百姓对畜产品的需求不断增长，如果不发展本国畜牧业就只能依赖进口。畜牧业与其他行业不同，存在多种动物疫情，一旦疫情暴发就可能影响进口，进一步威胁粮食和食物安全。从这个角度看，我国的粮食安全问题更多是畜产品供给安全或饲料问题，而不是口粮安全。

如果中国增加粮食进口，有人担心全球粮食的生产能力不足和产生粮食危机风险。下面，我们看看全球的粮食生产潜力。

首先，全球粮食单产增长潜力大。2023年，有30%的粮食来自单产低于3.5吨/公顷的国家，这样的国家有几十个，粮食平均单产只有2吨左右，即使利用现有的技术，增加产量的潜力也巨大，更何况未来农业技术还将不断提升。

其次，全球有大量的可耕地。联合国粮食及农业组织预测，未来50年全球耕地面积还会扩大。截至2023年，全球可用耕地为35亿公顷，实际利用耕地为14.2亿公顷。未开发利用的可耕地主要分布在非洲撒哈拉以南国家、南美和东欧等地区。一旦大豆、玉米等农产品价格上涨，未来会有不少可耕地变为耕地。因此，我们要保障中国的粮食安全，可以考虑帮助这些发展中国家提高粮食产量，这对保障中国、发展国家和全球的粮食安全都有利。

在过去100多年里，不算俄乌冲突带来的区域性粮食价格上涨，曾发生过两次全球粮食危机。

第一次粮食危机是1974—1975年的中东战争叠加自然灾害导致的。中东战争使原油价格在1974—1975年从每桶约10美元迅速提高到55美元。农产品与原油息息相关，原油价格暴涨也让农产品价格水涨船高。当时世界范围内旱灾较为严重，在两个因素的叠加下，粮食危机爆发。大家知道，农产品价格上涨两到三倍，农民会把很多可利用土地变成耕地，便会出现粮食过剩，粮食价格从1975年开始断崖式下跌。这次全球粮食危机经历了一年左右的时间才宣告结束。

第二次粮食危机发生在2008年，维持时间也不到一年。这次危机是能源危机叠加生物质能源发展导致的。2007年开始出现能源危机，原油价格成倍上涨。与此同时，随着生物质能源技术的发展，当每桶原油价格超过65美元时，玉米、糖料作物、油料作物等农产品作为生物质能源原料更划算，北美和南美的农产品主要出口国把大量的上述农产品用作生物质能源原料生产生物质液体燃料。以上两个因素的叠加使国际市场的粮食价格在2007年底到2008年9月快速增长，但这样的现象仅维持了不到一年，到2008年秋季后价格又重新回落到粮食危机前的水平。

值得一提的是，人们担心全球粮食危机期间粮食贸易会随之减少的现象并没有发生。例如，在2008年粮食危机期间，有的国家曾宣布禁止出口，持续一段时间后，禁止出口的政策又被取消了，2008年和2009年的全球粮食贸易量不降反升的事实已经能够说明问题。只不过大多数媒体仅报道禁止出口的政策，而对这些国家都很快取消出口禁令不做任何报道，让大家形成了一种错觉。

全球粮食危机是非常偶然和短暂的。即便是在俄乌冲突的背景下，很多国家的粮食价格也没有受到影响。只有那些与俄乌冲突联系紧密的国家，粮食价格在短期内有所提高，但我认为这只是区域性现象。

如何解决粮食安全和农民收入问题？

我们先回顾下过去40多年是怎么发展过来的。我把农村经济转型分成四个阶段。过去40多年我国农村经济转型已经历了前三个阶段，即从以粮为纲开始，到20世纪90年代初农业生产向多种经营方向转型，再到21世纪以来农业劳动力在农业与非农间的分工程度的提高，目前进入了绿色高效的高值农业发展阶段。回顾我国农业走过的路，我认为制度、政策、投资这些因素非常重要，同时它们出台的顺序更重要，即农村经济转型的每个阶段都有与之相适应的制度、政策和投资。

在农村经济转型过程中，农业劳动生产率或务农收入不断提高，这得益于高值农业的发展和非农就业的增长，这一趋势在未来还将继续，是难以逆转的。

近年来出台的一些政策，似乎要转变以上农村经济转型发展趋势。例如，为促进粮食生产，高值农业发展面临诸多挑战。又例如，鼓励部分人回归农业的相关政策是值得商榷的，因为每个村的耕地和水资源都是有限的，当务之急不是要增加农民数量，而是要削减农民数量，以此不断提高农业劳动生产率和促进农民增收。

近年来各地促进粮食生产的一些政策措施更是值得深思，下面列举几个近期我在农村调研时发现的问题。

第一，各地政府一谈粮食安全，就是要增加水稻、小麦、玉米的种植面积，这样的思路其实不对，因为我国的稻谷和小麦现在都供过于求，库存量可供一年的消费。由于生产过剩，稻谷和小麦的价格上不去，小麦的价格有时甚至低于玉米的，小麦做饲料的现象并不罕见。其实在粮食方面，我们缺的是饲料粮，特别是大豆这种目前我国最主要的蛋白饲料。

第二，虽然政府有关部门已注意到大豆是威胁国家粮食安全的主要农产品，但促进大豆生产的有关政策措施不切合实际情况。例如，大豆生产效益不高，农民缺乏种植大豆的积极性，需要政府补贴。大豆亩产只有200多斤，玉米亩产近千斤。地里种了大豆，粮食产量马上下滑。为了解决这一问题，在许多地方，政府补贴农民采用"玉米大豆带状复合种植"的生产方式，即在种植玉米时套种几行大豆。其实这是很久以前农民就放弃的种植方式，因为这种复合种植的耕地、除草、收获等田间工作需要人工作业，复合种植方式下的劳作难以机械化，所以农民才转成种植单一作物。

政策制定者还忽视了目前国内大豆的特征和用途，从而出现一系列现实问题。国内大豆含油率一般在15%左右，适用于制作豆制品，加工成大豆油和大豆粕（蛋白质饲料）不合算。进口的转基因大豆因含油量在20%左右，适用于压榨加工成大豆油和大豆粕。在国内大豆的生产和需求持平的情况下，国内大豆价格比进口大豆价格一般每吨要高1000元左右。当国内大豆生产超过豆制品加工需求的时候，国内大豆价格与进口大豆价格的差价就会消失。例如，2022年通过各种方式扩种大豆，国内生产的大豆超过了豆制品的需求，出现了补贴农民种植大豆、补贴收购大豆和补贴大豆压榨加工使用国内大豆的现象。因此，要替代进口的大豆，首先要做的是加大研发投入，选育出含油率高的大豆，而不是现在就盲目扩大大豆种植。

第三，为保障粮食安全，许多地方出台了支持合作社、企业等生产新型主体的政策，但实际效果常常适得其反。已有的国内外研究都表明，农户或家庭农场是最适合农业生产的主体。我考察过某省某县从

2014年开始的粮食生产合作社改革试点,情况不容乐观。2023年时只有一家合作社还在坚持运作(即使是进退两难了),实施改革试点的其他合作社都消失了。企业经营粮食生产更是违背了农业生产的一般规律。例如,2022年8月我们在某省多县对土地托管做了调研,主要结论是:第一,经营规模扩大了,但单产也显著下降了;第二,地租上升,同时挤出许多种田能手从而影响了他们的生计;第三,粮食单产从高到低依次为适度规模农户、千亩种植大户、合作社、土地托管的企业或供销社。对企业而言,如果经营1000亩地,假设每亩地赚100元,1000亩地可以赚10万元;如果经营面积从1000亩地增加到10000亩地,即使新增的9000亩地每亩只赚10元,企业还是要扩大经营规模的,因为总利润可提高到19万元。但如果10000亩地交给10个家庭农场,利润肯定超过100万元。更为重要的是,政府补贴这些企业从事粮食生产,其单产却普遍出现下降趋势。

第四,为了保障粮食安全,近期各地严禁"非粮化",在实施政策过程中也常常出现"一刀切"现象,因此效果往往达不到预期。我调研过在现代化的蔬菜大棚里种水稻,或者鱼塘填土后种水稻和小麦等案例,发现他们确实是种了粮食,也完成了提高粮食种植面积的任务,但有不少案例是只种不收:因为机械进不了大棚,在大棚种粮食的人工成本太高;因为长期养鱼的农户不是种粮能手,播种后继续田间生产作业亏损更大。因为粮食面积是统计出来的,而粮食产量往往是"计算"出来的,"一刀切"的执行方式背离了中央制定政策的初衷。

第五,部分地方政府从"退耕还林"转变为"退林还耕"。对地方而言,前几届政府把耕地变少了,现在最方便的达标方法就是变"退耕还林"为"退林还耕"。这样的做法除了能补足耕地数量别无他用。"退耕还林"后的耕地生产力非常低,"退林还耕"也难以提高粮食生产,因为农机开不上去，即使种了粮食，收获也非常困难。

未来发展和政策取向

过去 40 多年，中国经济结构转型过程表明在农业持续增长的同时，工业服务业以更快的速度增长，所以农业就业和农业 GDP 在国民经济中的占比不断下降，而且前者的下降速度超过后者，从而缩短了工农劳动收入差异。未来还需加快这种经济结构转型的速度，因为只有农业就业和农业 GDP 在国民经济中的占比趋同的时候，才能消除工农收入差距，实现农民与全体国民的共同富裕，这是我对未来农业发展的两大愿景之一。

要实现农民与全体国民的共同富裕或农业和工业服务业的劳动生产率趋同，任务非常艰巨。要在 2050 年基本实现以上目标，我们预测农业就业占比要从 2020 年的 24% 下降到 2050 年的 4.3%，这时的劳动生产率农业比工业服务业还低 20% 左右，农民还是需要从事非农就业才能达到其他国民的平均收入水平。其实农业就业占比下降到 4% 左右的发展目标并不算很高，因为这也只相当于 20 世纪 90 年代末的日本和现在韩国的水平。但这意味着我国的农业劳动力要从 2020 年的 1.77 亿人下降到 2050 年的 3200 多万人，其中从事种植业的 2900 多万人。到 2050 年，即使我国保住了 18 亿亩的耕地红线，平均每个劳动力也只有 61 亩耕地，大国小农始终是我国的国情。

这里我想强调的是，要在未来 30 年减少 1.45 亿人的农业劳动力，任务是极其艰巨的。因为在过去 30 年的工业化与城镇化加速时期，我国农业劳动力也只减少了 1.65 亿人。2022 年受疫情和总体经济增长减缓等影响，农业就业人数不降反增，恢复到 2020 年的 1.7 亿人。

要在保障粮食安全的前提下，实现农民增收和共同富裕同样面临巨大挑战。过去十几年，耕地经营规模小于10亩的农户的占比一直保持在85%以上，10年内变化不到1个百分点。耕地经营规模这么小的农户如果种粮食，难以保障家庭有足够收入。因此，过去许多小农户依靠有限的耕地发展高值农业，虽然市场风险大，但收入高。现在这些小农户如果继续发展高值农业，不但面临市场风险，还面临政策风险。

为此，我提出保障粮食安全并实现农民的共同富裕是未来农业发展的第二大愿景。农业包括种植业和养殖业，但养殖业研究向规模化、企业化的现代化方向转型了，原来农民增收的主要来源之一的养殖业也逐渐被资本或企业占有，未来发展与现在的农民关系不大了。为此，我们本文主要关注种植业。

在种植业，我提出"二八格局"发展策略，即种植业需向"二八格局"方向转变，才能在保障粮食安全下，实现大农小农共同富裕。大农占农户的20%，主要生产粮食等大宗农产品以保障国家粮食安全，靠适度规模经营和政府补贴提高收入；小农占农户的80%，主要发展高值农业以保障收入增长和国民营养改善，靠不断完善的市场和政策支持持续提高收入。

在未来的政策取向方面，需要强调如下几点。

第一，要真正夯实"藏粮于技、藏粮于地"战略。"藏粮于技"的关键是要提高农业研发投入，目前农业研发的财政支出只有250多亿元，只是政府对农业农村财政支出总额的1%多一些。"藏粮于地"的关键是提高耕地的地力，使其在未来能够产出更多的粮食等农产品，但现实情况正相反——高强度地利用耕地提高粮食产量，耕地的地力和水资源短缺每况愈下。

第二，要加快农业产业高质量转型。在保障口粮安全的情况下，农业应逐渐向现代高效绿色的高值农业转型。

第三，要出台实现大农与小农共同富裕的政策措施。种植应向"二八格局"转变，建立分别针对大户与小户的政策支持体系。

第四，要加大实现农民与全体国民共同富裕的政策措施。需要加速发展中小城市、县城和乡镇，为农村劳动力创造更多的非农就业机会。

第五，要促进中国与全球共同发展。要推进全球贸易和完善治理体系；要有应急方案，但不能按应急方案来指导我们的日常发展；要帮助发展中国家提高粮食生产。

过去40多年的发展与改革经验表明，科技创新、制度创新、市场改革和投入创新是农业生产力增长的四大驱动力，也将是未来保障粮食安全、农民增收和永续发展的重要驱动力。在科技创新领域，要特别关注生物、数字、装备和生态等技术；在政策创新领域，要特别关注制度、政策和投资等创新。

全球能源新变局下，对能源安全的六点思考[①]

安丰全

（青岛科技大学气候变化与能源可持续发展研究院特聘教授，
国家能源局国际合作司原副司长）

能源危机史无前例

2022年的能源危机是一次全球能源危机，而且可以说是史无前例，它与多种气候危机、地缘政治危机、新冠疫情危机等叠加交错，影响广泛而深远。

世界在1973年和1979年经历过两次能源危机，但这两次危机充其量只能算石油危机，因为只涉及石油这种能源。2022年的能源危机不仅涉及石油，还涉及天然气、电力等其他能源，覆盖的范围更加广泛。在此次天然气危机的演进过程中，能源供应链危机也随之爆发。所以这次危机值得进一步分析研究。

---

① 本文根据作者于2022年12月18日在"第七届国家发展论坛——中国新征程与国家发展"上的主题演讲整理。

能源转型与能源安全之路千差万别

当今世界各国的能源转型之路千千万，能源安全之路万万千。世界各国和国际组织确保能源安全的方法也各式各样，有些方法非常高明，有些方法成本很高。

综合来看，目前比较可行的是"碳中和"之路，在第 26 届联合国气候变化大会上，许多国家都做出了碳中和承诺。

碳中和之路和清洁能源转型之路的目标高度一致，那这两者是不是一回事？我认为不一定。

能源转型之路是否也是一条公平的转型之路？我看也不一定，因为公平的转型之路需要世界各国在能源转型过程中充分考虑公平这一因素，包括就业公平、性别公平、代际公平等。

能源转型涉及经济社会的方方面面，包括工业、交通、建筑等。根据国际能源署（IEA）的分析，必须在工业、交通、建筑各领域采取一些革命性措施，完成一些标志性工程，否则 2050 年碳中和全球目标将无法实现。到 2050 年，全球应投入 36 亿 7000 万千瓦的水电解槽来制氢，全球发电的 90% 以上将来自可再生电力。从这些宏伟目标不难看出，未来碳中和之路和能源转型之路的严峻性、艰巨性及复杂性不容小觑。

转向清洁能源是必由之路

能源转型呼唤新的能源安全模式。很长一段时间内，我们的能源转型之路需要面临化石能源与新能源并存的情况。一方面，我们要鼓励新能源不断发展，使其逐渐取代化石能源；另一方面，我们也要为化石能源的逐步退出设计好路线图。只有这样做，2050年能源转型的目标才能成功实现。

能源转型意味着要加大对清洁能源的投资。目前全球针对清洁能源的投资每年约1.2万亿美元，要实现碳中和目标，这一数字至少要增加到每年4万亿美元，这是很大幅度的增加。

为了体现清洁能源转型的公平性，要特别照顾发展中国家的利益。发展中国家人口众多，世界近80亿人口，发达国家人口仅占10亿，发展中国家人口约70亿。发展中国家要迈入新兴经济体行列，必须通过发展新能源和可再生能源来实现。

要从需求和供给两侧同时发力，转型与安全协调推进

要实现能源转型和能源安全协调发展，使二者共振、共鸣、共赢。能源转型是保证能源安全的措施之一，它可以反哺能源安全。能源转型和能源安全不能相互对立起来，更不能相互冲突。

从需求侧角度来说，要大幅提高能源效率，包括工业、建筑、交通等领域的能源效率，这要求我们加快电气化步伐，比如发展电力交通。钢铁业和制造业这样的传统工业部门也要通过电气化改造加速工业低碳化的进程。此外，我们也要注意多消费包括风能、太阳能、地热能在内的可再生能源。

从供应侧角度来说，要加快供应侧结构的低碳化、数字化和智能化步伐，有序替代以煤炭为主的化石能源。在那些没有安装CCUS（碳捕获、利用与封存）技术装置之处应大幅减少使用化石能源，更多地使用清洁能源，特别是以核电、风电等为主的可再生能源。

从供应侧角度来看，整个新型能源系统的核心是新型电力系统。新

型电力系统的核心则是要以光伏和风电为主,在此基础上附加核电、水电等清洁能源,以及一些装有 CCUS 装置的化石燃气发电系统。如果我们能在 2050 年建成全球新型电力系统和新型能源系统,这应该是一个比较理想的目标。到 2050 年,光伏和风电的发电规模或将超过 28 万亿千瓦时,这相当于目前全球一年发电量的总和。

能源安全的内涵不断丰富

能源安全的内涵不断演变、不断丰富,能源安全或将面临更加复杂的风险挑战。在上述背景下,我们更要注意开源节流、创新期待、储备应急。

此外,还应加强国际合作,积极拓展能源多元化供应。这些办法在未来 5 年甚至更长的时间里仍然适用。

随着时代发展,能源安全内涵也在不断拓展,从 20 世纪 70 年代的石油危机到天然气危机,再到现在包括电力系统安全、网络安全在内的能源危机。随着新能源的大规模快速发展,新能源的供应链安全,特别是那些关键矿物和关键因素的安全问题越发突出。

在未来,新能源供应链安全的重要性,或许要超过今天石油的重要性。一旦发生风险,世界各国都将付出巨大的代价。比如电力系统储能需要的金属锂,制造电动汽车也需要锂,发展核电所用到的一些天然铀,这些都是稀缺资源。一旦使用规模扩大,用量增大,其供应安全问题会进一步突出。这也意味着未来能源安全的内涵将进一步扩展。因此,我们不仅要提高能源利用的经济效率,还要注意提升能源利用的技术效率。此外,还要考虑多管齐下,国内增速上升的同时积极利用国际资源。

我们需要站在世界安全的角度看中国的能源安全。毫无疑问,国际合作仍然是一种重要手段，石油、天然气、天然铀等一些关键矿物都需要大量进口。目前我国核电发展所需要的铀资源的供应可以说是"3个1/3"，即1/3靠国内、1/3靠天然铀、1/3靠进口。随着将来核电规模进一步扩大，我国可能需要进口更多天然铀。中国的能源安全离不开世界，世界的能源安全也离不开中国。在当前国际格局的背景下，中国在国际能源治理和国际气候治理中的地位、作用日益突出。

俄乌冲突引发的能源危机为全世界敲响警钟

俄乌冲突引发了欧洲能源危机，特别是天然气危机。全球能源转型、能源安全、碳中和的道路并不平坦，中国未来的能源安全之路、能源转型之路和碳中和之路也肯定不会一帆风顺。这当中很多问题与认知差异有关，国际社会和国内社会的认知、不同背景人士的认知千差万别，水平参差不齐，我们所做的就是求同存异，在尊重每一个人认知的同时争取共识。

未来我们必须在全球能源转型、能源安全和碳中和目标之间寻找共性，找到一条通路，绝不能把这三者相互对立起来。碳中和不是能源安全的大敌，能源安全也不会成为碳中和的障碍。

长期来看，全世界、全社会必须把能源转型安全和碳中和目标有机地结合起来。碳中和是一个共同目标和多任务主体，这些任务主体涉及政治、经济、社会、资源、环境、科技、外交、军事、创新等诸多方面。在未来，国际社会仍需就这方面的道路、路径和政策设计加强沟通，通过进一步交流达成更多共识。

全球治理需要正确的价值观、正确的义利观和正确的行为规则。国际合作必须建立在明辨是非的基础上，这意味着我们要在正确价值观、义利观和行为准则的基础上，强化政治互信。人与人合作需要互信，国与国之间的合作也需要互信。

我相信，在未来的全球合作中，各国通过共同努力进一步加强政治互信，在互信的基础上，全球能源转型、能源安全、碳中和之路会更加顺畅迅速。